永嘉眞覺大師證道歌
영가진각대사증도가

永嘉眞覺大師證道歌
영가진각대사증도가

진우 스님

증도가 • 강설
證道歌

조계종
출판사

강의를
시작하며

영가현각永嘉玄覺(665~713) 스님은 중국 당나라 때 스님입니다. 스님의 휘諱는 현각玄覺, 자字는 도명道明이며, 절강성浙江省 온주부溫州府 영가현永嘉縣 대戴 씨 집안 사람입니다. 어릴 때 출가하여 경율론經律論 삼장三臟을 섭렵하고, 외전까지 통달했습니다. 천태종의 천태지관天台止觀을 익혀 그 묘妙를 얻어 항상 선관禪觀으로 수행하였습니다.

현책선사玄策禪師의 인도로 육조혜능六祖慧能대사와 법거량을 통해 인가를 받았는데, 그때 영가 스님 나이는 31세였습니다. 영가 스님은 선천先天 2년(713) 10월 17일에 입적하시니 세수 39세였으며, 시호諡號는 무상대사無相大師, 탑호塔號는 정광淨光이라 하였습니다. 그해 육조 스님께서도 돌아가시니 세수 76세였습니다. 영가 스님은 "스스로 조계의 길을 깨친 뒤로, 나고 죽음과 상관없음을 분명히 알았다"고 했습니다. 조계산에 있는 육조혜능대사를 찾아와 근본을 확철히 깨쳤다고 했으니 이는 육조혜능대사의 법을 고스란히 잇고 있다는 의미가 됩니다.

영가 스님의 《증도가》는 실제로 참선을 하는 수행자들에게는 만고의 표준이 되는 교과서라 하겠습니다. 글자 그대로 증도證道의 경지를 게송으로 노래하고 있습니다. 실제 깨친 마음의 상태를 그 마음 그대로 최대한 글로 표현한 내용이기에, 머리로 이해하는 차원과는 전혀 다른 경지의 말씀이라 할 수 있습니다.

●

불교는 마음을 깨치게 하기 위한 부처님의 가르침을 말합니다. 마음을 깨친다는 것은 한마디로 고통이나 괴로움이 전혀 없는 마음 상태를 가리킵니다. 마음을 깨치지 못하면 인과因果의 윤회輪廻를 벗어날 수 없습니다. 부자이거나, 천재이거나, 잘생기거나, 좋은 학교나 좋은 직장을 다니거나, 집안이 좋거나 등등… 세상을 다 가진 전륜성왕轉輪聖王이라 할지라도 괴로움과 죽음을 피할 도리는 없습니다. 잘살려고 하면 할수록 못살게 되는 과보果報를 받아야 하고, 행복을 구하면 구할수록 불행의 인과를 겪어야 하는 것이 일체중생의 한계입니다.

깨치지 못한 상태에서 살아간다는 것은 너무나 불행하기 짝이 없는 윤회의 여정입니다. 그 누구도 생로병사生老病死를 뛰어넘지 못하기 때문에 마음을 깨치려고 하는 행위 이외의 그 어떤 행동도 인과를 벗어날 길이 없습니다. 따라서 그 어떤 삶도 그 어떤 일도 실은 아무런 의미가 없는 것입니다.

고락苦樂 시비是非는 인과의 양식밖에 되지 못합니다. 잘 먹고 잘 사는 것을 지극히 원하는 것은, 못 먹고 못사는 것이 이미 전제가 되어 있다는 증거입니다. 이 둘의 분별分別 현상은 영원히 계속 엎치락뒤치락할 것이므로 고통과 괴로움, 지옥, 아귀, 축생의 삼악도三惡道를 면하기 어렵습니다.

⬤

지난 몇 년간 '선명상' 앱을 통해 〈오늘의 명상〉 게송을 발행하며 불교 요체를 더욱 쉽게 전달하려고 했으나, 능력 부족으로 어렵고 미진한 장광설이 많았습니다. 사실 〈오늘의 명상〉 내용을 잘 살펴보면 살아가는 요령이나 교과서적인 좋은 말, 삶에 있어서 임시방편이나 일시적인 효과 같은 것은 말하고 있지 않구나 하는 것을 금방 알 수 있을 것입니다. 왜냐하면 마음을 깨치지 않고서는 궁극적으로 해결할 수 있는 일이 하나도 없기 때문입니다.

따라서 마음을 깨치게 하기 위한 최선의 공부 방법으로《법성게》를 비롯한《신심명》《증도가》에 이르기까지 어려운 교재를 선택할 수밖에 없었으나, 사실 전문 수행자들도 공부하기 어려운 내용이다 보니 아무리 쉽게 전달하려 해도 한계가 있음을 인정하지 않을 수 없습니다.

이러한 사정을 십분 이해하시고, 마지막으로 독자들에게 한 가지 조심스럽게 부탁드릴 것은 기초적이고 기본적인 불교 교리를 미리 숙지하고 이 글을 읽는다면, 더욱 쉽게 이해할 수 있으리라 생각합니다. 그럼 지금부터《증도가》강의를 시작하겠습니다.

차례

강의를 시작하며 ● 004

제1화	아직도 보지 못하는가	● 016
제2화	삶이란 무엇인가	● 020
제3화	마음에 근심 걱정이 있다면	● 024
제4화	마음을 다스리는 법	● 028
제5화	상대방과 대화하는 법	● 032
제6화	거짓말로 사람을 속이면	● 036
제7화	천상과 지옥의 경계에서	● 040
제8화	꿈속에 사는 인생	● 044
제9화	집착하지 않는 빈 마음	● 048
제10화	재앙을 미리 막는 법	● 052
제11화	집착하지 말라	● 056
제12화	삶이 헛헛할 때	● 060

제13화	인연 따라 살아라	• 064
제14화	지금 여기 나의 마음	• 068
제15화	생겨난 것은 결국 사라진다	• 072
제16화	근원을 바로 끊는 것	• 076
제17화	허깨비 같은 것들에 속지 말라	• 080
제18화	마음에 걸림이 없는 삶	• 084
제19화	우선 눈을 떠야 한다	• 088
제20화	천 개의 강, 천 개의 달	• 092
제21화	홀로 사는 즐거움	• 096
제22화	앞날을 내다보는 신통	• 100
제23화	진정한 부자가 되는 법	• 104
제24화	값을 매길 수 없는 보물	• 108
제25화	분별하는 마음을 갖지 말라	• 112
제26화	마음 가운데 두루하다	• 116
제27화	믿는 마음	• 120
제28화	바다는 본래 고요하다	• 124
제29화	상대방이 나를 욕할 때	• 128
제30화	어떻게 살 것인가?	• 132
제31화	상대가 나를 불편하게 할 때	• 136
제32화	상대의 말이 아직도 마음에 걸릴 때	• 140
제33화	소유한다는 것은 집착한다는 것	• 144
제34화	당신은 부처님입니다	• 148
제35화	사자의 큰 목소리 같은 말씀	• 152

제36화	상대는 나의 그림자	• 156
제37화	스승을 찾아 도를 묻는 이유	• 160
제38화	하고 싶은 그 마음이 병	• 164
제39화	진정한 성공이란 무엇인가	• 168
제40화	즐거움과 괴로움의 상대적인 분별	• 172
제41화	생각 이전의 진실한 행동	• 176
제42화	나는 왜 태어났는가?	• 180
제43화	집착과 분별심에서 벗어나라	• 184
제44화	그곳이 곧 여기이다	• 188
제45화	애쓰지 않는 삶	• 192
제46화	진정한 복	• 196
제47화	크게 웃지도 크게 울지도 말라	• 200
제48화	인연을 그대로 받아들이는 마음	• 204
제49화	그대 걱정하지 말아라	• 208
제50화	그대 지금 행복하고 싶은가?	• 212
제51화	바라는 것이 없는 삶	• 216
제52화	오늘은 어떤 옷을 입을 것인가?	• 220
제53화	몸에 병이 났을 때	• 224
제54화	나를 알아주지 않아 무시당할 때	• 228
제55화	참됨도 구하지 말라	• 232
제56화	여래의 진실한 모습	• 236
제57화	마음의 거울	• 240
제58화	나만 아니면 된다	• 244

제59화	공한 마음으로 상대를 만나면	• 248
제60화	나방이 불에 뛰어들 듯이	• 252
제61화	취하고 버리는 마음	• 256
제62화	도적을 아들로 삼다니	• 260
제63화	사연 없는 사람이 없으니	• 264
제64화	업이 삶에 미치는 영향	• 268
제65화	새옹지마의 노인	• 272
제66화	마음을 편히 한다는 것	• 276
제67화	분별심은 모든 재앙의 근원	• 280
제68화	희망의 메시지	• 284
제69화	잡된 풀이 하나도 없으니	• 288
제70화	하나의 법, 일체의 법	• 292
제71화	기분부터 정리하라	• 296
제72화	정에 울고 정에 웃고	• 300
제73화	미리 착각하지 말라	• 304
제74화	시절인연을 거스르지 말라	• 308
제75화	깨친 마음은 어떤 모습일까?	• 312
제76화	허공처럼 끝이 없구나	• 316
제77화	찾으면 분명히 알리라	• 320
제78화	왜 내게 이런 일이 생기는가?	• 324
제79화	크게 베푸는 문이 활짝 열리니	• 328
제80화	행복의 무게와 불행의 무게	• 332
제81화	옳고 그름을 사람들은 알지 못한다	• 336

제82화	문제를 문제라고 생각하지 말라	• 338
제83화	어느 것에도 집착하지 말라	• 342
제84화	부처의 뜻	• 346
제85화	싫은 일이 생겼을 때	• 350
제86화	스트레스를 해소하는 법	• 354
제87화	무엇을 결정하고 시비를 가릴 때	• 358
제88화	통쾌하게 이기는 법	• 362
제89화	사람 잃고 돈 잃는 어리석음	• 366
제90화	스스로를 괴롭히는 일	• 370
제91화	마음을 깨치는 쉬운 방법	• 374
제92화	나와 너의 운명	• 378
제93화	무엇이 옳고 무엇이 그른가?	• 382
제94화	다툼을 해결하는 법	• 386
제95화	좋은 사람 만나는 법	• 390
제96화	부모와 자식 사이	• 394
제97화	인정에 머물지 말라	• 398
제98화	우울하거나 짜증이 날 때	• 402
제99화	옳으면서 옳지 않은 것	• 406
제100화	깨달으면 부처, 미혹하면 중생	• 410
제101화	먹고사는 일	• 414
제102화	내가 나를 속이는 삶	• 418
제103화	잘못 알고 잘못 이해했으니	• 422
제104화	사량분별은 도가 아니다	• 426

제105화 손가락은 달이 아니다	• 430
제106화 거울에 비치는 모습 같이	• 434
제107화 싫은 사람을 더 이상 만나지 않으려면	• 438
제108화 바가지를 거꾸로 들고 있으니	• 442
제109화 있는 그대로 알고 보는 힘	• 446
제110화 생사가 없는 도리	• 450
제111화 부끄러움을 모르는 사람	• 454
제112화 죄의 성품 본래 없어	• 458
제113화 괴로움에서 벗어나는 길	• 462
제114화 감히 누구를 탓할 것인가	• 466
제115화 오는 사람 막고 가는 사람 붙잡고	• 470
제116화 가장 높고 뛰어난 가르침	• 474
제117화 분별함이 없는 중도	• 478
제118화 사람도 없고 부처도 없다	• 482
제119화 물거품 같고 번갯불 같다	• 486
제120화 선정과 지혜가 두루 밝아	• 490
제121화 달을 뜨겁게 할 수 있어도	• 494
제122화 수레를 막는 사마귀	• 498
제123화 코끼리와 같은 여유	• 502
제124화 대롱을 버리고 하늘을 보라	• 506

영가진각대사증도가 永嘉眞覺大師證道歌

제1화
아직도 보지 못하는가

영가진각대사증도가 — 永嘉眞覺大師證道歌

君不見　　　　　군불견
絶學無爲閑道人　절학무위한도인
不除妄想不求眞　부제망상불구진

그대는 보지 못하는가.
배움이 끊어져 함이 없는 한가한 도인은
망상도 없애지 않고 참됨도 구하지 않는다.

◎ 군불견君不見. 그대는 보지 못하는가? '아직 마음을 깨치지 못하였는가'라는 꾸짖음이다. 바꾸어 말하면 '아직도 괴로움이 남아 있는가' 하고 힐난하는 말이다. '배움이 끊어져 함이 없는 한가한 도인(絶學無爲閑道人)'이란 마음을 깨치고 나면 더 이상 배울 것이 없기에 무엇을 해야겠다는 생각조차 할 필요가 없으니 '하릴없는 한가로운'이라는 뜻이다. 따라서 '망상도 없애지 않고 참됨도 구하지 않는다.' 망상을 피우지 않으니 없앨 것도 없거니와 참됨 역시 굳이 필요가 없으니 구할 것도 없다는 말이다.

마음을 깨친다는 것은 첫 번째로 인과의 도리를 아는 일이다. 인과란 원인을 지으면 반드시 결과가 생겨난다는 것이다. 욕심을 한 번 내어 즐겁고 기쁘고 행복했다면, 그 과보로 인하여 언젠가는 똑같은 질량質量으로 한 번 괴롭고 슬프고 불행한 것이 반드시 생긴다.

이 도리를 깊이 알아채고 깨친 이는 결코 즐겁고 기쁘고 행복을 구하려는 욕심을 부리지 않으니 괴롭고 슬프고 불행한 인과 또한 생기지 않는다. 그러므로 좋고 나쁜 분별된 망상妄想을 부리지 않으니 분별 망상을 없앨 것도 없거니와, 어느 것이 참이고 어느 것이 거짓이라는 분별 또한 없다. 그러니 굳이 참됨을 구할 필요가 전혀 없다.

'좋다 나쁘다', '옳다 그르다'라고 하는 분별된 생각만 하지 않는다면 더 이상 따질 것도 없고 계산할 것도 없으므로, 때와 장소를 가릴 것 없이 이런들 저런들 아무런 상관이 없다. 그러니 마음은 늘 한가로운 상태로 걸림 없는 깨침 그 자체이다.

바다는 본래 늘거나 줄지 않는다. 다만 바람 불어 파도가 일렁일 뿐이고, 눈비 오고 수증기 하늘로 올라가 구름 되어 또다시 떨어지고를 거듭할 뿐이다. 그렇듯 조금 욕심 내면 조금 과보를 받고, 크게 욕심 내면 크게 과보를 받는다. 그렇다고 마음은 결코 늘지도 줄지 않으니 인과가 오고 가고, 들고 나는 것을 그저 물끄러미 바라볼 뿐이다. 굳이 간섭하여 인과의 놀음에 말려들 필요가 없고 마음 상할 이유가 없다는 것이다.

일상생활에서 속상하고 기분 나쁜 일들을 부지기수로 경험한다. 사람 때문에 속상하거나, 교통사고가 나서 몸을 다치거나, 범죄를 저질러 감옥에 간다거나, 주식이나 노름을 하여 많은 돈을 잃고 가정에 우환이 든다거나, 직장을 잃는다거나, 도둑이나 사기를 당한다거나, 사업에 실패한다거나… 반면에 즐겁고 기분 좋은 일 또한 우리는 수없이 경험한다.

생각지 못한 사람에게 도움을 받거나, 시험에 합격을 하거나, 좋은 직장을 구하거나, 주식이나 노름을 하여 돈을 많이 따거나, 길을 가다 금덩이를 줍거나, 여행을 하며 좋은 구경을 하거나, 병이 나아 건강해지거나, 사업이 성공하거나, 사랑을 하거나,

맛있는 음식을 먹거나 그런 많은 일들이다.

  이같이 기분 좋은 일과 기분 나쁜 일은 서로의 인과 과보로 작용하는 것이기 때문에, 기분 좋은 일은 기분 나쁜 일의 과보에 따라 필연적으로 일어나고, 기분 나쁜 일 또한 기분 좋은 일의 인과에 따라 필연적으로 일어난다. 어느 것이 더 하고 덜 하는 바가 없다.

  마음을 깨친 이는 이같은 인과의 작용이 너무나 당연한 것임을 잘 알기에 작용하는 그대로, 있는 그대로 받아들인다. 있는 그대로 받아들이니 기분 좋은 일이든 기분 나쁜 일이든 결코 분별하거나 집착하지 않는 것이다. 그래서 마음 끄달리지 않고, 여여如如하게 중도中道의 평온한 마음을 유지한다.

제2화
삶이란 무엇인가

無明實性卽佛性　　무명실성즉불성
幻化空身卽法身　　환화공신즉법신

무명의 참 성품이 곧 불성이요
허깨비 같은 공한 몸이 곧 법신이로다.

영가진각대사증도가―永嘉眞覺大師證道歌

◎ 무명無明은 12연기緣起가 시작되는 원인이다. 이로 말미암아 생로병사의 인과가 발생한다. 그리고 천상과 지옥을 오가는 윤회가 계속된다. 따라서 무명은 중생을 낳고, 분별을 낳으며, 결국 우비고뇌憂悲苦惱(근심, 슬픔, 괴로움, 번뇌)의 고통을 낳는 원인이 된다. 그래서 무명의 참 성품이 곧 부처의 성품이라고 하는 논리는 전혀 맞지 않는다 할 것이다.

그렇다면 도대체 왜 무명의 참 성품은 곧 부처의 성품이라 했는가? 지난 구절에 망상과 참됨을 대비하였다. 망상과 참됨은 서로를 의지하므로 이 둘의 관계는 떼려야 뗄 수 없는 사이로 이 둘 모두 필요 없다고 부정적으로 보는 선의 견해를 소위 쌍차雙遮라고 한다. 반면에 무명의 참 성품이 곧 불성佛性이라고 보는 긍정적인 견해를 쌍조雙照라고 하는데, 무명은 무명 그대로 그냥 보고, 불성은 불성 그대로 그냥 보는 것을 말한다. 더 이상 묻지도 따지지도 않으니 무명이든 불성이든 무슨 상관이 있겠는가. 그러므로 무명이 곧 불성이라 한들 무슨 문제가 있으며, 불성을 곧 무명이라 한들 무슨 문제가 있겠는가 말이다.

여기서 주목할 것은 무명실성無明實性이라고 했다. 실성實性이란 분별 없는 그냥 그대로의 성품이라는 뜻이니 곧, 참 성품을 말한다. 따라서 '허깨비 같은 공한 몸이 곧 법신'이라는 것 또한 같은 뜻이다. 우리 몸은 인연 따라 그냥 왔다 그냥 가는, 그야말로 허깨비와 같은 환幻에 불과한 것임에도 굳이 분별심分別心으로 이러쿵저러쿵할 필요도 없다. 따라서 이 자체가 법신法身이라는 말이다.

이러한 견해는 마음을 깨친 경지에서 보는 것인데, 아무리 좋다 나쁘다, 옳다 그르다 이러쿵저러쿵해본들 생로병사와 성주괴공成住壞空을 벗어날 수 없으니, 남을 것이 어디에 있으며 모자랄 것이 어디에 있겠는가. 유위有爲(존재하는) 세계이든 무위無爲(존재하지 않는 것이 존재하는) 세계이든 이것과 저것으로 분별 망상만 하지 않으면 그 자체가 불성이요 법신이다. 다만 인과의 업業에 묶여서 좋다 싫다, 옳다 그르다, 즐겁다 괴롭다, 기쁘다 슬프다, 행복하다 불행하다, 생겨난다 없어진다, 한다 안 한다 등의 분별 망상을 하는 것은 모두 각자 몫이다. 자업자득自業自得이요 자작자수自作自受이다. 그뿐이다.

한 번 웃으면 한 번 울게 되고, 한 번 좋으면 한 번 싫게 되고, 옳다는 것에 집착하면 그른 것에 집착하게 되고, 태어났다고 분별하면 죽는다는 분별이 생기고, 배고픔이 생기면 배부름도 생긴다. 이렇듯 모든 것은 상의상존相依相存, 서로가 서로를 의지하니 똑같다. 그리고 모두가 생로병사하여 사라진다. 아니, 사라진다는 분별심으로 말미암아 다시 생겨나고 또 윤회한다.

개미들은 집단으로 살아간다. 그들이 살아가는 모습에서 무엇이 좋고 무엇이 나쁘며, 무엇이 옳고 무엇이 그른가를 따지는 사람이 있는가? 그냥 집단으로 살아가다가 집단으로 사라지는 것에만 주목할 뿐, 사람이 살아가는 모습 역시 개미의 삶을 보는 것과 같이 그 속에서 어떤 일이 일어난들 무슨 의미가 있겠는가. 그냥 살다가 그냥 사라지는 것뿐이다.

그러니 이렇게 살든 저렇게 살든 사는 데 있어서 특별한 의미를 찾는 것 자체가 고락苦樂 인과의 한 단면일 뿐, 모든 행위는 그 모습 자체로서 부질없는 환과 같다. 문제는 '내가 지금 마음이 편안한가?'이다.

지금 바로 이 순간, 마음이 여여히 편안하지 않다면 마음을 아직 깨치지 못한 까닭으로 '무명이 곧 참 성품'이라는 것을 모르는 증거이고 '이 몸이 곧 법신'이라는 것을 모르고 있다는 증거이며, 고락 인과에 마음이 걸려 있다는 증거이다. 마음이 편하지 않는 것이다.

살아가는 그 어떤 것도 별 의미 없는 인과의 모습일 뿐이니 이에 집착하여 머무르지 말고, 지금 즉시 마음을 깨치는 일에 매진해야 한다. 그러기 위해선 우선 기도와 참선, 보시와 정진부터 시작해야 한다.

제3화
마음에 근심 걱정이 있다면

法身覺了無一物　　법신각료무일물
本源自性天眞佛　　본원자성천진불

법신을 깨달음에 한 물건도 없으니
근원의 자성이 천진불이다.

◎ 지난 구절에 '허깨비 같은 공한 몸이 곧 법신'이라고 했다. 다시 말해, 법신은 허깨비 같은 빈 몸이라는 뜻이다. 이 세상 모든 것은 생로병사하고 성주괴공하며 결국 모두 사라지기 때문에 그 어떤 것도 변하지 않는 '한 물건(一物)'이라 할 수 있는 것이 없다. 그러므로 일체가 사라지고 없어질 것인데, 굳이 집착하고 욕심낸다면 그 인과로 인하여 괴로움이 생긴다.

그러므로 이 같은 근원의 자성自性을 살펴보니 이를 일러 천진불天眞佛이라 한다. 모두가 진짜 부처라는 말이다. 이는 마음을 깨친 상태에서 분별심 없이 바라보는 것이다. 따라서 생사生死도 없고, 생멸生滅도 없으며, 고락苦樂도 없고 시비是非도 있을 수 없다.

이 세상의 모습이나 이 세상을 만드는 마음의 모양은 인과의 규칙대로 한 치 오차 없이 생겨나고 사라짐을 반복할 뿐이다. 그런데 거기에 집착하고 욕심을 냄으로써 즐거움에 의한 인과로 괴로움이 생기는 것이다. 그러나 즐거움도 괴로움도 결국은 일어났다 사라지는 허깨비 같은 것이어서 거기에 무슨 의미가 있겠는가. 득실得失과 고락, 시비야말로 인과를 반복하는 귀찮은 행위에 지나지 않는다는 말이다.

설사 이 세상에 태어나서 고락苦樂의 악연을 짓지 않았음에도 불의의 사고를 당하여 고통을 받게 되는 것은, 전생의 인연까

영가진각대사증도가―永嘉眞覺大師證道歌

지를 따져봐야 분명하게 그 원인을 알게 될 것이다. 이 같이 몸과 마음을 통해 생기는 고락의 과보는 몸과 마음 깊숙한 곳에 잠재적인 업장業障으로 숨어 있다가 때가 되면 나타난다.

업장이 두터운 사람은 고락의 업이 그만큼 많이 오고 간다. 즐거운 일이나 기쁜 일이 많은 동시에 괴로운 일이나 슬프고 불행한 일도 많이 생겨나는 것이다. 반대로 마음을 깨쳐서 업장이 전혀 없는 이는 고락의 업 또한 오갈 것이 없으니 좋은 일도 나쁜 일도 일어나지 않는다. 그럼에도 불구하고 좋지 않은 사건 사고로 고통과 불편함이 생긴다 하더라도 정작 마음을 깨친 당사자는 고통이나 괴로움을 전혀 느끼지 않는다. 바로 이 사람의 마음 근본인 자성 자체가 이미 천진불이라는 것을 알기 때문이다.

시시비비是是非非를 넘어 모든 것을 차치하더라도, 만약 지금 그대의 마음이 조금이라도 불편하거나 걱정 근심이 있다면 이는 아직 인과의 과정에 머물러 마음을 깨치지 못한 상태로서 지금도 허깨비 같은 그 무엇에 마음을 빼앗기거나 걸려 있어 쓸데없이 집착하거나 욕심을 가지고 있다는 증거라 할 것이다.

그 어떤 일에도, 그 어떤 것에도 고락 시비 분별하지 않고 있는 그대로 보고 받아들여서 지금 당장 마음이 편해야 한다. 기도와 참선, 보시와 정진 중에 오늘은 무엇을 어떻게 할 것인가.

제4화

마음을 다스리는 법

五陰浮雲空去來　　오음부운공거래
三毒水泡虛出沒　　삼독수포허출몰

오음의 뜬구름이 부질없이 오가며
삼독의 물거품은 헛되이 나타나고 사라지도다.

◎ 오음五陰은 오온五蘊이라고도 한다. 색온色蘊, 수온受蘊, 상온想蘊, 행온行蘊, 식온識蘊의 색수상행식色受想行識 다섯 가지를 가리킨다. 색온은 형상形相 즉 물질의 모양을 가리키고, 수온은 기욕嗜慾 고락苦樂(즐거움과 괴로움)의 감정을 말하며, 상온은 의념意念 생각을 말하고, 행온은 업연業緣 움직임에 의한 만남의 인연을 뜻하며, 식온은 심령心靈 인식의 알아차림을 의미한다.

몸과 마음은 이렇게 오온에 따른 것으로, 아상我相을 일으켜 나라고 착각한다. 오온 또는 오음은 보이지 않게 쌓이고 쌓여서 업과 업장을 이루어 악순환하며 반복하며 계속한다. 모래 위에 세운 누각처럼, 뜬구름이 부질없이 오가는 것처럼 제대로 머무는 것은 하나도 없다는 사실을 명심해야 한다. 그럼에도 불구하고 좋다 나쁘다, 옳다 그르다 하며 집착하고 욕심 내어 스스로를 헷갈리게 하고, 스스로 힘들게 하니 우이독경牛耳讀經이다.

삼독三毒은 탐하고 성내고 어리석은 것, 즉 탐진치貪瞋癡 세 가지 독을 말한다. 이러한 삼독심三毒心은 먼저, 나쁘고 싫은 것을 피하려 하고 좋고 맘에 드는 것을 원하게 되는데 이를 탐욕이라 칭한다. 또 이러한 욕심이 뜻대로 되지 않으면 기분이 나빠져서 화를 내는데 이를 진심瞋心이라 한다. 그 다음, 어떻게 하면 내 맘에 드는 것을 얻게 되는지를 곰곰이 궁리하는데 이는 인과를 모르는 무지의 얄팍한 소견에 지나지 않는다. 어리석은 망상,

즉 치심癡心이라 이름한다.

즐겁고, 기쁘고, 좋고, 행복한 것을 취하려는 탐욕貪慾은 취하거나 취하려는 욕심을 부리는 만큼 인과법칙으로 괴롭고, 슬프고, 싫고, 불행한 과보를 낳게 된다. 이러한 괴롭고 슬프고 싫고 불행함을 피하려고 또 다른 탐욕을 일으키며 악순환을 거듭한다. 다시 말해, 이 같은 삼독심은 모두 인과의 과보에 걸려 하나를 얻으면 하나를 잃고, 한 번 즐거우면 한 번 괴로움의 과보를 받는 악순환을 계속 만들어낸다. 이는 결국 물거품과 같이 일어났다 사라지는 헛됨의 연속으로 이것이 바로 괴로움의 원인이라는 뜻이다.

이와 같이 뜬구름 같고 물거품 같은 오온과 삼독심에서 벗어나려면 어떻게 해야 하는가.

첫째, 모든 일에 있어서 좋다 나쁘다, 옳다 그르다 하는 분별심을 갖지 않아야 한다. 있는 그대로 받아들이면서 감정을 얹지 않도록 항상 살펴야 한다. 둘째, 이러면 어쩌나 저러면 어쩌나 하는 걱정과 근심을 하지 않아야 한다. 모든 것은 인과법칙에 따라 한 치 오차 없이 인연 지어지는 법이다. 내 마음에 드는 것을 미리 정해 놓거나 집착하는 습관을 버려야 한다. 셋째, 미리 마음을 정해놓지 말고, 내 마음에 맞추려고 하는 습관을 버리려면 먼저 좋고 나쁜 분별심을 갖지 않으면 자연스럽게 해결될 것이다. 그러면 지금 당장 이 순간에 충실해질 것이고, 다음을 걱정할 이유도 필요도 없어진다.

    그럼에도 불구하고 걱정 근심이 끊이지 않는 것은 내가 원하고 바라는 것이 아직 남아 있다는 증거이다. 이는 인과법칙으로 그 과보를 받아 또다시 고통과 괴로움을 면할 수 없게 될 터이다. 그러므로 늘 마음을 살펴야 한다. 마음을 잘 다스리기 어렵다면 이때는 기도와 참선, 보시와 정진밖에는 달리 할 수 있는 것이 없다. 더 이상 생각하지 말고 무조건 시작하고 볼 것이다.

제5화
상대방과 대화하는 법

證實相無人法　　증실상무인법
刹那滅却阿鼻業　　찰나멸각아비업

실상을 증득하니 사람도 없고 법도 없어
한순간에 무간지옥의 업이 사라지네.

영가진각대사증도가 ― 永嘉眞覺大師證道歌

◎ 실상實相이란 있는 그대로의 모습을 말한다. 누차 설명해왔듯이 사람은 물론 삼라만상森羅萬象의 모든 모습은 원인의 인연으로 결과를 맺고, 결과인 동시에 원인의 인연이 되어 인과의 끝없는 과정을 연속하며 생로병사와 성주괴공으로 이어진다.

여기에 무엇이 더 좋거나 싫을 것이 있으며, 어떤 것이 옳고 그를 것이 있겠는가. 그럼에도 불구하고 이러한 실상을 외면한 채 각자가 가지고 있는 분별의 업으로 좋고 싫은 고락苦樂과 옳고 그른 시비是非를 만들어서 스스로 고통과 괴로움을 자아내고 있다.

세상에 그 어떤 것도 원인 없는 결과는 없는 법이다. 원인은 원인으로 보면 되고, 결과는 결과대로 보면 되는 것이니 고락 시비 분별 없이 있는 그대로 보는 습관을 들여야 한다. 그러므로 좋은 사람이 따로 있지 않고, 나쁜 사람이 따로 있는 것이 아니며 이런 법과 저런 법이 따로 있지 않다. 그놈의 분별 망상의 업 때문에 사람을 구분하고 세상의 인연을 의심하니 이로써 끝없는 고통의 연속인 아비지옥阿鼻地獄을 스스로 만들어낸다.

좋은 사람 나쁜 사람이 따로 있지 않다 하는 것은 사람은 각자 고락의 업에 따라 이런 행동 저런 행동을 하는데, 좋은 사람 싫은 사람으로 보는 것은 나의 업에 의한 것이라는 뜻이다. 나의 분별된 고업苦業 때문에 싫은 사람이 나타나고, 나의 분별된 낙업樂業 때문에 좋은 사람이 인연되어진다. 결국 나의 분별업식業識만 사라진다면 좋은 사람도 싫은 사람도 없어지니 사람을 있는 그 자체로 보게 된다.

인과법을 굳이 따질 것 없다. 따로 있지 않으니, 원인을 원인이라 할 것이 없고 결과를 결과라 할 것이 없다. 다만 법이라는 것 또한 있는 그대로 보면 되는 것이다. 이와 같이 고락 시비 분별이 사라지면 모두가 있는 그대로의 모습일 뿐이다. 극락이 어디 있으며 지옥이 어디에 붙을 것인가. 따라서 아비지옥이라는 분별업이 그 즉시 사라지게 된다는 말이다.

지금 마음이 괴롭다면 과거에 즐거움이 있었기 때문이다. 지금 나쁜 일이 생겼다면 과거에 좋은 일이 있었기 때문이다. 지금 일이 잘 풀리지 않는 것은 과거에 일이 잘 풀린 때가 있었기 때문이다. 그러나 지금 일이 잘 풀리거나 또는 잘 풀리지 않는다는 분별된 생각을 하지 않고 이런 일이나 저런 일이나 있는 그대로 고락 분별하지 않고 받아들인다면 잘되는 일도 없을 것이요, 잘못되는 일도 없다. 결과적으로는 모든 것이 잘되는 일이라 할 수 있다. 인과의 법이 따로 붙지 않기 때문이다.

특히 상대방과 대화를 할 때 좋은 말 나쁜 말을 분별하지 않고, 좋은 사람 싫은 사람으로 분별하지 않아야 한다. 상대의 말에 기분을 얹게 되면 고락 시비의 분별이 생긴다. 따라서 스스로 고락의 분별된 감정에 휘말리지 않으려면, 항상 스스로를 살펴서 절대로 고락 시비의 분별심을 일으키지 않아야 한다.

아무튼 꽃은 그냥 그대로의 꽃일 뿐이다. 꽃이 아름다운 것은 내 마음 안의 업식이 꽃은 아름답다고 분별하는 업의 알음알이가 원인이라는 것을 알아야 한다. 사람은 그냥 사람일 뿐이다. 사람이 좋고 싫은 것은 내 마음 안의 업식이 좋고 싫은 분별심으로 이루어져 있기 때문이라는 것을 통찰해야 한다.

따라서 세상이나 사람 등 그 모든 것은 나의 마음 안에 있는 업식으로 생겨나니 누구를 탓하거나 누구를 원망하기보다는 분별심 자체가 없어야 한다. 이는 생각만으로 업을 바꿀 수가 없다. 반드시 기도, 참선, 보시, 정진이 곁들여져야 한다는 것을 명심해야 한다.

제6화
거짓말로 사람을 속이면

若將妄語誑衆生　약장망어광중생
自招拔舌塵沙劫　자초발설진사겁

만약 거짓말로 중생을 속인다면
영원히 발설지옥에 사는 업보를 자초하리라.

◎ 《천수경》에 십악참회十惡懺悔의 열 가지가 나온다. 몸으로 짓는 신업身業 세 가지와, 입으로 짓는 구업口業 네 가지 그리고 생각으로 짓는 의업意業 세 가지를 합친 것이다. 신업은 살생殺生(생명을 죽임)과 투도偸盜(도둑질), 사음邪淫(간음)이고, 구업은 망어妄語(거짓말), 기어綺語(사기말), 양설兩舌(이간질), 악구惡口(욕설)이다. 또 의업은 탐貪(욕심), 진瞋(성냄), 치癡(어리석음)의 삼독심三毒心을 말한다.

이 같은 열 가지 죄업을 지으면 먼지나 모래 수와 같은 긴 시간, 즉 진사겁塵沙劫이 다할 때까지 혀를 뽑아내는 형벌의 과보를 스스로 받는다는 뜻이다. 특히 이 구절에서는 거짓말(망어妄語)로 중생을 속이는 것을 경계하며 강조했다.

기도를 하면 소원을 성취할 것이요, 보시布施를 하면 복을 받을 것이요, 천도재薦度齋를 올리면 좋을 것이라는 등의 말로 사람들을 현혹한다면 이런 말들은 망어에 해당한다. 물론 기도와 보시는 마땅히 복을 받는 최고의 수행이다. 그러나 잘 먹고 잘살려는 욕심이 전제가 되면 절대로 안 된다. 여기서 말하는 복이란 인과의 고락 업을 멸하는 것을 말한다.

부처님 말씀을 조금이라도 바르게 이해한다면 함부로 망어를 하면 안 된다는 사실을 알 것이다. 부처님께서는 기도와 보시 등을 통해 나와 가족이 더 잘 먹고 더 잘살 것이라고 한 적이 한

번도 없다. 왜냐하면 모든 것은 인과가 따르기 때문에 단 하나라도 원하는 마음의 욕심을 부리면, 그에 따른 과보를 반드시 받아야 하기 때문이다.《금강경》사구게를 통해 말씀하시기를 모든 것은 허망하다는 것을 아는 것만이 진정한 기도요, 보시라고 하셨다.

사바세계娑婆世界는 인과의 세계이다. 태어나면 죽어야 하고, 젊으면 늙어야 하며, 건강하면 병이 들고, 올라가면 내려와야 하는 등 세상에는 공짜라는 것이 절대로 존재하지 않는다. 그럼에도 불구하고 점을 쳐서 화를 모면하려 한다거나, 작은 노력으로 큰 것을 얻으려 한다거나, 행운을 얻어 일확천금을 꿈꾼다거나, 한 방에 모든 것을 해치운다거나 등등의 헛된 망상은 인과를 모르는 탓이다. 이런 생각과 행동이 오히려 더 큰 화를 입게 되는 과보를 받는다는 걸 모를 뿐이다.

기도를 하는 진정한 의미는 나도 모르게 바라고 원하는 욕심 때문에 그에 따른 인과의 과보를 받아 스스로 고통과 괴로움을 만들게 되니 이 같은 탐욕을 없앰으로써 무심無心으로 중도의 마음 갖추어 인과의 과보를 받지 않기 위함이다.

또 보시란 내 것이라고 집착해 잃지 않으려는 욕심 때문에 인과의 과보로 생기는 고통과 괴로움의 원인을 없애기 위한 것이다. 그래서 모든 사람들에게 부처님의 법을 알리기 위한 곳에

쓰이면 더욱 좋을 것이라는 뜻으로 법보시法布施를 하는 것이다. 무조건 좋은 것을 얻고, 좋으려고 하고, 잘 먹고 잘살기 위한 것은 부처님 법이 아니다. 세상에 그런 것은 없다. 누차 설명했듯이 세상에는 공짜가 없는 법이다. 이를 인과라 하고 과보라 한다. 반드시 고통과 괴로움이 붙기 때문이다.

이 같은 인과를 벗어나려면 마음을 깨치지 않고서는 그 누구도 고통과 괴로움을 절대로 벗어날 수 없다. 열심히만 산다고 마음이 맑아지는 것이 아니다. 돈과 명예, 자존심과 아상, 잔꾀나 요령으로는 고통과 괴로움의 지옥을 면할 수 없다. 최소한 기도와 참선, 보시와 정진을 통해 마음의 길을 열어야 한다.

제7화
천상과 지옥의 경계에서

頓覺了如來禪　　돈각료여래선
六度萬行體中圓　　육도만행체중원

여래선을 단박에 깨달으니
육도와 만행이 본체 속에 원만하구나.

영가진각대사증도가 ─ 永嘉眞覺大師證道歌

◎ 선禪이란 분별하지 않는 마음을 말한다. 때와 장소, 인연에 상관없이 좋고 나쁜 감정의 분별이 없으므로, 처음과 끝이 없어 생사·생멸이 없어 늘 마음이 평안한 상태를 유지한다.

선을 사종선四種禪 또는 오종선五種禪으로 구분하는데 그 가운데 최상승의 수승한 선으로 조사선祖師禪과 여래선如來禪을 꼽는다. 이 둘을 굳이 구분하지는 않으나 조사선은 달마達磨로 이어지면서 석가모니 부처님의 마음을 마음으로 아는 참된 선을 주로 말하고, 여래선은 여러 경전을 통해 설파한 여래의 교설에 따라 깨닫는 선을 말한다.

아무튼 선은 부처님의 가르침에 따라 분별하지 않고 집착하지 않는 지혜를 완성하여, 분별 망상의 생각을 일으키지 않고 본래 청정한 성품을 스스로 깨닫는 수행이다.

돈각頓覺이라 함은 단박에 마음을 깨닫는 것인데 좋은 것이든 나쁜 것이든 모든 것은 허깨비 같이 나타났다 물거품 같이 사라진다는 것을 여실히 깨달아 분별하지 않고 집착하지 않는 마음을 가리킨다.

그러나 분별하고 집착하면 인과의 과보를 받는다는 것을 여실히 잘 알지라도 수억 겁 동안 쌓이고 쌓여 온몸의 세포 하나하나에까지 깊이 뿌리 박혀 있는 습習과 업장의 본능을 제거하기란 참으로 어려운 일이다. 그러나 뼈를 깎는 수행을 통해 이마저도 모두 없앤 마음의 상태를 돈각의 깨달음이라 한다.

깨친 다음에는 좋고 나쁜 고락의 업과 옳고 그른 시비의 업이 더 이상 생기지 않음으로 행주좌와어묵동정行住坐臥語默動靜, 걷거나 머물고, 앉거나 누워있을 때, 말하거나 침묵하고, 움직이거나 고요히 있을 때, 즉 일상생활 어느 때, 어느 장소, 어느 인연에도 끄달리지 않는 마음으로 생사도 없고 생멸도 없으니 날마다 좋은 날(日日是好日)이다.

육도六度 만행萬行이란 천상·인간·수라·지옥·아귀·축생의 여섯 가지 마음이 상대적인 인과로 나타남을 말한다. 즐거운 마음에 의해 괴로운 마음이 나타나고 기쁜 마음에 의해 슬픈 마음이 나타나며 행복한 마음에 의해 불행한 마음이 나타남이다. 또 이러한 마음 상태에 따라 실질적으로도 물리적인 여섯 세계가 나타나서 이 몸이 다하면 자신의 업으로 천상, 인간, 수라의 삼선도와 지옥, 아귀, 축생의 삼악도에 태어나기도 한다.

그러나 조사선과 여래선으로 깨친 마음이 되면, 육도의 모습인 좋고 나쁨을 만나더라도 육도 고유의 즐거움과 괴로움, 고락의 인과는 나타나지 않는데 이는 항상 본래 성품인 본체 안의 마음을 가지고 있기 때문이다. 즉 천상이라 하여 즐거운 마음이 생기고 지옥이라 하여 괴로운 마음이 생기지 않는다는 말이다. 이러한 깨친 상태가 되면 천상과 지옥을 분별하는 마음 자체가 전혀 없기 때문에 천상이 천상이 아니고, 지옥이 지옥이 아니며, 그 어떤 곳을 만나더라도 본체의 마음에서 원만하여 요동치지 않는다. 고락의 인과가 발붙이지 못한다.

마음을 깨치지 못한 중생의 삶이란 한 번 웃으면 언젠가는 한 번 울게 되고, 열 번 즐거우면 언젠가는 열 번 괴롭게 되며, 백 번 행복하면 언젠가는 백 번 불행하게 되니 이는 지위 고하나 빈부 그 어느 위치에 있든 이를 피하지 못한다. 이를 인과법칙이라 한다.

깨침이란 이와 같이 좋고 나쁜 인과를 벗어나서 분별에 따른 과보를 받지 않는 것을 말한다. 그 누구라도 하루빨리 인과 윤회의 고해에서 벗어나 자유자재의 본체계인 자성을 깨쳐 성불해야 한다. 마음을 깨치기 위해서는 기도로서 마음을 가다듬고, 참선으로써 분별과 집착을 끊어야 하며 보시로서 탐진치 삼독심을 끊고 정진으로써 육도의 만행을 멈추어야 한다.

제8화
꿈속에 사는 인생

夢裏明明有六趣　　몽리명명유육취
覺後空空無大千　　각후공공무대천

꿈속에선 뚜렷이 밝아 육취가 있더니
깨어난 뒤에는 텅 비어 대천세계도 없도다.

◎ 지금 내가 느끼고 생각하는 이 순간이 꿈과 같고 물거품과 같고 그림자 같으며(如夢幻泡影) 이슬과 같고 번개 같음이라(如露亦如電). 뚜렷이 실재하고 있는 것 같으나 꿈을 꾸고 있는 것이다. 왜냐하면 즐거움과 기쁨, 행복도 곧 사라지고 이의 과보로 나타난 괴로움과 슬픔, 불행도 곧 사라지기 때문이다. 천상, 인간, 수라의 삼선도三善道도 뚜렷이 있었으나 사라지고 지옥, 아귀, 축생의 삼악도三惡道도 뚜렷이 있었으나 곧 사라진다. 따라서 여섯 가지 육취六趣(천상, 인간, 수라, 지옥, 아귀, 축생)의 고락苦樂이 꿈과 같이 사라지고 없다.

따라서 과거심의 육취도 없고, 현재심의 육취도 없으며, 미래심의 육취도 없다. 과거심은 이미 지나갔으니 없고, 현재심은 곧 과거심이 되어 사라지고 있으니 없고, 미래심은 아직 오지 않았으니 없다. 이 같은 고락에 따른 육취의 인과는 윤회를 거듭하고 있는 것처럼 보이지만 이 또한 생로병사와 성주괴공을 거듭하며 사라지니 무엇이 남고 무엇을 얻을 것인가.

그러므로 육취도 공空인 줄 알고, 인과도 공인 줄 알며, 과거 현재 미래의 삼세三世도 공인 줄 알아야 한다. 그 어디에도 집착하거나 욕심내지 않고 머물지 않아 분별하는 마음의 업을 완전히 제거하면 곧 깨침이 이루어진다. 미진微塵의 작은 세계도 벗어나고, 삼천대천세계三千大千世界도 벗어나므로 공하다는 것마저 공해지는 적멸寂滅의 본성本性을 찾게 되는 것이다.

    인간의 업성業性인 오욕락五慾樂이 나를 지배하고 있다. 먹어야 하고, 먹어도 더 맛있는 것을 찾게 된다. 또 잠이 오면 자야 한다. 아무리 중요한 일이 눈앞에 있더라도 잠을 자지 않으면 아무 소용이 없다. 또 먹고 자는 것을 방해 받지 않기 위해서는 재산을 모아야 한다. 적당히 먹고 잘 수 있는 것만 모으면 되겠지만 욕심이 습성이 되어 한없이 모으려고 애를 쓴다.

    거기다가 나를 알아 달라는 명예욕名譽慾으로 자신을 더욱 드러내려고 한다. 궁극적으로는 먹고 자는 것을 완전하게 지켜내려는 마음에서 비롯된 것이나, 나의 존재를 부각시켜 남을 지배하려는 욕심을 갖는다. 성욕性慾은 먹고 자는 것을 더욱 공고히 하기 위해 자신의 아바타를 만들려고 하는 욕심에서 비롯된 산물이며 또한 지극한 즐거움을 맛보게 되는 일종의 고락의 본능이 되었다.

    이 다섯 가지 오욕락의 특징은 즐거움과 만족을 주는 요소이면서 이것이 부족하면 그만큼 불만족에서 오는 고통의 과보를 받게 된다. 충족을 하려면 고통이 따르고, 고통을 없애기 위해서는 다시 충족해야 하는 인과의 악순환이 거듭된다.

    아무튼 이 모든 원인과 과정 그리고 결과라는 것은 결국 허깨비 장난과 같은 것으로 물거품과 같고 그림자와 같으며 이슬과 같고 번개와 같이 생긴 것은 곧 사라지게 되므로 꿈과 같다 하지 않을 수 없다. 문제는 그 어느 것도 지속되지 않기 때문에 집착하면 할수록 미련을 가지면 가질수록 속고 또 속아서 마음을 다치고 괴롭다는 것을 제대로 알아야 한다.

 그리하여 분별하지 않는 마음으로 매사 그 어느 것에서도 여여하고 초월된 마음을 가져야 한다. 욕심을 내면 낼수록 인과의 과보를 받게 되어 허망한 것이다. 따라서 아쉬운 일이 있더라도, 억울한 일이 있더라도, 손해 보는 일이 있더라도, 화가 나더라도, 인과의 법칙을 떠올려서 그 순간 집착하지 않고 방하착放下着, 마음을 바로 놓아야 한다. 육취에 머물지 않고 깨침의 평안을 얻으려면 기도와 참선, 보시와 정진은 생활 속에서 습관이 되어야 한다.

제9화
집착하지 않는 빈 마음

無罪福無損益　　무죄복무손익
寂滅性中莫問覓　　적멸성중막문멱

죄와 복도 없고 손해와 이익도 없으니
적멸한 본성 가운데서 묻거나 찾지 마라.

◎ 사람들은 자기가 원하는 바를 얻거나 취하는 것을 복이라 한다. 그러나 원하는 것을 얻는 복은 곧 죄罪를 짓는 것과 같다. 복이 곧 죄요, 죄가 곧 죄인 까닭이다.

곡식을 얻으려면 벼를 베어야 한다. 이는 벼를 얻기 위해 식물을 죽여야 하므로 살생이 되기도 한다. 또 먹을 수 있으니 복이 된다. 또 고기를 먹을 수 있는 것은 복이라 한다. 고기를 먹으려면 짐승을 죽여야 하는데 짐승의 생명을 죽이는 것은 죄가 된다.

원하는 것을 가지면 이익이라 한다. 그러나 가지고 있는 것을 잃게 되면 손해라 착각한다. 본래 가진 것은 없었는데도 말이다. 또 원하는 것을 얻거나 이익을 보는 것을 복이라 하여 즐겁고 기쁘며 행복해 한다. 그러나 즐겁고 기쁘고 행복한 것은 반드시 인과의 과보를 받게 되니, 괴롭거나 슬프거나 불행한 때가 온다. 따라서 이익이 있으면 반드시 손해가 있기 마련이다. 그래서 이익이 진정 이익이 아니요, 손해가 진정 손해가 아니다.

그러므로 죄가 곧 복이요 복이 곧 죄가 되며, 죄도 곧 사라지고 복도 곧 사라진다. 그러므로 죄와 복이 없는 것이나 마찬가지다. 또 이익도 금세 사라지고 손해도 금세 사라지게 되니 이익과 손해가 없는 것이나 마찬가지다. 이러하여 죄를 짓는 데 연연하거나 집착하지 말고, 복을 짓는 데 연연하거나 집착하지 않는다면 인연 따라 자유자재한 행동이 저절로 이루어진다.

이 말은 설사 생명을 죽인다 하더라도 집착하지 않고 분별하지 않는 마음으로 죽인다면 죽임을 당하는 생명의 업에 의해서만 이루어지는 것이므로 죄와 복을 분별하지 않는 여여한 중도의 행동이 된다. 또 나에게 있는 돈이나 재물 등을 잃거나 빼앗긴다면 이러한 일련의 인연들은 인과 인연의 법칙에 따라 이루어지는 것이므로 묻거나 따지거나 집착할 필요가 없다. 마찬가지로 얻거나 빼앗거나 저절로 들어온다 하더라도 묻거나 따지거나 집착할 이유가 없다. 이 역시 인과 인연의 질서에 따라 이루어지는 것이기 때문이다.

그러하므로 죄와 복, 손해와 이익이라는 분별심을 갖지 말아야 한다. 이 모든 거래와 왕래는 인연 질서에 따라 한 치 오차 없이 이루어지는 것이므로 굳이 의문을 품거나 그 원인을 찾을 필요도 이유도 없다는 뜻이다. 만약 본의 아니게 큰돈이 나갔다고 치자. 돌아올 가능성이 없는 돈이다. 아까운 생각이 든다. 그리고 계속 언제 돈이 다시 들어올 것인지 생각을 한다. 생각을 할 때마다 기분이 좋지 않다. 이러할 때 먼저 돈이란 본래 내게 없던 것임을 알아야 한다. 어떤 경로로 나가든 인연의 소치일 뿐이다. 만약 뼈를 깎는 노력으로 들어온 돈이 나갔기 때문에 억울하다고 생각한다면, 들어올 때의 기쁨을 즐겼던 인과의 과보라는 것을 깨닫고서 더 이상 집착하지 않아야 한다.

결국 죄와 복, 손해와 이익은 없는 것이다. 들어오는 것에도 집착하지 말아야 하고 나가는 것에도 집착하지 않는 빈 마음이 되어야 한다. 이것이 진정 적멸한 성품으로서 편안한 마음을 갖게 하는 결정적인 요인이다. 매사 들고 나는 것을 있는 그대로 보고, 마음의 감정을 요동치게 하지 않는 삶이 좋은 삶이다.

제10화
재앙을 미리 막는 법

比來塵鏡未曾磨　비래진경미증마
今日分明須剖析　금일분명수부석

예전에는 때 묻은 거울 미처 닦지 못했는데
오늘에야 분명히 닦아내었다네.

◎ 증도證道 즉 도(마음)를 깨친 내용의 말씀이다. 거울은 마음의 본래 성품, 즉 본성을 뜻한다. 거울에 낀 먼지는 분별심을 말한다. 분별심을 제거하면 그대로 맑디 맑은 거울, 본성을 찾게 된다. 있는 그대로 분별하지 않고 왜곡 없이 비춰진다는 말이다. 오늘 드디어 분별의 업을 닦아냈다는 것은 바로 단박 마음을 깨쳤다는 뜻이다. 분별심으로 인한 고통과 괴로움이 끊어졌다는 의미이다.

분별한다는 것은 상대적인 생각과 감정을 가진다. 좋은 것은 나쁜 것이 있기 때문에 좋은 것이고, 나쁜 것은 좋은 것이 있기 때문에 나쁜 것이니 이 둘의 관계는 떼려야 뗄 수 없는 손등과 손바닥, 동전의 양면과 같은 것이다.

산다는 것은 기분이 좋은 것 즉 즐겁고, 기쁘고, 행복하고, 마음에 들고, 만족하고, 아름답고, 맛있고, 부드럽고, 사랑하고, 웃고, 넉넉하고, 배부르고, 성공하고, 성취하고, 승리하고 등등을 얻고 느끼기 위함이다. 그러나 이 모든 것은 괴롭고, 슬프고, 불행하고, 마음에 들지 않고, 불만족하고, 추하고, 맛없고, 거칠고, 미워하고, 울고, 부족하고, 배고프고, 실패하고, 불성취하고, 지는 등등의 과보가 똑같이 생겨나게 된다.

이러한 생각과 감정은 남녀노소, 동서고금, 빈부귀천을 막론하고 어느 누구든 겪을 수밖에 없는 업의 모습이다. 굳이 차이가 있다면 탐진치 삼독심이 작아 이러한 분별의 업을 작게 느끼는 사람은 얻는 것도 작고 분별심도 작아서 잃는 것 역시 작다. 반대로 삼독심이 큰 사람은 바라는 것도 크고 얻는 것도 크며, 분별심이 커서 잃는 것도 크게 잃게 된다.

삼독심 즉 욕심은 작은데도 불구하고 지독히도 일이 잘 풀리지 않는다고 생각하는 사람이 의외로 많다. 또 무슨 일을 해도 뜻대로 되는 일이 없고, 사건과 사고가 많으며, 하물며 무단히 다치기도 하고, 우연히 도둑이나 사기를 당하기도 한다. 종국에는 몸을 다치거나 목숨을 잃는 경우까지 생겨서 그야말로 재수에 옴이 붙는 일이 잦은 사람들이다.

우선 분명한 것은 이 사바세계에는 원인 없는 결과는 없다는 것이다. 좋고 나쁜 업의 양은 똑같이 나타나기 때문에 반드시 원인과 이유가 있으며 그에 의한 과보가 나타난 것이다. 아마도 이생에 태어나기 전부터 소위 전생사前生事에서 탐진치 삼독심에 따른 과보가 이생에서 나타나는 경우라 할 것이다. 즉 시차가 있는 것이다.

이 같은 인과의 과보를 단박에 그치게 하는 것이 바로 선이다. 선 가운데에서도 조사선인 간화선看話禪으로서 단박 깨침이다. 즉 분별심을 내려놓으면 그대로 깨치게 된다. 지금 바로 좋다 나쁘다 하는 분별심을 내지 않고 있는 그대로 보고, 그대로 듣고, 그대로 받아들이는 것이다. 이러한 분별의 마음을 없애기란 참으로 어렵고 불가능한 것이나 이 도리 이외에는 방법이 없다. 모든 것을 부처님 법에 의지하여 인과를 철저히 믿고 또 믿어 한 치도 의심 없는 신심信心으로 좋은 것이라는 마음도 놓고, 나쁜 것이라는 마음도 놓고, 탐진치 삼독심도 그대로 놓고 또 놓아 놓을 것조차 없어야 한다.

아직도 의심을 하거나, 바라는 것이 있거나, 화가 나거나, 이러면 좋을까 저러면 좋을까 분별하거나, 마음에 걸리는 것이 하나라도 남아 있다면 신심이 부족하거나 기도와 참선, 보시와 정진이 전혀 이루어지고 있지 않다는 증거이다.

오늘 드디어 마음의 먼지를 분명히 닦아내어 분별심이 사라진 환희로운 깨침의 날이 되기를 발원한다.

제11화

집착하지 말라

誰無念誰無生　　수무념수무생
若實無生無不生　　약실무생무불생

누가 생각이 없다고 하며 누가 생겨남이 없다고 하는가.
진실로 생겨남이 없으면 생겨나지 않음도 없나니.

◎ 참으로 난해한 구절이다. 엄연히 생각하는 것을 누가 생각이 없다고 하는가? 지금 생각하고 있는 것을 어찌 없다고 말하는가 하는 말이다.

다만 생각하는 것도 생겨나는 것도 모두가 허망할 뿐이라는 뜻이다. 또 일체가 생겨남이 없다고 하는 것 또한 맞지 않다는 말이다. 엄연히 생각이 일어나서 생겨나고 있지 않는가 반문한다. 이 구절의 진정한 뜻은, 생겨난 것은 생로병사하고 성주괴공하여 모두가 사라지므로 일체가 허망하다는 뜻이다. 그러므로 진실로 생겨남이 없다면 생겨나지 않음도 없으니 이러쿵저러쿵 단 한마디도 붙일 것이 없을 것이다.

다만 생겨나는 것은 어찌할 수 없으나, 생겨나는 것은 모두 허망할 따름이니 집착하지 말라는 뜻이다. 따라서 생겨난 것을 굳이 없애려고 하는 것은 또 다른 집착을 낳을 뿐이다. 생겨난 것은 생겨나는 대로, 사라진 것은 사라지는 대로 분별하지 않고 집착하지 않으며 그저 바라볼 뿐이다.

풍선효과라는 것이 있다. 한쪽을 누르면 다른 한쪽이 튀어나오는 현상을 말한다. 고락苦樂 인과의 업도 마찬가지이다. 만약 사업이 잘되거나, 승진을 한다거나, 상을 받는다거나 하여 기분이 매우 좋았다고 하자. 그 기분 좋은 것만큼 집안에 우환이 생기거나, 가족에게 문제가 발생하거나, 사고로 인하여 몸을 다치거나 하여 기분 나쁜 인과의 과보가 생길 수도 있다. 아니 언젠가 어떤 형태로든 반드시 생기게 된다. 지나가다가 돌부리에 걸려 넘어지는 바람에 몸을 다쳐 고통을 당하는 경우 이 같은 현상이 일어나는 것은 단순히 재수가 없어서 우연히 생기는 것이 아니라 그동안 몸을 통해 기분 좋게 즐겼던 인과의 과보로 시절인연으로 나타난 것임을 깨달아야 한다.

따라서 즐겁고 기쁘고 행복한 일이 우연히 생겨나는 것이 아니고, 괴롭고 슬프고 불행한 일이 우연히 일어나는 것이 아님을 알아야 한다. 이는 인과법에 따라 한 점의 빈틈도 없이 시절의 때와 만남의 인연으로서 반드시 나타나고야 만다.

어린 시절 노스님들께서는 놀이 문화에 대해 매우 금기시하였다. 예를 들어 바둑이나 장기를 두면 화를 내며 못하게 하시는 것이다. 하물며 라디오를 청취하는 것마저 금지하였다. 그때는 이해할 수 없었으나, 왜 그렇게 하셨는지 이제는 십분 이해가 가는 대목이다. 고락의 인과가 금방 나타나는 것이 스포츠와 게임이다. 물론 몸 건강을 위한 스포츠는 예외일 수도 있으나 좋은 기분과 나쁜 기분이 교차하는 고락업苦樂業의 시간이 매우 짧고 강하여 감정의 기복이 극심하게 요동치는 까닭에 이 또한 업이 되어 쌓이기 때문에 금기시하는 것이다.

바둑이나 스포츠를 통해 인내를 배우고 정신을 강하게 하는 요소로서 적극적으로 권장하는 사람도 있으나, 여러 정황으로 볼 때 정확한 것은 아니다. 오히려 감정을 더욱 요란하게 하여 스스로 주체하지 못하는 경우가 많으므로 집착할 정도까지 된다면 상황이 좋지 않다.

이 구절은 도道를 이루려 하는 사람이나 특히 참선 수행하는 스님들이 반드시 알아야 할 내용이다. 생각을 오히려 없애려 하다가 다른 집착을 더욱 크게 일으키는 우를 범하지 않아야 한다는 교훈이다. 더불어 생겨나는 것과 사라지는 것, 움직이는 것에 대해 무심하기 위한 내용이다. 그래서 이런 일이나 저런 일이나 어떤 경우의 일에도 집착하지 않고 분별하지 않으며 인과의 흐름에 간섭하지 않고 그저 그렇게 있는 그대로 무심히 바라보는 현명한 지혜인이 되어야 한다.

제12화

삶이 헛헛할 때

喚取機關木人問　환취기관목인문
求佛施功早晚成　구불시공조만성

나무 인형을 불러 물어보라.
부처 구하고 공 베풂을 조만간 이루리로다.

◎ 기관목인機關木人이란 나무로 사람을 만들어 인형극 하듯이 나무 속에 들어가 나무 사람을 움직이는 것을 말한다. 즉 나무 장승을 붙들고 물어보라는 말이다. 나무 장승에게 물어서 부처 구하고 공 베풂을 이룬다는 것은 그야말로 말이 되지 않는 불가능한 일임에도 불구하고 이 구절에서는 부처를 이룬다고 공언하고 있다.

무생물인 나무 장승에게 물어서 부처를 이룬다는 말은 과연 무슨 뜻일까? 앞 구절에서 약실무생무불생若實無生無不生, 진실로 생겨남이 없으면 생겨나지 않음도 없다고 했다. 그렇다면 생겨나지 않는 것은 생겨나지 않아서 말을 할 수가 없다. 하지만 생겨나지 않음도 없다는 것은 생겨난다는 말과 같은 말이므로 나무 장승이 말을 해야 하는 것이다.

'나무 장승이 노래 부르고 석녀가 춤을 춘다(木人放歌 石女起舞)'라는 말이 있다. 이해가 되지도 않고 말도 되지 않는 광경이기는 하나 마음을 깨친 옛 조사스님들은 이와 비슷한 말씀을 많이 하고 있다. 즉 깨친 마음으로 보면 있는 것이 없는 것이요, 없는 것이 있는 것이 된다. 이 세상의 모습은 내 마음이 그대로 비춰진 일체유심조一切唯心造이다. 마음에 없는 것은 보이지도 않고 생겨나지도 않는다. 각자 업의 관념에 따라 자기 눈높이에서 세상을 보게 되고 생각하게 된다는 말이다.

그러므로 마음을 깨친 이들이 세상을 보는 관점은 보통 사람들과는 전혀 다르다. 즉 생겨난 것은 인과로서 그저 움직이는 것일 뿐, 모두가 생로병사하고 성주괴공하며 여몽환포영如夢幻泡影하므로 없는 것이나 다름없다고 본다. 그리하여 집착하거나 절대로 미련이나 정情을 두지 않는다.

마찬가지로 없는 것 또한 없고, 생겨나고 없는 것에 대한 분별심이 없으니 보통 사람이 가지고 있는 탐욕의 마음으로는 도저히 상상할 수도 없고 볼 수도 없는 그야말로 희한한 일이 생겨나기도 한다. 바로 나무 장승이 말을 하고 돌 장승이 노래를 부르며, 석녀가 춤을 추는 광경이 예사롭게 벌어진다는 말이다. 이 정도 된다면, '구불시공조만성求佛施功早晚成(부처 구하고 공 베풂이 이루어지는 것)' 이것이 무에 대수이겠는가. 즉 부처를 이루는 성불成佛의 경지를 보여주는 대목이다.

또 세상의 모든 모습은 생겨났다 사라지는 허깨비 같고 그림자 같은 것이다. 그러기에 있는 그대로 보면 꿈을 꾸고 있는 것이나 다름이 없다. 인과 인연으로서 변하고 사라지기 때문에 결국은 더도 덜도 이익도 손해도 없다. 그 어떤 것이 생겨날지언정 저절로 생사 생멸할 텐데 이렇게 생겨나든 저렇게 생겨나든 무슨 문제가 있을 것이며 무슨 상관이 있겠는가. 그러므로 나무 장승이 노래를 하든 돌 석녀가 춤을 추든 이 또한 무슨 문제가 있을 것인가.

생사와 생멸, 고락과 시비의 분별을 떠난 이상 육근六根(눈, 귀, 코, 혀, 몸, 생각)이 청정하고 육식六識(안식, 이식, 비식, 설식, 신식, 의식)이 분명해진다. 그 어디에도 머물지 않고 집착과 미련과 정이 없으니 이러들 저런들 모두가 없고 모두가 생生하며 모두가 여여하다. 쓸데없는 헛된 일에 파묻혀서 기껏 살아가는 것에 급급한 마음이더라도 가끔은 깨친 도인을 생각하며 잠시라도 기도, 참선, 보시, 정진할 수 있는 시간을 가져야 한다.

제13화
인연 따라 살아라

放四大莫把捉　　방사대막파착
寂滅性中隨飮啄　　적멸성중수음탁

사대를 놓아버리고 붙잡지 말고
적멸한 성품 가운데서 인연 따라 먹고살아라.

◎ 우리 몸과 마음은 지수화풍地水火風의 사대四大와 색수상행식色受想行識의 오온五蘊으로 이루어졌다. 사대와 오온은 잠시도 온전하게 있지 아니하고 변하고 사라짐을 반복한다. 그래서 주체가 없으므로 있는 것 같으나 결국 없는 것과 같은 것이니 집착하면 할수록 고통과 괴로움의 과보가 따르게 된다.

사대와 오온은 각자의 생각에 따라서 조금 빨리 변하고 사라질 수도 있고, 조금 늦게 변하고 사라질 수도 있다. 어떻든 변하고 사라지는 것은 마찬가지니 조금 빠르고 늦는 것에 의미를 둘 필요는 없다. 모든 것은 이렇게 변하고 사라지는 것이니 여기에 집착하거나 분별하지 않는 마음을 가진다면, 적멸한 성품 즉 어디에도 걸림이 없는 마음이 되므로 행주좌와行住坐臥 어묵동정語默動靜에도 차별이 없이 편안하게 된다는 뜻이다.

우리가 사는 것은 꿈을 꾸는 것과 같아서 깨고 나면 아무것도 아니었다고 깨닫게 된다. 하지만 꿈을 깨기 전까지는 꿈을 꾸고 있는 것조차 모르고 꿈속에서 희로애락喜怒哀樂과 고락 분별을 일삼게 된다. 이처럼 지금 우리가 사는 이 순간도 아직 깨어나지 못하고 있다.

누구나 자신의 고락의 업에 따라 즐거운 시간과 괴로운 시간을 맞이한다. 즐거운 시간이 크면 괴로운 시간도 크다고 하였다. 이를 인과의 과보라고 했다. 내가 좋고 편안하며 즐겁고 기쁜 것에 대해 욕심 내고 집착할수록, 싫고 불편하고 괴롭고 슬픈 과보가 생긴다고도 했다. 고통 없는 사람은 없다. 그러나 고통이란 좋은 것에 대한 집착과 미련 그리고 정을 쏟은 만큼 생긴다.

그러나 대부분의 사람들은 이를 받아들이지 못한다. 왜 나에게 이런 시련이 오냐며 오히려 화를 내는 경우가 대부분이다. 그렇지만 이를 받아들이지 못하면 더욱 고통이 클 뿐이다. 세상의 모습은 인과 인연에 의해 오차 없이 돌아가고 있기 때문이다. 따지고 보면 억울할 일도, 잘못될 일도 이상할 일도 없다. 원하는 대로 되지 않는 것은 역설적으로 원하는 것이 크다는 말과 같다. 인연이란 그렇게 냉정한 것이다.

살다보면 엄청나게 큰 충격을 받는 일이 가끔 생길 것이다. 평소 마음으로는 도저히 대처하기 힘든 일들이 벌어지기도 한다. 방심한 탓이다. 원하는 것이 있는 만큼 원하지 않는 일이 생긴 것이다.

중국의 방 거사(龐蘊, ?~808)는 정오에 죽음을 예고했다. 딸 영조靈照가 아버지께 부탁하기를 조금만 늦춰달라고 했다. 그리고 아버지가 죽음을 예고한 시간에 자신이 앉아서 좌탈입망하였다. 이를 본 방거사는 '내 딸이지만 참으로 민첩하구나' 하고 자신도 따라 죽었다. 어머니가 밖에 있는 아들에게 부음을 전하니, 아들이 갑자기 억 소리를 지르며 서서 죽었다. 앉아서 죽고 누워서 죽고 서서 죽는 가족이 되었다.

사실 여부를 떠나서, 깨친 이들이 생각하는 삶이란 소풍을 나왔다 돌아가는 것처럼 대수롭지가 않다. 죽음에도 집착하지 않기에 마음의 걸림이 없다. 모두가 마음먹기 나름이다. 그리고 마음을 얼마나 깨치고 못 깨치느냐의 차이이다. 그리고 깨치지 못하면 분별의 연속일 뿐이니 고락과 시비, 생사를 거듭할 따름이다. 어쨌거나 지금 무슨 일이 벌어지든 기도와 참선, 보시와 정진은 멈춤이 없어야 한다.

제14화
지금 여기 나의 마음

諸行無常一切空　　제행무상일체공
卽是如來大圓覺　　즉시여래대원각

모든 것은 움직여 머무는 바 없어 일체가 공하니
이는 곧 여래의 크고 원만한 깨침이로다.

◎ 이 구절은 삼법인三法印과 《열반경》 사구게를 그대로 옮겨 놓은 듯하다. 세 가지 변할 수 없는 진리를 삼법인이라 한다. 제행무상諸行無常 제법무아諸法無我 열반적정涅槃寂靜이다. 또 《열반경》 사구게 중에는 '제행무상諸行無常 시생멸법是生滅法 생멸멸이生滅滅已 적멸위락寂滅爲樂'이라 했다. 제행무상이란 세상 모든 것은 움직이지 않는 것이 없다는 말이다. 그래서 본래 그대로 온존하게 머물러 있는 것이 없으니 이를 무상無常이라 한다. 그러나 일체 모든 것은 인과 인연에 의해 한 치 오차 없이 움직이므로 제법諸法이라 한다.

하지만 어느 하나라도 본래 모습은 바뀌고 변하기 때문에, 진정한 나라고 할 만한 것이 하나도 없다. 조금 전의 나는 이미 내가 아니다. 이미 생각이 바뀌었고, 보이지는 않으나 몸도 조금 전의 몸이 아니다. 언젠가는 늙고 병들고 죽을 것이니 어디에서 나를 찾을 것인가. 그러니 무아無我라 했다. 그러므로 무상하고 무아인 진리를 여실히 알고 깨치면 어디에도 마음이 머무르지 않고 집착하지 않으니 탐진치 삼독심이 사라지게 된다. 이를 열반적정이라 한다.

열반涅槃이란 니르바나 또는 피안彼岸이라 한다. 고통과 괴로움이 전혀 없는 경지를 말한다. 이미 변할 것이요 이미 사라질 것이요 이미 모든 것이 공하다는 것을 알기 때문에 이린 인과,

저런 인연, 그 어디에도 마음을 두지 않는 상태로 말로서는 표현하기 힘든 평안의 극치를 말한다. 바로 즉시여래대원각卽是如來大圓覺이다.

또 제행이 무상한 이유 가운데 한 가지는 바로 이것이 시생멸법이라는 것이다. 생겨난 것은 모두가 사라지는 것이니 세상 어느 것도 생로병사와 성주괴공의 과정을 피할 수 없다. 몸만 그런 것이 아니라 즐거운 마음도 괴로운 마음도 성주괴공하고 생로병사한다. 그래서 이러한 생멸법은 분별하는 업식에서 나오는 잘못된 마음이다. 일어나고 사라진다는 생각을 모두 없애야 하므로 '생멸멸이'라 했다. 즉 생하고 멸한다는 분별을 없애라는 것이다. 그래야 비로소 적멸위락寂滅爲樂 즉 대원각大圓覺이 되고 열반적정이 되어 지극한 평안의 극치를 만나게 된다는 뜻이다.

이미 답은 나와 있다. 지금 나의 감정과 생각이 문제이다. 아무리 좋은 진리의 말씀이라도 소에게는 통하지 않듯이, 알아듣지 못한다. 설사 알아듣더라도 감정과 기분의 업이 가로막고 있다. 사람은 물리적인 고통보다 마음의 고통이 더 크다. 몸이 아픈 것보다 몸이 아파 서러운 감정이 더 크다. 이것은 감정, 즉 정 때문이다. 가족은 나의 분신과 같다고 생각한다. 그래서 부모 자식과 부부는 더욱 그러하다. 그런데 그 정이란 대가를 치러야 한다. 좋은 감정이 크면 클수록 슬프고 괴로운 감정이 생기기 마련이다. 따지고 보면 가족이라 해도 고락의 감정인 인과의 업은 각자 가지고 있다. 각자 가지고 있는 고락의 감정을 서로 격하게 주고받는 것뿐이다. 상대 때문에 감정이 생긴다고 생각하기 쉽다. 부모는 자식 때문에 기쁘기도 괴롭기도 하다고 생각한다. 자식이 잘되는 것이 곧 내가 기쁘기 때문이다. 그러나 자식을 통해서 부모가 가지고 있는 고락의 업이 발생된다는 것을 알아야 한다. 마찬가지로 자식은 자식대로 자기 고락의 업이 부모를 통해서 나타나게 된다.

비단 부모자식 관계뿐만이 아니라 정을 주고 있는 대상은 누구나 마찬가지이다. 자신의 고락 업에 따라 즐거운 업이 나타날 때는 즐거운 일이 상대로 하여금 나타나게 되고, 괴로운 업이 나타날 때가 되면 상대로 하여금 나를 괴롭히게 되는 일이 발생하게 된다. 아무튼 이런 일 저런 일, 기쁜 일 슬픈 일, 오만가지 일이 벌어지고 있으나 이 모두가 생로병사 성주괴공의 인과 인연을 벗어날 수 없다. 모두가 공임을 알아 집착하지 않고 분별하지 않는다면, 바로 적멸의 세계로 들어가 생사 생멸도 없는 곳에 이르게 될 것이다. 이 길을 원하면, 매사에 정을 붙이지 말고 집착하지 않으며 분별하는 마음을 거두어야 한다. 기도, 참선, 보시, 정진은 피안에 이르는 반야용선般若龍船이다.

제15화
생겨난 것은 결국 사라진다

決定說表眞乘 　　결정설표진승
有人不肯任情徵 　　유인불긍임정징

명확하고 분명한 가르침과 진실을 드러낸 법을
어떤 사람은 긍정하지 않고 제멋대로 따져 묻네.

◎ 이 구절은 영가 스님께서 노파심에 하신 말씀이다. 명확하고 분명한 말씀인 결정설決定說은 마음을 깨쳐야 성불한다는 뜻이다. 마음을 깨치려면 표진승表眞乘의 참됨을 나타낸 법을 깨치는 것이다. 그렇다면 결정설인 표진승은 무엇인가? 지금까지 설명해왔듯이 하나는 일체가 모두 허깨비와 같다는 공함을 아는 것이고, 또 하나는 일체가 모두 인과와 연기에 의해 나타났다 사라지는 것으로서 음양陰陽, 주야晝夜, 고락苦樂과 같이 서로 다른 두 개의 모습이 번갈아 나타나는 인과의 현상을 말함이다.

그러니 모두가 공하여 그 무엇도 온전한 것 하나 없이 무상하니 집착하거나 연연할 것이 없다는 것을 진실로 알고 실천해야 한다. 그리고 나타난 것은 결국 사라지고 없어지니 희로애락의 인과로서 욕심을 내면 낼수록, 즐기면 즐길수록 그와 똑같은 대가를 치러야 하는 인과법을 여실히 깨쳐야 한다. 그럼에도 불구하고 사람들은 이를 믿고 실천하려 하지 않고, 오히려 오욕락五慾樂이라는 정에 매달려서 스스로 고통과 괴로움을 만들어내니 이 얼마나 어리석고 우매한 짓인가 하고 안타까운 마음으로 말씀하신다.

깨치지 못한 무지몽매한 사람들은 모두가 자기 감정, 기분에 따라서 살아간다. 기분이 좋고 마음에 드는 것과 기분이 나쁘고 마음에 늘지 않는 것 이 두 가지 고락의 업에 끄달려 살아기는 것이다. 이를 정이라 한다. 정이 많은 사람은 즐거움도 많고 괴로움도 많다. 즐거운 만큼 괴로움도 똑같이 생기는 것이 인과의 법이니 사랑이 깊으면 미움과 증오도 깊은 것이다.

인과란 꼭 그 당사자나 똑같은 일에서 나오는 것은 아니다. 예를 들어, 어떤 한 사람을 지독히 사랑하다가 그 사람에게 배신을 당하면 증오와 미움이 생길 수도 있다. 그러나 남편이 미우면 그 자식도 밉게 보이는 경우가 있듯이 '종로에서 뺨 맞고 강남에서 화풀이 한다'는 말처럼 다른 사람에게로 옮겨가는 경우도 많다.

인과는 기본적으로 크게 나누어 고락이라는 상반된 감정인 두 가지 정의 기분을 말한다. 즐겁고 기쁘고 행복한 정을 기분 좋게 느꼈다면 그에 상응하여 똑같이 괴롭고 슬프고 불행한 정이 기분 나쁘게 나타나는 것을 말한다. 이를 업식, 업장, 업연, 업인業因, 업과業果 등으로 설명한다.

그러므로 즐겁고 기분 좋은 때의 인연이 있었던 만큼 괴롭고 기분 나쁜 때의 인연이 반드시 오게 되어 있다. 다만 이 두 가지 업이 언제 어느 때 누구를 대상으로 오고 가는지는 알 수 없으나, 때로는 사람에 의해 나타나기도 하고, 때로는 혼자 나타나기도 하고, 때로는 일을 하면서 성공과 실패로 나타나기도 하면서 기분이 좋고 나쁜 고락의 업으로 나타난다. 아무튼 어떤 때는 좋은 일과 좋은 사람을 만나므로 기분이 좋지만, 어떤 때는 나쁜 일과 나쁜 사람을 만나므로 기분이 나쁘게 되는 이유가 바로 앞에서 말한 자신의 고락 업에 의해 생긴다는 것을 알아야 한다. 그래서 우연히 좋은 일과 좋은 사람을 만나는 것이 아니고, 우연히 나쁜 일과 나쁜 사람을 만나게 되는 것이 아니다. 이는 철저히 스스로의 고락 업에 의해 필연적으로 나타나는 자업自業의 현상이므로 밖으로 나타난 일과 만나는 사람을 보고 시시비비하는 것은 그림자를 보고 시비하는 것과 같다.

모든 것은 자신이 가지고 있는 정이라는 업식, 즉 스스로의 고락 업에 끄달려 인과를 계속하게 된다. 따라서 밖으로 나타나는 인연이 좋으려면 어떻게 해서든 자신의 정, 자신의 고락 분별, 인과의 업을 소멸시키는 것이 절체절명絶體絶命의 일이 아닐 수 없다.

기본적으로 기도와 참선, 보시와 정진을 하지 않는 이는 스스로의 업인 고락 인과를 벗어나지 못하고 정에 끄달려 살다가 낭패를 보는 경우를 특별히 조심해야 한다.

제16화

근원을 바로 끊는 것

直截根源佛所印　　직절근원불소인
摘葉尋枝我不能　　적엽심지아불능

근원을 바로 끊는 것은 부처님께서 인가한 바요,
잎 따고 가지 찾는 일은 내가 할 일이 아니로다.

◎ 무엇이든 집착하는 마음을 끊고 분별하는 마음을 끊어버리면 일체의 근원이 끊어진다는 것이 근원根源을 바로 끊는다는 뜻이다. 이는 바로 부처님의 가르침을 실행하는 것이다. 잎을 따고 가지를 어떻게 하느냐 하는 지엽적인 일에 매달릴 일이 아니라는 말이다.

이러면 좋을까 저러면 좋을까 하는 집착과 분별심을 갖지 않는다면 나머지 일상적인 사소한 일에 고민할 필요가 없다는 것이다. 잎을 따고 가지를 찾는 일이란 매 순간 감정에 끄달려서 좋다 나쁘다, 얻었다 잃었다, 자존심을 세운다 상한다, 웃고 우는 일에 일희일비一喜一悲하는 것이다. 이러한 지엽적인 일이라는 것에는 인과가 따르기 마련이다. 웃을 수 있는 일이 많을수록 많이 울게 되는 과보를 받게 되고, 얻으면 얻을수록 잃게 되는 과보가 따르며, 욕심을 내면 낼수록 고통과 괴로움의 과보가 따르기 때문이다.

잎을 따면 그 잎이 다시 돋아나고 가지를 치면 그 가지가 다시 생겨난다. 하지만 나무의 근원인 뿌리를 끊으면 걸리적거리는 나무가 통째로 사라진다. 이 같은 뿌리의 근원은 바로 집착과 분별심이다. 마음에 들거나 좋거나 하는 것에 집착하면, 마음에 들지 않거나 나쁜 것이 과보로 나타나서 반드시 그러한 일이 현실로 인연 지어지게 되므로 이는 좋다 나쁘다 하는 분별심이 바탕이 되는 것이다. 좋고 나쁜 분별심으로 나누지 말고 이런 모습 또는 저런 모습으로 구분하지 않는 습관을 길러야 한다. 예를 들어 상대방이 나에게 욕을 하거나 위해危害를 가하는 일이 발생했을 때 이를 나쁘게 생각하여 방어하는 차원에서 같이 화를 내고 싸우면 더 큰 시비의 감정으로 마음이 상한다. 이는 옳고 그름을 차치하고, 화를 낸 업식이 아뢰야식阿賴耶識(잠재의식)에 저장되어 있다가 인과의 과보로 비슷한 일이 계속 발생하게 되어 또다시 감정이 격하게 되고 기분이 나빠지면서 화를 내는 일이 반복되는 것이다.

  이는 매우 지엽적인 일이다. 이럴 때는 상대방이 욕하는 것을 좋고 나쁜 분별심으로 받아들이지 말고 '이런 모습도 있구나' 하고 분별심을 자제하면서 감정을 일으키지 않아야 한다. 이는 욕을 하는 상대가 분별심이 작용하여 스스로 마음이 상해서 나오는 현상이므로 이를 내가 참는 것이 아니라 상대의 업에 대해 간섭하지 않는 것이다.

  옳지 않은 일을 참기 어려운 때가 많을 것이다. 그러나 세상의 일은 옳고 그름이 문제가 아니라, 내 마음이 편안하느냐 불편하느냐가 더 큰 문제이다. 내가 옳다고 믿기 때문에 옳지 못한 것을 참을 수 없어 화가 나는 경우가 다반사다. 그러나 옳은 것은 그름이 있기 때문이고, 그름은 옳음이 있기 때문이다. 그래서 옳고 그른 시비는 끊임없이 반복될 수밖에 없다. 이러한 분별심으로 좋고 나쁨, 편하고 불편한 분별이 반복하여 이어지는 것이므로 결코 좋은 방법이 아니다.

따라서 옳은 것은 이런 모습으로, 그른 것은 저런 모습으로 그저 있는 그대로 보는 중도의 마음으로 대할 뿐이다. 옳은 것이나 그른 것에 집착하는 것은 마치 아이들이 서로 토닥거리는 행동에 굳이 옳고 그름을 분별하지 않듯이 매우 지엽적인 것에 지나지 않는다.

그러므로 매사에 인과의 흐름으로 보고 웬만하면 좋고 나쁜 고락과 옳고 그른 시비의 분별심으로 대하지 않는 습을 길러서 모든 일은 부처님 손바닥 안이라 생각해야 한다. 걱정 근심 접고 집착하거나 분별하지 않으며 항상 편안한 마음으로 모두를 받아들여야 할 것이다. 때로 가끔 기도와 참선, 보시와 정진을 곁들인다면 집착과 분별심을 제어할 힘이 생길 것이다.

제17화
허깨비 같은 것들에 속지 말라

摩尼珠人不識　　마니주인불식
如來藏裡親手得　여래장리친수득

여의주를 사람들이 알지 못하니
여래장 속에서 친히 거두어 얻었도다.

◎ 마니摩尼는 여의如意라는 뜻으로 인도 말이다. 마니주摩尼珠는 여의주를 말함이다. 그 쓰임새가 무궁무진하여 마음대로 되지 않는 것이 없다. 즉 이 구슬은 나의 자성과 불성을 비유하여 여의주라 한다. 마음을 깨치면 일체의 모든 것이 완전무결하여 자유자재自由自在하지 않은 것이 없다. 그러함에도 자성 밖에서 이러쿵저러쿵하면서 '얻는다, 쌓는다, 복이다, 덕이다' 하며 엉뚱한 곳에서 욕심을 부리니 참으로 안타까운 일이 아닐 수 없다.

그래서 여래장如來藏 속에 스스로 거두어들여야 한다는 것이다. 여래장은 자성과 불성, 진여眞如를 말한다. 여의주로서 나의 본성인 자성과 불성, 진여라는 분별심이 전혀 없는 중도의 마음, 즉 여래장을 찾아야 한다. 이를 찾기 위해서는 바로 근원을 끊으려 하지 않고 마음 밖에 있는 잎을 따고 가지를 찾는 우를 범하면 안 된다. 그러나 결정심決定心을 의심하여 알지 못하고 생사윤회生死輪廻를 거듭하니 이에 집착하거나 분별하는 마음을 과감히 떨쳐야 한다.

우선 아쉬운 마음과 속상한 마음을 갖지 말아야 한다. 이러한 마음이 드는 것은 본능적으로 불거져 나오는 업장식業藏識이다. 이는 뼛속 깊이 세포 하나하나마다 틀어박혀 있는 숙업宿業으로 습관적으로 튀어 나오는 것이다. 이런 마음이 들 때마다 깨어있는 마음으로 조밀하게 살펴서 자재自在하여야 한다.

먼저 오욕락을 탐하여 마음을 충족시키려 하는 것은 밑 빠진 독에 물을 채우려 하는 것처럼 매우 어리석은 일이다. 인과가 계속 악순환하는 것임을 분명히 알아야 한다. 돈을 많이 가지거나 명예와 권력을 가진다고 고락업이 사라지는 것이 아니다. 돈이나 명예와 권력, 건강과 장수를 누린다 하더라도 이와는 별개로 즐거움이 생기면 괴로움의 과보가 똑같이 생긴다.

부자, 권력자, 예술가, 천재, 잘생긴 사람, 건강한 사람 등은 그들대로 고락 인과의 업을 모두 똑같이 가지고 있다. 근심과 슬픔, 번뇌와 괴로움이 없는 이는 없다. 내가 보는 저 사람은 겉으로는 멀쩡하게 보여 나보다 분명 즐겁고 행복할 것 같지만, 한 사람 한 사람 마음을 들여다보면 속이 썩어 문드러진 사람이 대부분이니 분별심과 집착심으로 깨치지 못한 사람은 모두 고락의 인과를 피할 수 없다.

프로야구 경기를 봐도 그렇다. 게임을 거듭할수록 지금까지 잘하던 선수가 결정적으로 못했을 때, 해당 선수뿐만 아니라 감독을 비롯한 구단 관계자나 팬들도 머리를 쥐어뜯을 정도로 아쉬워한다. 때로는 지금까지 잘못하던 선수가 게임을 결정짓고 최종 승리를 이끌었을 때의 기쁨은 이루 말로 표현할 수 없을 것이다. 이와 같이 짧은 기간에도 일희일비를 거듭하는 것이 고락 인과의 모습이다. 그야말로 천당과 지옥을 오락가락하는 절체절

명의 순간들이 마음을 휘젓고 있는 것이다.

여기서 까딱 잘못된 마음을 먹는다면 업귀신이 될 수도 있을 만큼, 마음의 감정인 고락의 인과는 엄청나다. 일생을 살아가는 모습 또한 이런 게임과 진배없다. 모두 감정의 장난에 놀아나고 있다. 그러나 이러한 고락의 감정이란 수백 수천 번을 강조했듯이, 영원히 변함없는 자성과 진여의 중도심中道心과는 전혀 따로 놀고 있는 업의 그림자이다. 따라서 고락의 인과에 묶여서 생로병사와 희로애락의 업인 업과에서 영원히 벗어나지 못하고 고통과 괴로움을 피할 수 없다.

이를 극복하기 위해서는 마니주(여의주)로서 모든 장애를 극복하고 여래장 진여불성眞如佛性으로 영원한 안식처를 찾아야 한다. 그리하여 내가 지금 보고 듣고 대하고 있는 허깨비 같은 것들에 속지 말고 집착과 분별심을 내지 말 것이며, 있는 그대로 보고 있는 그대로 받아들여 비가 오나 눈이 오나 개의치 않고, 묵묵히 여여한 중도의 마음으로 대해야 한다. 좀더 확실한 신념과 신심을 가지려면 기도와 참선, 보시와 정진을 게을리하지 말아야 한다.

제18화
마음에 걸림이 없는 삶

六般神用空不空　　육반신용공불공
一顆圓光色非色　　일과원광색비색

여섯 가지 신통 묘용은 공하면서 공하지 않음이요
한 덩이 두루한 빛은 색이면서 색이 아니로다.

◎ 육반신용六般神用이란 여섯 가지 신통神通과 묘용妙用을 말한다. 즉 여섯 가지 신통은 육안으로 볼 수 없는 것까지 볼 수 있는 천안통天眼通, 귀로 듣지 못하는 것까지 들을 수 있는 천이통天耳通, 타인의 마음을 읽을 수 있는 타심통他心通, 과거 전생의 일을 훤히 볼 수 있는 숙명통宿命通, 마음대로 다닐 수 있는 신족통神足通, 번뇌 망상이 끊어져 모르는 것이 없는 누진통漏盡通이다.

수행을 통해 좋고 싫음과 옳고 그름에 대하여 집착과 분별을 떠나 마음에 걸림이 없게 된다. 이때 비로소 육신통六神通이 나타나게 된다. 그러나 이 또한 공한 도리이므로 신통을 굳이 쓸 이유가 없다. 그러나 여기서 말하는 여섯 가지 신통의 뜻은 안이비설신의眼耳鼻舌身意 육근六根과 육식六識을 말하는 것이다. 보고 듣고 맛보고 냄새 맡고 몸으로 부딪치고 머리로 생각하는 것이다. 이 여섯 가지는 모두 사라지고 없어지는 물거품 같은 것이어서 공하다고 하는 것이다.

눈으로 보는 것은 결국 생로병사하니 결국 공으로 돌아갈 수밖에 없다. 그러나 분별 작용 없이 분명하게 공을 똑바로 보게 되므로 이 같은 공이야말로 진공眞空이라 하고 묘용이라 한다. 그냥 생각으로 일으키는 가공假空이 아니라 진짜 공이라 하는 것은 다시 공이 공하지 않게 되는 것이다. 좀 난해한 것 같지만 눈으로 보는 것도, 귀로 듣는 것도, 코로 냄새 맡고, 혀로 맛보고, 몸으로 느끼고, 머리로 생각하는 데 있어서 분별심과 집착을 없애면 고락의 인과 또한 없어지니 이는 신통 묘용이 아닐 수 없다. 생각을 해도 편안하고 말을 해도 편안하고 움직여도 편안한 상태를 이룬 사람은 불법을 닦는 수행자밖에 없다. 존귀하고 희한한 일이다.

또 한줄기 두루한 빛이란 분별이 사라진 자성과 불성이다. 눈으로 보고, 귀로 듣고, 냄새를 맡고, 맛을 보고, 몸으로 부딪치고, 생각을 하는 그 어떤 것을 사용해도 분별하지 않는다. 색色(물질)이면서 색이 아닌 것이 된다. 한마디로 이래도 좋고 저래도 좋다는 뜻이다.

무엇을 보고, 듣고, 맛보고, 냄새 맡고, 부딪치고, 생각하는 육식六識이 일어나더라도 좋거나 싫은 고락과 옳거나 그른 시비, 고운 정 미운 정의 집착과 분별 작용이 없으니 색이면서 색이 아니고, 색이 아니면서 색이 되는 것이다.

이와 같은 마음으로 매사를 대해야 한다. 이래서 좋고 저래서 싫으며, 이래서 옳고 저래서 그르다며 분별심을 일으키면 좋고 싫은 고락의 인과가 발생한다. 실재의 좋고 싫은 현상에 끄달리기 이전에 내 마음에서부터 고락 시비의 업을 잘 살펴서 그 업장을 참회하며 잘 다스려야 한다.

그래서 마음의 감정이 먼저 앞서지 말고 항상 그 어떤 일이든 초연하게 받아들일 줄 알아야 한다. 무엇을 어떻게 하겠다는 마음을 가지면 이때부터 노심초사하면서 집착이 일어난다. 마음이 불안하고 안절부절못하는 것이다. 불안하거나, 아쉽거나, 외롭거나, 속상하거나, 기분이 몹시 나쁘거나, 상대와 시비를 하거나, 가족 간에 문제가 있거나, 사람들과 부딪침이 있거나, 실패하거나, 서럽거나, 건강하지 않거나, 낙방을 하는 등의 일을 당할 때에는 항상 인과의 도리를 잊지 말아야 한다.

세상에 원인 없는 결과는 없다. 이유 없는 무덤도 없다. 아니 땐 굴뚝에 연기 날 리 없다. 이와 같이 인과는 반드시 있기 마련이며 한 치의 오차도 없다. 탐내고, 성내고, 망상하는 탐진치 삼독심이 있으면 그에 따른 인과의 과보가 반드시 생기기 마련이다. 이를 방지하려면 기도와 참선, 보시와 정진이 절대적이다.

제19화
우선 눈을 떠야 한다

淨五眼得五力　　정오안득오력
唯證乃知難可測　　유증내지난가측

다섯 눈을 깨끗이 하여 다섯 힘을 얻음은
오직 마음을 깨쳐야 알 뿐 헤아리기 어렵도다.

◎ 오안五眼은 다섯 가지 눈을 말한다. 첫째, 육안肉眼이다. 우리 중생이 볼 수 있는 눈을 말한다. 둘째, 천안天眼이다. 욕심이 없는 색계色界 18천天의 중생들이 보는 눈이다. 앉아서 미국의 맨해튼을 볼 수도 있고, 사람의 뱃속도 볼 수 있으며 칠흑같이 어두운 곳도 모두 볼 수 있는 눈을 말한다. 셋째, 혜안慧眼이다. 지혜의 눈을 가진 이승二乘, 즉 고집멸도苦集滅道의 사성제四聖諦를 깨친 성문승聲聞乘과 12연기를 깨친 연각승緣覺乘의 지혜를 말한다. 성문승은 모든 괴로움은 집착에서 생기는 것임을 알고, 이를 팔정도八正道를 통해 제거하면 지혜의 눈이 열린다. 연각승은 모든 괴로움은 무명, 즉 욕심과 분별심으로 생기는 것임을 여실히 알면 지혜의 눈인 혜안이 열린다. 넷째, 법안法眼이다. 보살이 가진 눈이다. 중생을 제도하기 위하여 일체의 법을 비춰보는 지혜의 눈이다. 다섯째, 불안佛眼이다. 부처님이 가지고 있는 눈을 말한다. 일체 모든 것을 비춰보는 눈으로서 앞의 네 가지 눈을 모두 갖춘 눈이다.

　이 다섯 가지 눈, 오안을 갖추면 다섯 가지 힘이 나온다. 오력五力은 수행을 하는 데 도움이 되는 37조도품助道品 중의 하나이다. 첫째, 신력信力은 신심과 같은 말로 사성제와 연기, 즉 인연인과를 철저히 믿어 의심하지 않는 데서 나오는 힘이다. 둘째, 정진력精進力은 마음공부를 계속하여 나태함을 극복하면 정진의 힘이 붙어 흔들리지 않게 되는 힘이다. 셋째, 염력念力은 염근念根을 증장하여 헛된 사념邪念을 물리쳐 더 이상의 망상을 부리지 않으므로 생각생각마다 그른 생각이 없어지는 힘이다. 넷째, 정력定力은 어지러운 생각을 끊어버리는 힘을 말한다. 이런저런 망상과 잡념들을 물리치고 오롯한 생각만 남게 되는 힘이다. 다섯째, 혜력慧力은 지혜의 힘을 말한다. 욕계, 색계, 무색계에 걸쳐 있는 미혹한 생각을 모두 여의고, 지혜만 오롯이 남게 되는 힘이다.

오안과 오력을 갖추려면 마음을 깨쳐야만 가능하다. 깨침은 경전을 읽어서 되는 것도 아니고, 좋은 생각과 좋은 감정, 좋은 마음을 가진다 하여 얻는 것도 아니다. 이러한 깨침은 눈을 감은 채 보물을 찾는 꼴과 같다. 눈을 뜨지 않고는 오안이 절대 열릴 수 없다. 그렇다면 어떻게 할 것인가? 우선 눈을 떠야 한다.

눈을 뜬다는 것은 일체 모든 것은 공하다는 진리를 여실히 아는 것이요, 그 어떤 일도 인과의 빈 그림자에 불과하다는 것을 알아야 한다. 또 지금 당장 분별과 집착과 정을 아뢰야식에서 떼어내야 한다. 이런 모습 저런 소리가 눈앞에 어른거리는 것은 인과의 그림자에 불과하다는 것을 알아야 한다. 그러므로 모두가 공으로 돌아갈 모습들이요 또한 실체가 전혀 남아 있지 않을 것들이다. 집착할 필요도 없거니와 설사 현실에 진지하게 임하더라도 모두 일시적인 인연에 지나지 않는다는 것을 관해야 한다.

이번 구절은 깨달음의 선상에서 논하는 내용이다. 일상을 살아가는 보통 사람에게는 그렇게 중요하거나 대단한 내용이 아닐 수 있다. 그러나 도외시하거나 재미가 없다고 하여 이해하려 하지 않는다면, 그것은 오안이나 오력이 없어서 생기는 불행이므로 순전히 스스로 감수해야 한다. 세상은 모두 인과 인연의 굴레에서 벗어날 수 없는 법이다. 내가 간섭하고 관여한다고 고락의 인연이 바뀔 수는 없다.

좀더 유리한 것을 차지하려는 마음은 과보를 낳는다. 그러므로 함부로 지나치게 애쓰는 것은 이 또한 과보를 받기 때문에 특히 조심해야 한다.

이 밤이 가면 새벽이 찾아올 것이다. 그래서 스스로 밝아질 것이다. 그런데 왜 횃불을 들고 굳이 밤을 밝히려 하는가. 겨울 얼음은 봄이 오면 저절로 녹는다. 이와 마찬가지로 모든 일에는 때가 있는 법이다. 때를 거스르지 말고 누가 뭐래도 여유로운 마음을 가져야 한다. 그리고 자신이 원하는 것에 끄달리지 말아야 한다. 항상 마음을 여여히 하여 미동微動하지 않는 것이 좋다.

제20화
천 개의 강, 천 개의 달

鏡裏看形見不難　경리간형견불난
水中捉月爭拈得　수중착월쟁염득

거울 속의 모습을 보는 것은 어렵지 않으나
물속의 달을 붙들려 하니 어떻게 잡을 수 있겠는가.

◎ 거울 속의 모습을 보는 것은 본성을 보는 것으로 자성을 깨친다는 의미다. 이 구절은 역설적으로 깨달음은 거울 속의 모습을 보는 것처럼 그리 어려운 것이 아니다. 하지만 물속의 달을 잡으려 하는 것은 불가능하다는 뜻이다. 우리가 삼라만상을 분별하는 것은 쉽다. 하지만 삼라만상 속에서 마음을 깨닫는 것은 어려운 일이다. 안팎이 따로 없고, 나와 남이 따로 없고, 옳고 그름이 따로 없고, 좋고 나쁨이 따로 없다. 모든 법은 고락 분별을 뛰어넘는 오직 한 개라는 것을 분명히 알아야 한다.

물속의 달은 탐진치 삼독심을 가리킨다. 누구나 탐하고 욕심내는 것을 얻으려 하나 그 어떤 것도 영원한 것이 하나도 없고 곧 사라질 뿐이므로 결국 얻을 수가 없다. 오히려 탐진치 삼독심을 버리기만 하면 본성인 불성을 찾아 본래의 마음인 자성으로 돌아가게 된다. 즉, 얻으려 노력하는 것보다 포기하는 편이 오히려 훨씬 쉽다는 말이다.

포기하는 습관을 들이면 마음을 안정시키는 데 큰 도움이 된다. 어차피 나에게 다가오는 모든 인연은 인과 질서에 의해 오고 가고 하는 것이다. 억지로 잡으려고 집착하거나, 욕심을 내어 탐하려 해도 마음대로 되지 않는다. 차라리 오는 것은 오는 대로 가는 것은 가는 대로 집착하지 않고 분별의 정을 주지 않아야 한다. 되는 것은 되는 대로, 안 되는 것은 안 되는 대로, 그대로 놓고 보는 습관을 들인다면 마음을 스스로 평안하게 하는 좋은 방법이 되겠다. 일어나는 모든 일은 인과와 업연에 의한 과보로써 필연적으로 나타난다.

그 어떤 내용이든 원인과 이유가 분명히 있으나 마음을 깨치지 못한 중생은 이를 알지 못한다. 그러므로 포기할 줄 모르고 집착하고 분별하는 마음 때문에 스스로 괴로움을 겪는 것이다. 만약 어떤 목적을 두고 계획을 세웠으나 마음대로 되지 않았을 때, 매우 실망하고 속상한 마음을 감출 수 없을 것이다. 이는 나 자신의 업인 고락의 과보가 나타나는 때에 이른다. 이때는 필연적인 당연한 결과로 받아들이고 속상한 마음을 추스려야 한다.

이런 결과가 생기는 것은 첫째, 좋고 나쁜 그리고 잘되고 안 된다는 분별하는 마음이 있기 때문이다. 이는 성공이라는 과보도 받지만 실패라는 과보 역시 받아야 한다. 따라서 성공과 실패라는 그 시기가 당도했을 뿐이다.

둘째, 고락의 업이 작용한다는 것을 알아야 한다. 좋고, 즐겁고, 기쁘고, 행복한 때가 있었기 때문에 싫고 괴롭고 슬프고 불행한 때도 당연히 생긴다. 이 두 가지 상반된 분별의 업이 나타나는 것임을 알아야 한다. 그러므로 그 어떤 현상이든 그 결과에 대해 그대로 받아들이는 습관을 길러야 한다.

이 모든 것을 해결하기 위해서는 역시 분별심을 없애는 방법밖에 없다. 좋다 싫다 하는 두 마음을 여의어야 한다. 그러나 현실적으로 이 마음을 다스리기에는 나 자신의 업이 너무나 두텁다. 다시 말해, 거울은 온갖 삼라만상을 다 비추어 그 안에 삼라만상의 모습이 다 나타나지만 실제 그 속에는 아무것도 없다.

물속에 떠 있는 달도 마찬가지다. 하늘의 달은 하나이지만 천 개의 강에 달이 모두 떠 있다. 하지만 물속에 있는 달을 붙잡으려 하면 거기에는 아무것도 없다. 이 도리를 확연히 알아야 한다.

제21화

홀로 사는 즐거움

常獨行常獨步　　상독행상독보
達者同遊涅槃路　　달자동유열반로

항상 홀로 다니고 항상 홀로 걷나니
통달한 이 함께 열반의 길에 노닐도다.

영가진각대사증도가 — 永嘉眞覺大師證道歌

◎ 석가모니 부처님은 태어날 때 사방 칠보를 걸으며 '천상천하天上天下 유아독존唯我獨尊 삼계개고三界皆苦 아당안지我當安之'라고 외쳤다. '하늘 위 하늘 아래 나 홀로 존귀하다. 삼계의 모든 고통을 내 마땅히 이를 편안케 하리라.' 이 뜻은 오늘의 구절과도 통한다. 공통점은 '나 홀로'라는 것이다. 언뜻 생각하기에는 대단히 이기적인 말 같이 들리지만 여기에는 심오한 뜻이 있다.

절의 첫 관문은 일주문一柱門이다. 이는 세간과 출세간의 경계를 가른다. 세간은 분별의 세계이다. 고락과 시비가 끊임없이 물고 물리며 살아가는 세상이다. 즉 이것이 생기면 저것도 생기는 인과의 세계이다. 아무리 좋은 것도 그 가운데 더 좋고 더 나쁜 것이 있고, 지옥 가운데 있을지라도 더 좋고 더 나쁜 것이 생긴다. 이 두 마음이 시절인연에 따라 엎치락뒤치락하며 끝없이 이어진다. 이를 분별심이라 한다. 그러나 출세간이란 이러한 오락가락하는 두 가지 마음이 끊어져서 분별을 하지 않는다. 좋고 나쁜 것도, 옳고 그른 것도 모두 사라진 중도의 자리이다. 그래서 일주문은 하나의 기둥으로서 이를 상징하는 것이다.

따라서 '홀로'라는 의미는 바로 이를 두고 하는 말이다. 분별심이 없으므로 좋고 나쁜 과보나 옳고 그른 과보가 없다. 인과가 완전히 끊어져 태어남도 죽음도 없고, 즐거움도 괴로움도 없으며, 천상과 지옥도 없는 삼계의 개고皆苦가 모두 사라진 중도의

경지로서 여여하고 극도로 편안한 경계를 말한다. 이를 증득證得
하여 마음을 깨치니 이래도 좋고 저래도 좋다. 어디에도 걸림이
없고 어디에도 머무름이 없다. 그야말로 무소의 뿔처럼 혼자서
가는 것이다.

또 한 가지 뜻은 누구나 각자의 업에 따라 움직인다는 것이
다. 부모는 부모대로 그들의 업 따라 살아가고, 자식은 스스로의
업에 의해 살아간다. 다만 서로를 생각하며 때로는 간섭하고 때
로는 한 몸처럼 주고받고 살아가고 있으나 이 또한 어디까지나
각자의 업에 의해 상대가 영향을 받는 것처럼 착각하고 있다.

다시 말해 각자 자신의 고락업이 가족이라는 구성원으로
하여금 가장 극명히 서로 정을 주고받는 것이다. 자신의 고락업
이 나타나는 때에 맞추어 부모나 자식, 부부 사이에서 즐거움과
괴로움을 느끼게 된다. 서로에게 지대한 영향을 미치는 것같이
보인다. 하지만 이는 각자 자신에게 숨겨져 있는 고락 업에 따라
서로 고운 정 미운 정으로 교감하는 것일 뿐, 각자 자신의 업이
나타나는 것이다.

그러니 일상생활에서 절대로 놓치지 말아야 할 것은 인과의
도리다. 더 좋은 것은 더 나쁜 인과의 과보를 받게 되고, 더 나쁜
것은 더 좋은 인과의 과보를 받게 되는 것이다. 그러므로 웬만한
일에 있어서는 주어진 소임에 최선을 다하여 성취하도록 하되,

노심초사할 필요는 없다는 뜻이다. 왜냐하면 분별심으로 말미암아 인과의 과보가 끊임없이 이어지기 때문이다. 따라서 분별심을 가지고 있는 상태에서는 단연코 마음을 깨치지 못할 뿐만 아니라 모든 일도 고민에 고민을 거듭할 뿐이다.

하나가 생기면 반대쪽의 하나가 생긴다 했다. '좋다'고 느끼는 순간 '나쁘다'라는 과보가 생긴다. 이를 피하려고 하면 할수록 인과의 과보를 더욱더 면치 못하게 될 것이다. 좋은 게 좋은 것이 아니고, 나쁜 게 나쁜 것이 아니라는 뜻이다. 이와 같이 이치를 환하게 잘 안다 할지라도, 남의 일로 생각하다가 막상 자신의 문제가 되고 자신에게 어떤 일이 닥치면 과연 어떻게 할 것인가. 그러므로 항상 스스로의 마음이 깨어 있는지를 점검해야 한다. 좋은 일에도 머물러 집착하지 말고, 나쁜 일에도 머물러 집착하지 않음이다. 오늘도 기도와 참선, 보시와 정진으로 일일시호일이 되고자 노력해본다.

제22화
앞날을 내다보는 신통

調古神淸風自高   조고신청풍자고
貌悴骨剛人不顧   모췌골강인불고

곡조 예스럽고 기운이 맑아 그 기풍 절로 높지만
초췌한 모습 앙상한 뼈 사람들은 돌아보지 않네.

◎ 조고調古는 지금 나의 분별 망상이 생기기 이전의 상태, 즉 본래면목本來面目인 자성自性을 가리킨다. 무명 이전의 모습으로 돌아갔다는 의미로 마음을 깨쳐 한 점의 괴로움도 남아 있지 않다는 뜻이다. '신청神淸'의 신神은 신묘한 작용(妙用)을 말하는 것이다. 일체의 모습이 그 자체로 군더더기 없이 지극히 깨끗하여 고락과 시비 분별이 없으므로 이를 신묘한 모습이라 한다. 누가 뭐라 하건 어떤 것에도 끄달리거나 아쉬움이 없기 때문에 그 풍채風采를 스스로 드높이는 것이다.

모췌골강貌悴骨剛, 초췌한 모습과 앙상한 뼈는 볼품없는 모습이긴 하나 식욕, 수면욕, 재산욕, 명예욕, 성욕의 오욕五慾으로 얼룩진 분별의 살들이 모두 빠져 버린 상태를 말한다. 그 가운데 앙상한 뼈만 남아 있다는 것이다. 이는 나의 근본 즉 본래자성本來自性이 금강석과 같이 단단하여 결코 사라지지 않는다는 의미다. 그러나 이렇게 아름답고 건실한 분별을 여읜 진여자성을 사람들은 결코 돌아보지 않으니 안타까운 마음을 가눌 길 없다는 소회를 게송으로 말씀하신 것이다.

불교의 목적은 성불하는 것이다. 즉 부처가 되는 것이 최종 목적이다. 부처는 괴로움이 한 점도 없는 자리를 말한다. 또 부처는 두 마음이 아닌 싱대를 가리긴다. 힌 마음이라고 해도 맞지 않는다. 한 마음은 두 마음이 있기 때문에 한 마음이라 하므로 이는 틀린 것이다. 생각이나 말로 표현할 수 없는 언어도단言語道斷이요 교외별전教外別傳 가르침과 별개의 것이다.

반면에 중생은 두 마음을 가지고 있다. 즐겁고 기쁜 행복한 마음과 괴롭고 슬픈 불행한 마음이다. 어느 하나의 마음을 가지면 그와 반대되는 마음이 저절로 생긴다. 그 때문에 두 마음 중에 어느 하나만 가질 수 없다. 그러나 사람들은 하나가 생기면 다른 반대의 하나가 생긴다는 것을 까맣게 간과하고 무조건 즐겁고 행복한 것만 찾으려 한다. 그러나 언젠가는 반드시 괴롭고 불행한 것이 생긴다. 이를 인과의 업보業報라고 하고 시절인연이라 한다.

진정한 수행자는 스스로 업에 묶여서 한없이 욕심을 내는 자신의 업장을 소멸시키기 위해 모두를 버리는 극단의 조치를 취한다. 즐겁고 행복한 것을 모두 버려야 괴롭고 불행한 과보를 받지 않기 때문이다. 좋은 것을 누가 마다하겠는가. 그러나 좋은 것 뒤에는 반드시 나쁘고 싫은 과보를 받을 수밖에 없다는 것도 알아야 한다.

사람들이 점이나 사주를 애용하는 것은 더 좋은 것을 취하려 하는 요행심 때문이다. 그러나 인과를 알면 스스로의 운명을 쉽게 점칠 수 있다. 좋은 것을 구한 만큼 나쁜 것이 오게 되어 있고, 또한 언젠가는 모두 생로병사하여 사라질 것임을 명백하게 알아맞힐 수가 있다. 이보다 더 정확한 것이 어디에 있겠는가.

사람들이 착각하는 것은 돈과 명예, 지식과 권력을 가지면 가진 만큼 행복할 것이라고 믿는 것이다. 그러나 즐거움과 괴로움의 인과 관계는 이와는 별개로 움직인다는 사실이다. 왜냐하면 앞에서도 누차 강조했듯이, 좋은 만큼 싫고 나쁜 인과의 과보가 생기기 때문이다. 이 같은 인과 현상은 결과적으로 분별하는 마음에서 나오는 것이다. 분별심을 얼마만큼 다스릴 수 있느냐에 따라서 깨달음과 성불을 할 수 있느냐 없느냐 하는 척도가 된다.

세상에서 가장 중요하고 시급한 것은 인과의 업으로 똘똘 뭉쳐져 있는 자신의 두 마음을 무분별심無分別心으로 극복하는 것이다. 지금 당장이라도 고락 시비의 마음을 놓고서 방하착해야 한다. 이도 저도 잘 되지 않는다고 생각하는 이는 우선 기도와 참선, 보시와 정진부터 시작해야 할 것이다.

제23화
진정한 부자가 되는 법

窮釋子口稱貧　　궁석자구칭빈
實是身貧道不貧　　실시신빈도불빈

궁색한 불제자 입으로는 가난하다 말하나
실로 몸은 가난해도 도는 가난하지 않음이라.

◎ 진정한 부처님 제자가 되려면 몸이 가난해야 한다. 하지만 입으로는 가난하다 말을 하나 결코 마음까지 가난하지 않다는 뜻이다. 무엇을 가지고 있으면 가지고 있는 그것에 항상 신경 쓰고 집착하기 십상이다. 가진 것에 집착한다는 것은 그로 말미암아 즐거움을 얻고자 함이다. 그러나 즐거움은 곧 인과의 틀에 걸려서 괴로움의 과보를 받게 된다.

예를 들어 돈이나 집, 애인이나 가족 등이 있으면 그에 따른 기쁨과 즐거움이 상당하기 때문에 누구나 가지기를 원한다. 하지만 그에 따른 부작용으로 괴로움의 과보도 만만치 않게 생긴다. 그러나 거꾸로 생각하면 아무것도 가지고 있지 않음으로 하여 오는 불편도 만만치가 않다. 가지고 있음으로 하여 받는 고락의 과보보다 가지지 않음으로 하여 받는 불편함이 더 클 수도 있다. 그러나 이 구절에서 말하는 가난은 소유와 무소유라는 분별된 생각이 떠나고 없는 것을 말한다. 마음을 깨친 옛 스님은 이렇게 말했다.

작년에는 송곳 세울 땅도 없더니　　　去年無錐地
올해는 송곳마저 없구나　　　　　　今年錐也無

작년에는 번뇌 망상을 다 버려서 송곳 세울 땅도 없을 만큼 망상이 가난해졌다. 그러나 망상이 끊어졌다는 그 생각의 송곳이 아직 남아 있었다. 올해는 그 송곳마저 사라졌다는 말씀이다. 그래서 옛 스님들은 '도를 배우려면 마땅히 가난함부터 먼저 배우라(學道先須且學貧)'고 하셨다. 또 당나라 때 방 거사는 모든 재산을 배에 싣고 가서 동정호에 빠뜨리고는 대조리를 만들어 팔아서 생계를 이어갔다고 한다. 가난한 사람들에게 나누어 줘도 될 것인데 호수에 굳이 빠뜨린 이유가 뭘까? 상식으로는 이해하기 어려우나 자신과 똑같은 맥락으로 다른 이가 그 물건을 취함으로써 집착하는 것을 방지하기 위함일 것이다.

어제는 입법사라는 분이 안경을 맞춰주었다. 쓰고 있는 안경이 두어 개 있으니 필요치 않다고 했다. 그럼에도 꼭 해주고 싶다고 하여 남대문에 가서 두 개를 선물 받고 돌아오는 길에 택시에 놔두고 내려버렸다. 잃어버렸다는 생각에 순간 아깝기도 하고 아쉬운 생각이 들었으나 곧 생각을 지워버렸다. 물건을 가지면 이내 집착이 생긴다는 것을 경험하는 순간이었다. 머뭇거리다가 다행히 여러 경로를 거쳐 한참 만에 택시 기사와 연결이 되어 결국 찾았다.

여러 가지 재산을 갖는다는 것은 즐거운 일일 수도 있다. 모두가 집착하는 이유이다. 그러나 집착하여 즐거운 일에는 인과의 과보가 따르기 마련이니, 그에 상응한 불편함이 반드시 생긴다는 것을 간과하면 안 된다. 가장 좋은 생각은 얻거나 잃는 것 모두에 집착하지 않는 감정이다. 얻고 잃는 것은 인과의 당연한 수순이기 때문이다. 따라서 얻은 것에도 초연하고 잃는 것에도 초연한 마음을 갖는 것이 무소유無所有 정신이다.

가난은 갖지 않는 것이 아니라 가지려고 하는 망상의 마음이 없는 것을 '입으로는 가난하다 말한다'라고 했다. 굳이 갖지 않으려는 마음 또한 소유욕에 해당한다. 가지거나 갖지 않는 두 가지 분별의 마음마저 사라져야 진정한 무소유요 가난하지 않음이다. 결론적으로 얻거나 갖는 것에도 초연하고, 잃거나 사라지는 것에도 초연한 마음을 가져야 인과의 과보를 받지 않아 괴롭지 않다. 팔만사천 법 보배의 인연을 만나 집착하지 않는 진정한 부자로서 절대 편안함을 얻을 것이다. 이렇게 초연한 마음을 가지려면 기도와 참선, 보시와 정진의 힘을 빌려야 한다.

제24화

값을 매길 수 없는 보물

貧則身常披縷褐 　빈즉신상피루갈
道則心藏無價珍 　도즉심장무가진

가난하여 몸에 항상 누더기를 걸치지만
도를 얻었으니 마음에 무가보無價寶를 감추었도다.

◎ 피루갈披縷褐은 누더기를 말한다. 마음이 가난하다는 뜻은 지난 구절에서도 말했듯이, 욕망과 더불어 분별심이 전혀 없는 온존한 상태를 말한다. 이를 입으로는 가난하다고 말한다 했다. 안이 그러할진대 밖으로 비단옷을 입은들 무엇이 달라지겠는가. 그러므로 안과 밖이 같다는 것이다. 좋고 나쁜 분별 시비를 떠났다는 의미에서 누더기를 입는다.

이미 분별 망상을 떠나 하나라도 집착하고 탐하는 마음이 전혀 없으니 값으로 매길 수 없는 보배(無價珍)를 마음속에 지녔다는 뜻이다. 그러하니 삼천대천세계보다 억만 배 더 큰 보배가 내 것이 된다 한들 무슨 소용이란 말인가.

분별 망상이 사라진 마음 상태는 과연 어떠한가? 우선 신구의身口意 삼업三業에 있어서 걸림이 없다. 몸에 있어서도 걸림이 없고, 어떤 말을 하고 무슨 말을 들어도 걸림이 없으며, 오만 가지 생각을 한다 해도 전혀 걸림이 없다. 걸림이 없다는 말은 원하는 것이 전혀 없고, 불편함이나 아쉬움, 모자람이 전혀 없다는 뜻이다. 그야말로 자유자재한 마음 상태가 항상 유지된다. 한마디로 감정 기복이 한 점도 없다.

이러한 마음이 과연 있을 수 있을까? 이론적으로는 매우 간단하다. 인과의 이치와 질서를 무조건 믿으면 된다. 그뿐이다. 무엇을 얻는 것이 있으면 '인연 따라 내게 왔구나'라고 생각한다.

어떤 것이 나가거나 잃어버렸다면 이 또한 '인연 따라 나갔구나' 라고 생각한다. 결코 집착하지 않으면 그뿐이다. 몸이 아프면 아플 때가 되었구나 하고 생각하는 것이다. 이 정도의 마음이 되면 무엇을 하고 싶은 마음이 전혀 없어진다. 그러나 만약 무엇이 하고 싶은 것이 생기면 그냥 하면 된다. 또 하고 싶은 대로 잘 되지 않으면 '아직 인연이 되지 않았구나' 하고 포기하면 된다. 포기하기 싫으면 다시 도전하면 된다.

다만 원하는 대로 되지 않는 것에 대해 마음이 상하거나 화를 내지 않을 뿐이다. 이러한 마음 상태가 되기 위해서는 인과에 대한 철저한 믿음이 뒷받침되지 않으면 불가능하다. 인과의 이치를 알고 믿는 마음이 돈독하면, 일체의 모습이나 행위에 대해 조금도 빈틈없이 모든 것을 당연하게 받아들이게 된다. 보고 있는 이 모습 이 현상이 인과의 결과이기 때문이다.

맑은 날과 비 오는 날, 바람 부는 날을 시비하면서 왜 그런가 하고 따질 수 있겠는가. 마찬가지로 나에게 어떤 일이 일어나더라도, 어떤 인연이 닿더라도, 내 입장에서 보면 말도 되지 않는 일이 벌어지더라도, 모두가 원인에 의한 결과 즉 너무나도 당연한 인과의 모습이기 때문에 무엇을 따지고 거부하며 못마땅하게 생각하겠는가라는 말이다.

세상에는 이유 없이 일어나는 결과는 없다. 나에게 닥치는 모든 일, 일체의 인연들도 마찬가지다. 거부하면 할수록, 못마땅하게 생각하면 할수록, 화가 나면 날수록, 속상해 하면 할수록 모두 나의 몫일 뿐이다. 그럼에도 불구하고 마음에 차지 않는 것이 많다는 것은 모두 나의 잘못된 업식 때문이다. 이를 조금이라도 이겨 내려면 기도와 참선, 보시와 정진을 조금씩이라도 결행해야 한다.

제25화

분별하는 마음을 갖지 말라

無價珍用無盡　　무가진용무진
利物應時終不悋　　이물응시종불린

무가보는 써도 써도 다함이 없으니
중생을 이롭게 하며 쓸 때에는 결코 아끼지 않는다.

◎ 무가보無價寶는 가치를 따질 수 없는 보배를 말한다. 분별하는 마음이 없으므로 좋고 나쁨이 없고, 옳고 그름이 없으니 가치를 따지는 자체가 성립되지 않는다. 그러므로 힘든 중생에게는 이보다 더 이익되는 것이 없다. 마음을 비우고 분별하지 않으려 노력하는 중생은 때가 되면 무가보의 보물을 무한정 아낌없이 받게 되어 깨달음을 이룬다는 뜻이다.

사실 원하는 것이 조금 있으면 인과가 생겨 조금 힘들게 되고, 원하는 것이 크면 클수록 크게 힘들게 되는 것이 인연의 소치이다. 원하는 바가 전혀 없다는 것은 불가능하나 그렇다고 완전히 없는 것은 아니다. 유사 이래 석가모니 부처님을 비롯한 수많은 조사들이 마음을 깨쳐왔으며, 지금도 제방에서는 마음을 깨치려 생사를 걸고 수행하는 이들이 많다. 물질을 많이 가진 사람들이나 전혀 갖지 않은 수행자들이라 할지라도 살아가는 형태는 별로 차이가 없을 것이다.

돈은 많으나 그 돈에 대해 집착하는 마음이 없으면 인과의 과보를 작게 받기에 덜 힘들 것이다. 반대로 겉으로는 갖고 있지 않으나 돈과 물질에 대해 집착하는 마음이 강한 사람은 도를 닦는 수행자라 할지라도 집착하는 만큼 인과의 고보苦報를 받게 될 것은 자명한 이치이다. 따라서 원하는 것이 많거나 원하는 만큼 소유한 부류의 사람들은 크고 작은 인과의 과보를 피하기는 어렵다. 반대로 원하는 마음이 거의 없거나 원하지 않음으로 소유도 하지 않은 사람들은 인과의 과보가 그만큼 줄어들기 때문에 힘들고 괴로운 마음도 거의 생기지 않는다.

이 세상에는 두 부류의 사람만이 존재한다. 하나는 인과를 믿는 사람과 믿지 않는 사람이다. 또 한 부류는 분별심을 가지거나 없애는 사람이다. 인과를 믿으면 나에게 생기는 모든 일을 수용하게 되어 비교적 편안한 마음을 가진다. 하지만 인과를 믿지 않는 사람은 이익이 크면 클수록 손해 또한 크게 나서 스스로 불편한 마음을 가눌 길이 없다. 또 분별하는 마음이 없는 사람은 매사를 여여한 마음으로 대하는 까닭에 고락과 시비의 마음이 없다. 반대로 무엇이든 좋다 나쁘다, 옳다 그르다는 분별의 마음이 큰 사람은 분별하는 만큼 불편하고 괴로운 인과의 과보를 받기 마련이다.

매사를 유불리有不利로 생각하는 마음을 줄여나가야 한다. 그만큼 인과의 과보가 줄어들기 때문이다. 그러므로 마음을 쓴다는 것은 곧 무명에 의한 인과의 고락 연기를 스스로 만드는 꼴이 된다. 결국 좋은 것을 추구하면 추구하는 만큼 좋지 않은 과보가 생긴다는 것을 명심해야 할 것이다.

그러나 나도 모르게 일어나는 생각과 감정이 문제이다. 대체로 성격이 변한다는 것은 불가능하기 때문에 언제 어디서 어떤 마음이 생길지 스스로도 모르는 것이다. 가만히 동적인 것을 멈추고 좌선이나 기도 염불을 하면 더없이 좋겠으나 이 또한 결코 쉽지 않다. 그럼에도 불구하고 이와 같은 수행을 해야 작은 업이라도 소멸하여 진정한 부처님의 길로 가게 될 것이다. 차일피일 미루다보면 어느새 흰 눈썹이 눈을 찌르고 아래턱이 코를 차는 시간이 금방 다가오게 된다. 그래서 기도와 참선, 보시와 정진의 끈을 놓으면 안 된다.

제26화
마음 가운데 두루하다

三身四智體中圓　　삼신사지체중원
八解六通心地印　　팔해육통심지인

삼신 사지는 본체 가운데 두루하고
팔해탈 육신통은 마음이 증명하는 것이네.

◎ 삼신三身은 법신法身, 보신報身, 응신應身(화신化身)을 말한다. 청정법신淸淨法身 비로자나불毘盧遮那佛, 원만보신圓滿報身 노사나불盧舍那佛, 천백억화신千百億化身 석가모니불釋迦牟尼佛을 가리킨다. 자세한 것은 좀 더 공부를 좀 해야 하지만 간단히 살펴보면, 청정법신은 생각 안에 있건 생각 밖에 있건 일체의 모든 것이 본래는 한 티끌도 없이 청정한 상태를 말한다. 이를 비로자나불이라 한다. 원만보신은 모자람도 남음도 없어 한 점의 걸림도 없이 완전무결한 상태를 말한다. 부처님은 말할 것도 없고 일반 중생도 마음을 깨치면 그 모습 자체가 보신이 된다. 이를 노사나불이라 한다. 천백억화신이란 티끌 하나에서부터 우주 만물에 이르기까지 모두가 부처님의 분신分身이다. 마음을 깨치면 부처 아닌 것이 없고, 깨친 마음의 눈으로 보면 모두가 부처로 보인다. 이를 석가모니불이라 한다.

사지四智는 대원경지大圓鏡智, 평등성지平等性智, 성소작지成所作智, 묘관찰지妙觀察智이다. 대원경지는 번뇌에 오염된 업식을 소멸하여 완전히 깨끗하게 만든 청정한 지혜를 가리킨다. 이 지혜는 마치 모든 것을 있는 그대로 두루 비추는 크고 맑은 거울처럼 아뢰야식(엄장식)에서 오염이 완전히 제거된 상태를 말한다. 평등성지는 번뇌에 오염된 나를 내리고 우기는 말나식末那識(사아의식)을 완전히 소멸한 청정한 지혜를 이름한다. 이 지혜는 자아에 대한 집착을 떠나 자타自他의 평등을 깨달아 대자비심을 일으킴으로 평등성지라 한다. 성소작지는 번뇌에 오염된 안이비설신眼耳鼻舌身 전오식前五識을 완전히 변혁하여 얻은 청정한 지혜를 말함이다. 이 지혜는 중생을 구제하기 위해 해야 할 것을 모두 성취함으로 성소작지라 한다. 묘관찰지는 번뇌에 오염된 제육식第六識(의식)을 완전히 변화하여 얻은 청정한 지혜이다. 이 지혜는 모든 현상을 잘 관찰하여 자유자재로 가르침을 설하고 중생의 의심을 시원히 끊어준다.

　팔해탈八解脫은 번뇌와 괴로움, 고통의 속박에서 벗어나는 여덟 가지 선정禪定을 말한다. 해탈은 선정의 상태가 아니면 하기가 어렵다. 아래 여덟 가지 이름만 살펴본다. 내유색상관외색해탈內有色想觀外色解脫, 내무색상관외색해탈內無色想觀外色解脫, 정해탈신작증구족주淨解脫身作證具足住, 공무변처해탈空無邊處解脫, 식무변처해탈識無邊處解脫, 무소유처해탈無所有處解脫, 비상비비상처해탈非想非非想處解脫, 멸수상정해탈滅受想定解脫이다.

　육신통六神通은 앞에서 설명한 천안통, 천이통, 신족통, 숙명통, 타심통, 누진통을 말한다. 아무튼 모두가 마음을 깨치느냐 못 깨치느냐 하는 문제이다. 마음을 깨치려면 적어도 위의 사항을 참고하여 완전히 받아들이고서 정진해야 한다. 불교는 깨침의 종교이다. 깨치지 못하면 아무리 높은 자리에 있고 엄청난 재산을 가지고 있다 하더라도 인과의 고통인 괴로움과 불편함의 과보를 받을 수밖에 없다. 그렇기 때문에 누구나 이러한 생사번뇌를 없애는 일부터 시작해야 한다. 그러기 위해서는 분별심 없는 습관을 잘 길러야 한다. 그리고 기도와 참선, 보시와 정진으로 지난 시절의 잘못된 습관을 참회하여야 한다.

제27화

믿는 마음

上士一決一切了　　상사일결일체료
中下多聞多不信　　중하다문다불신

상근기는 하나를 해결하여 일체를 깨치고
중하근기는 많이 들을수록 더욱 믿지 않네.

◎ 절에서는 사람을 세 부류로 나누는 경향이 있다. 지혜와 신심이 깊어 스스로 편안한 상근기上根機, 신심을 가지려고 노력하는 중근기中根機 그리고 아무리 가르쳐도 알아듣지 못하는 하근기下根機이다. 다시 말해, 상근기에 해당하는 이들은 부처님 법에 대한 신심이 깊어서 항상 스스로를 괴롭히지 않고 편안한 마음을 가진다. 중근기는 신심이 그리 깊지는 않으나 신심을 가지려고 노력하는 이들이다. 주로 일상생활에서 더러 망각할 때도 있지만 가끔은 절에도 가고 설법도 듣는 이들이다. 하근기에 속하는 이들은 신심이 전혀 없고, 자기 생각에 갇혀서 본인이 생각하고 보는 것만 믿으려 한다. 부처님 법에 대해 전혀 이해를 하지 못하고 믿으려 하지도 않으며, 아무리 설법을 해도 꾸벅꾸벅 조는 스타일이다.

진정한 신심이란 세상 모두가 허깨비 그림자여서 모두 공 아닌 것이 없다는 데 대한 철저한 믿음을 말한다. 이것이 있으면 저것이 생긴다는 연기법緣起法과 인과에 대한 믿음 그리고 분별심과 집착심을 없애면 마음을 깨쳐서 영원히 괴로운 윤회輪廻에서 벗어난다는 믿음을 말한다.

알지도 못하면서 말로만 믿는 것은 올바른 신심이 아니다. 따라서 이러한 믿음을 가지면 탐진치 삼독심이 생기지 않고 사고四苦와 팔고八苦에서 벗어나는 것은 너무나 당연하다. 절에 다니는 사람들 가운데 가끔 유세를 부리는 신도가 있다. 스님이 조금 잘해주면 마지못해 다니고, 조금 섭섭하게 하거나 소홀하게 대하면 연락이 올 때까지 버티거나 다니지 않는 경우가 있다. 또 종단에서 불미스러운 일이 생기면 다른 종교에 귀의하는 경우도 있다. 스님들이나 종단, 불교 관계자들이 보기가 싫어 절을 떠나는 사람들도 있다. 이러한 사람들이야말로 하근기 중에 최하근기라 할 수 있다.

종교, 특히 불교를 믿는 것은 누구를 위해서가 아니다. 순전히 자신의 업을 닦아서 스스로 마음 챙김을 통해 안온적정하기 위함이다. 달을 가리키면 달을 봐야지 달을 가리키는 손가락을 보고 잘잘못을 따지려 드는 것은 매우 어리석은 일이 아닐 수 없다. 또 신심이 없이 의심을 한다거나, 부처님 법을 들어도 알지 못하고 죽어라고 잘되기만을 바란다. 욕심이라는 문제를 떠나 그에 대한 과보를 고스란히 받을 수밖에 없다. 이것을 모르니 하근기에 해당하는 사람들은 그 죄와 벌이 간단치가 않다.

옛 조사들의 말씀에 따르면 불교는 세수하다 코 만지기보다도 더 쉽다고 했다. 무슨 말이냐? 세상에 공짜는 없다. 얻은 만큼 잃게 된다. 모두가 생로병사한다. 다만 시간문제이다.

인과를 받더라도 태어날 때와 죽을 때가 다르듯이 즐거울 때와 괴로울 때가 다를 뿐이다. 이것이 인과이다. 그러므로 언지 않으면 잃지도 않는다. 행복을 구하지 않으니 불행이 없고, 좋은 것을 탐하지 않으니 싫은 것도 없으며, 즐거움을 얻으려 하지 않으니 괴로움도 없다.

결국 모두 공으로 돌아간다. 세상에 남는 것은 없다. 그러니 모자랄 것도 없다. 모두가 윤회할 뿐 이조차도 모두 사라질 것이다. 그래서 집착할 필요도 없고 정을 줄 이유도 없다. 일체개공一切皆空이기 때문이다. 이 같은 이치를 훤히 들여다보고, 생활 가운데 일어나는 모든 일도 이를 적용시킨다면 마음은 그 즉시 평온해질 것이다.

너무나도 당연하고 간단하지 않은가. 이에 대한 확실한 믿음, 즉 공과 인과에 대한 신심이 있어야 진정한 불자라 할 수 있다. 그리고 자기 의지와는 별개로, 마음 감정은 마음 감정대로 움직이려고 하니 이를 잡아둘 수가 없다. 그럼에도 불구하고 탐진치 삼독심을 제거하고, 일상생활을 하면서도 확신과 신심을 고양해야 한다. 이를 지켜나가기 위해서는 역시 기도와 참선, 보시와 정진을 함께 병행해야 한다.

제28화

바다는 본래 고요하다

但自懷中解垢衣　　단자회중해구의
誰能向外誇精進　　수능향외과정진

다만 자기 마음속에서 때 묻은 옷을 벗을 뿐인데
누가 능히 밖을 향해 정진을 자랑할건가.

영가진각대사증도가 — 永嘉眞覺大師證道歌

◎ 구름 걷히면 저절로 해가 드러나듯, 그동안 품어왔던 분별 망상의 때 묻은 옷만 벗으면 모든 문제가 해결될 테니 굳이 '정진을 하네, 기도를 하네, 수행을 하네' 하면서 자랑할 일이 아니라는 뜻이다. 《신심명信心銘》에 '참됨을 구하려 하지 말고 오직 망령된 견해만 쉴지니라(不用求眞 唯須息見)'이라는 뜻과 동일한 내용이다. 마니주와 같은 무가보의 보물을 스스로 가지고 있으면서도 번뇌 망상과 분별취사分別取捨의 때 묻은 옷 때문에 무한대의 보물을 하나도 쓰지 못하니, 뿌리가 어딘지도 모르고 가지를 더듬으며 잎이나 따는 하근기를 면치 못한다는 경고의 말씀이다.

해인海印이라는 말을 알 것이다. 도장 인印 자를 쓰는 것은 완전한 약속을 뜻하고 틀림없다는 증명이다. 왜 바다에 비유할까? 우선 바다는 늘지도 줄지도 않는다. 마음도 이와 같다. 다만 바다는 들어오는 밀물과 나가는 썰물이 있듯이 마음도 이와 같이 왔다 갔다 한다. 밀물과 썰물같이 마음도 한 번 들어오면 한 번은 나가야 한다. 한 번 좋으면 한 번 싫고 나빠야 한다. 한 번 즐거우면 한 번은 괴로워지게 된다. 다만 들어오는 밀물의 시간과 나가는 썰물의 시간이 다르듯이 마음도 이와 같이 때에 따라 기분이 달라진다.

그리고 기분 좋은 마음과 기분 나쁜 마음의 때를 업연이라

한다. 예를 들면 이러한 마음의 때에 맞춰서 밀물과 같이 좋은 현실이 나타날 때가 있고 썰물과 같이 좋지 않은 현실이 나타나게 된다. 이를 시절인연이라고 했다. 또 바람이 불면 바다는 출렁인다. 바람의 강도에 따라 파도의 높이가 달라진다. 마음도 이와 같다. 욕심의 바람이 불면 마음이 매우 출렁이고 흔들린다. 물론 짜릿한 맛도 있다. 무섭기도 하고 괴롭기도 하다. 욕심의 바람이 멈추면 마음의 바다 또한 잔잔해진다. 욕심의 바람이란 이런 것이다. 그럼에도 바다는 언제 그랬냐 싶게 멀쩡하다.

바다는 본래 고요하고 잔잔하다. 마음도 본래는 이와 같다. 분별의 옷 바람, 취사取捨의 옷 바람, 고락苦樂의 옷 바람, 업연의 옷 바람 등 때 묻은 옷 바람만 불지 않으면 마음의 바다는 항상 고요하고 잔잔하다. 기도와 참선과 보시와 정진이란 것 또한 자랑할 것이 못된다. 또 하나의 바람이 되어 마음의 파도를 일렁이게 한다. 그러니 다만 묵묵하게 고요히 행할 뿐이다.

돈을 버네, 출세를 하네, 지식을 쌓네, 자리를 차지하네, 평화를 부르짖네, 건강을 위하네, 남을 돕네, 수행을 하네, 노력을 하네, 기분을 좋게 하네 등… 무언가를 원하는 이런 생각과 행동은 인과의 바람을 일으켜 마음의 파도를 치게 하는 원인이 된다.

'그럼 어떻게 살라는 말인가' 하고 '말도 되지 않는다'고 할지 모르겠다. 업과 습 때문에 아집과 고집, 집착의 업에 묶여 있기 때문에 이런 생각에서 벗어나지 못하고 의심 또한 버리지 못한다. 그러니 때 묻은 마음을 바꾸지 못하고 맨날 인과의 과보를 받아 그 모양 그 꼴로 윤회의 고통을 면치 못하고 살아간다.

백척간두진일보百尺竿頭進一步 하지 않으면 안 된다. 천 길 낭떠러지에서 두 발을 모두 떼어야 한다. 망상의 때 묻은 옷을 벗어야 한다. 방하착이요 무념무상無念無想이다. 이렇게만 되면 생각을 일으키기 전에 한 치 오차 없이 몸이 저절로 움직여진다. 자유자재하다. 더 이상의 업이 생기지도 않거니와 고苦와 낙樂의 파도가 일지 않는다. 그리하여 마음의 바다는 고요하고 잔잔해진다. 이것이 진정 부처님의 가르침이요, 선사들의 한결같은 어록語錄이다.

이러쿵저러쿵 머리를 써서 궁리하는 것은 곧 파도가 일었다 사라지는 것과 같다. 이런 마음의 파도를 두고 생사고락과 시시비비를 논하는 것은 참으로 어리석은 짓이 아닐 수 없다. 결국은 그저 바다일 뿐이다.

제29화
상대방이 나를 욕할 때

從他謗任他非　　종타방임타비
把火燒天徒自疲　　파화소천도자피

남의 비방에 따르고 남의 비난에 맡겨둘지니
불로 하늘을 태우려 하니 스스로 피로할 뿐이로다.

영가진각대사증도가 ― 永嘉眞覺大師證道歌

◎ 남의 비방이나 비난에도 여여하게 지내는 것은 현실적으로 어렵다. 모든 사람은 본능적으로 자기 자신을 방어하려는 기질이 있다. 누가 조금이라도 비방하거나 비난하면 즉각적으로 반응하게 되니 말이다.

화가 나서 참기 힘든 마음은 왜 생길까? 마음을 좀더 자세히 들여다보면, 고락의 인과 업이 작동한다는 것을 알 수 있다. 부처님과 조사들의 마음, 즉 아뢰야식(업장식)에는 고락이라는 상대적인 분별 감정이 전혀 없다. 마음의 모양이나 마음 상태가 텅 비어 인과도 없고 분별도 없다는 뜻이다.

그러나 보통 중생은 업의 크기가 모두 제각각이다. 상대적으로 업이 작은 사람은 인과의 과보도 작다. 따라서 즐거운 마음에 의한 즐거운 일도 별로 생기지 않는다. 따라서 인과와 분별심의 양이 그만큼 작기 때문에 괴롭고 고통스런 일 역시 작을 수밖에 없다. 반면에 인과와 분별심의 업이 큰 사람은 즐거운 마음도 크고 즐거운 일도 많겠지만, 상대적으로 괴롭고 고통스런 일도 크게 많이 나타난다.

때로는 남들이 나를 비방하고 비난할 때 거기에 반응하여 속상한 경우가 많다. 이때 기분이 나빠지고 화가 나서 마음이 괴로워지는 것은 나의 업장식 안에 있는 인과의 업 가운데 괴로운 과보가 나타나기 때문이다. 그렇다면 욕을 하는 상대는 어떤가?

이 또한 스스로의 고락 인과 업이 작동함으로써 기분이 좋지 않게 되면서 상대에게 비방과 비난을 하는 것이다. 욕을 하는 사람이나 욕을 듣는 사람은 각자 스스로가 지닌 업에 따라 기분이 나쁘게 된다는 것이다. 그러므로 사실은 서로가 상대를 통해 고락업이 생기는 대상이 되는 것이다.

다시 말해 상대가 나를 보고 욕을 하는 바람에 내가 기분이 나빠졌다면 나의 고업이 발생할 시간이 되었다는 것이다. 만약 상대방의 비난에도 마음의 동요가 전혀 일어나지 않는다면 이는 도인에 부합한다고 할 것이다.

어느 날 한 장자가 부처님을 향해 욕을 하면서 맹비난을 퍼부었다. 그럼에도 부처님은 한마디도 하지 않으셨다. 한참 욕을 하던 장자는 반응이 없자 돌아가버렸다. 제자들이 속이 상해서 부처님께 왜 뭐라고 하시지 않았느냐고 볼멘소리를 하였다. 부처님께서 조용히 말씀하셨다. "저 사람은 나에게 욕을 주고 갔다. 그러나 나는 욕을 받지 않았다. 그러면 이 욕이 어디로 갔을꼬?"

여기에 세 가지 문제가 있다. 첫째, 부처님은 왜 욕을 받지 않았다고 할까? 부처님은 이미 좋은 말 나쁜 말에 대한 분별심이 없기 때문이다. 욕을 욕이라고 받아들이지 않기 때문에 마음이 상할 이유가 없다. 그리고 장자는 스스로 마음이 상하였기 때문에 욕을 했을 것이다. 이러한 마음은 업이 되어 그 인과로 말미암아 또다시 욕을 하며 마음 상하게 하는 일이 생길 것이다. 불로 하늘을 태우려는 무모함과 기분 나쁜 마음 모두 자기 몫이다.

둘째, 제자들은 왜 가만히 계시는 부처님을 답답하게 느꼈을까? 이 마음 또한 제자들이 각각 가진 고락의 인과 업에 따라 움직이고 있다. 모두 스스로의 업으로 웃고 화내며 울기도 한다. 결코 상대 때문이라거나 이웃과 사회 탓이라는 발상은 전혀 맞지 않다. 그뿐만 아니라 또 다른 망상만 피울 따름이다.

셋째, 나의 업식 속에 고락의 인과 업이 없는데도 왜 욕하는 사람을 만나게 되었을까? 나는 이미 분별하지 않는 여여한 마음이기 때문에 욕을 하든 말든 아무런 상관이 없다. 다만 욕을 하는 상대 장자의 업식이 스스로 작동하여 인과의 업과와 과보가 작용한다는 것을 알 수 있다. 이를 반면교사로 삼아 나의 업식을 비우고 인과와 분별심으로부터 완전히 자유로워지는 그날까지 기도와 참선, 보시와 정진의 끈을 놓지 않아야 한다.

제30화

어떻게 살 것인가?

我聞恰似飮甘露　　아문흡사음감로
鎖融頓入不思議　　쇄융돈입불사의

내가 듣기엔 마치 감로수를 마시는 것과 같아서
녹아내려 단박에 깨달음의 경지에 들어가도다.

◎ 지난 구절에서 상대가 나를 향해 비난과 비방, 욕을 하더라도 그 말에 끄달리지 않는 무분별심을 갖는 것이 곧 깨달음의 경지라고 하였다. 욕을 한 상대는 그 사람의 인과 업에 따라 과보를 받을 것이니 나와는 상관없다.

옛 조사들은 말이나 소리를 듣고 깨달음을 이룬 경우가 많았다. 어떤 소리든 좋고 싫음의 분별심을 갖지 않고 그냥 소리로 듣는 것이다. 더 나가서 마치 감로수를 마시는 것과 같이 한량없는 청량감이라면 쇳덩이가 녹아내리듯 깨친 마음의 모습일 것이다. 다시 한번 강조하면 깨침과 깨달음이란 본래의 성품으로 돌아간다는 의미다. 좋고 나쁨, 나고 죽음, 있고 없음 등의 상대적 분별심이 없는 진공 상태의 마음을 가리킨다.

그러므로 때와 장소가 따로 없고 무엇을 보든 무슨 소리를 듣든 어떤 냄새를 맡든 어떤 맛을 보든 무엇이 몸에 닿았든 무슨 생각을 하든 고락의 감정이 일어나지 않아 늘 상락아정常樂我淨이요 일일시호일日日時好日이다.

마음이나 행위에서 일어나는 모든 모양과 현상은 원인과 결과의 인과가 작동할 뿐이다. 또 이것이 생겨나면 저것도 생겨나는 연기에 의해 끊임없이 나타났다 사라지는 생로병사와 성주괴공을 반복하는 그림자와 같다. 내가 상관할 일도 아니요, 간섭하거나 따질 일도 아니나. 그서 그러려니 하고 바라볼 뿐이다. 탐하면 탐하는 만큼 괴로운 과보를 받고, 성을 내면 성을 내는 만큼 괴로운 과보를 받으며, 이런저런 궁리로 잔머리 굴려본들 딱 그만큼의 괴로운 과보를 받을 수밖에 없다. 부처님과 하느님이라도 고락의 인과와 생사·생멸의 과보에서 벗어날 수는 없다.

그러나 이론적으로는 맞는 말이라 하더라도 내 마음이 실제로 인과의 굴레에서 벗어날 수 있는 힘이 과연 있을까? 잡아함의 《맹구경盲龜經》에 나오는 부처님 말씀이다.

"비유하면, 이 큰 대지가 모두 큰 바다로 변할 때
수명이 한량없는 어떤 눈먼 거북이가 있는데
그 거북이는 백 년에 한 번씩 머리를 바다 위로 내민다.
바다에는 구멍이 하나 뚫려 있는 나무토막이
바람과 물결에 따라 동서로 떠다니고 있는데
그 눈먼 거북이가 백 년에 한 번씩 머리를 내밀 때
그 구멍에 목을 넣을 수 있겠느냐?"

이 비유는 인간으로 태어나는 것이 기적과 같이 어려운 일임을 강조한 것이다. 단순히 인간으로 태어난 것에 대한 감사를 넘어, 인간의 몸을 얻은 만큼 부처님의 법을 만나고 수행하여 해탈의 길을 가야 한다는 깊은 의미를 담고 있다.

그렇다면 우리는 어떻게 살아갈 것인가? 그놈의 욕심 때문에 매일매일 걱정 근심은 끊이질 않는다. 이렇게 하면 좋을까 저렇게 하면 좋을까 하며 잔머리 굴리느라 세월 가는 줄 모르고, 조금이라도 더 이익을 보려고 물불을 가리지 않는다. 분별심과 집착심은 날로 더해지고 그 업이 수미산과 같이 쌓이니 이 과보를 과연 어찌 할 것인가.

가장 기본적인 지침은 우선 탐진치 삼독심을 줄여나가야 한다. 그리고 기도해야 한다. 기도는 염불, 독경, 간경, 참배, 정근, 다라니 등 어떤 기도를 하든 가장 기본은 무심하게 하는 것이다. 마음을 텅텅 비워야 한다. 참선 중에 가장 쉬운 것은 좌선坐禪이다. 하루에 단 10분이라도 정좌하고 앉아서 화두를 챙기는 습을 들여야 한다. 궁극적으로는 움직이면서도 화두를 챙길 수 있는 숙련이 되어야 한다. 보시는 자기를 내려놓고 마음을 비우고 번뇌 망상을 없애는 가장 기본적인 행동 요령이다. 내 것이라는 아상이 있는 한 마음을 깨치기는커녕 업장 소멸이 되지 않아 괴로운 과보를 받게 된다. 이 같은 기본적인 마음 비움을 하루도 거르지 않고 꾸준히 해나가는 것이 정진이다. 정진의 끝에는 반드시 깨달음이 온다.

제31화
상대가 나를 불편하게 할 때

觀惡言是功德　　관악언시공덕
此則成吾善知識　　차칙성오선지식

나쁜 말을 관찰하는 것이 바로 공덕이니
이것이 나에게는 선지식이로다.

영가진각대사증도가 ― 永嘉眞覺大師證道歌

◎ 진정한 공덕은 분별하지 않고 집착하지 않는 것이다. 사람들은 좋은 생각, 좋은 일, 남을 돕는 것 등의 착한 생각과 착한 행동을 하는 것이 공덕이라고 믿는다. 그러나 착하다는 생각을 한다는 것은 착하지 않다고 하는 생각 또한 마음속에 있다는 것이다. 이러한 분별된 생각이 있는 한, 항상 두 가지 마음을 선택하게 되는 수고로움으로 마음이 불편해진다. 착하거나 착하지 않다는 분별된 두 가지 생각을 모두 버려야 한다.

상대가 설사 나쁜 말을 하더라도 나쁜 말이라는 생각을 하지 않고, 그냥 그대로 듣고 보는 것이 진정한 공덕일 뿐만 아니라 그 상대방이 곧 스승이 된다는 말씀이다. 항상 강조했듯이, 상대방이 하는 모든 행동은 좋은 언행이든 나쁜 언행이든 내가 보고 판단하는 것이다. 그러므로 좋은 언행이라고 아는 것과 나쁜 언행이라고 아는 것 모두 나의 마음속에 있는 것들이다. 상대방이 하는 행동은 곧 내 마음에 있는 것이 나타난 것이므로, 상대방이 하는 행동 또한 바로 내가 하는 행동이나 마찬가지다.

부처님이나 아라한阿羅漢, 조사祖師들은 상대방이 어떠한 말과 행동을 하더라도 좋고 나쁜 감정을 일으키지 않는다. 이분들의 마음속에는 좋고 나쁜 감정이 없을 뿐만 아니라 분별하지 않는 중도의 마음을 가지고 있기 때문이다.

설사 상대가 욕을 하더라도 욕으로 받아들이면 안 된다. 사람은 누구나 때로는 기분이 좋고, 때로는 기분이 나쁜 것이 보통 마음이다. 고락이라는 인과를 분별하기 때문이다. 이러한 분별심이 있는 한, 감옥 안에서도 좋고 나쁨이 있고, 천당에서도 좋고 나쁨이 생겨날 수밖에 없다. 즉 여러 개의 다이아몬드 가운데서도 더 좋은 것과 나쁜 것이 있고, 못생긴 모 중에서도 더 못생긴 것과 덜 못생긴 것이 생겨나기 마련이다. 천사의 말에서도 좋은 말과 나쁜 말이 있고, 망나니의 말에서도 좋은 말과 나쁜 말이 있을 것이다.

내 마음속에 이미 좋고 나쁨의 분별심이 있으므로 어느 때, 어느 장소에서 누구를 만나더라도 좋은 말과 나쁜 말을 분별할 수밖에 없다. 상대방이 분별된 말을 하기에 앞서서 이미 나의 업에 의한 분별심으로 말미암아 생겨난다는 것을 반드시 알아야 한다. 따라서 나의 업을 멸하기만 하면, 좋고 나쁜 분별심이 사라진다.

좋고 나쁜 말을 하는 상대가 나타날 리도 없거니와 옆에서 보기에 분명 나쁜 말로 보일지라도 나에게는 그렇게 들리지 않게 된다. 보는 사람의 고락 업에 따라 좋고 나쁜 언행이 보이는 것이다. 그렇다면 좋은 말과 나쁜 말을 분별하면 어떻다는 말인가? 앞서 설명했듯이 좋은 말을 들으면 기분이 좋아지고, 나쁜 말을 들으면 기분이 나빠지는 것은 당연지사이다.

이와 같이 좋고 나쁜 기분이 계속적으로 반복 윤회한다는 것이 문제이다. 왜냐하면 인과의 법칙 때문이다. 그러니 상대방의 언행 때문에 나의 기분이 좌지우지되는 일이 계속 반복되므로 이는 순전히 나의 업식으로 말미암은 것임을 알아차려야 한다. 다시 말해 나의 기분이나 삶 자체가 상대에 의해 좌지우지된다면 주인으로서의 삶을 살지 못한다는 것을 알아야 한다.

그러므로 상대방을 탓할 문제가 아니라 나의 잘못된 분별심으로 인한 업식 때문임을 깊이 깨달아 항상 스스로 업을 되돌아봐야 한다. 그래서 상대가 어떤 말을 하든 절대로 끄달리지 말고 여유로운 마음으로 받아들여야 한다. 만약 조금이라도 받아들이지 못하는 마음이 있다면, 스스로를 괴롭히는 행위가 될 것이다.

스스로 내 마음의 업식을 멸해야 하는 동시에 자성自省과 참회懺悔의 시간을 가져야 한다. 이와 같은 마음을 갖추기란 참으로 말처럼 쉬운 일이 아니다. 따라서 기도와 참선, 보시와 정진으로 극복해나가야 한다.

제32화
상대의 말이 아직도 마음에 걸릴 때

不因訕謗起怨親   불인산방기원친
何表無生慈忍力   하표무생자인력

비방으로 인해서 원망과 친한 마음 일으키지 않는다면
무엇으로 무생한 자비 인욕의 힘을 나타낼 것인가.

◎ 한마디로 좋은 말과 나쁜 말의 분별을 하지 않는데, 자비慈悲와 인욕忍辱이 굳이 왜 필요한가 하고 되묻는 대목이다. 좋은 것을 안다는 것은 나쁜 것도 안다는 것이다. 좋은 마음이 있으면 나쁜 마음도 있다는 인과의 필연성을 아직도 없애지 못한다는 증거이다. 그러므로 좋은 것이 하나 생기면 나쁜 것도 하나 생기기 마련이다. 한 번은 좋고 한 번은 나쁜 것이 인과 법칙이다. 이 둘을 분별하는 마음이 없으면 좋은 것도 없거니와 나쁜 것도 없게 된다. 분별하는 인과의 마음이 모두 사라져야만 업장 소멸이 된다.

그렇기 때문에 좋은 것과 나쁜 것으로 분별하는 마음을 대신하여 이런 것과 저런 것으로 구분하는 것이 정답이라 하겠다. 마치 얻는 것이 있으니 잃는 것이 생기는 것처럼 얻을 때는 얻는 모습의 인연이 다가온 것이고, 잃을 때는 잃는 모습의 인연이 다가온 것이다. 대개 얻는 것은 좋아하고 잃는 것은 싫어한다. 이로 인하여 좋고 나쁜 기분이 일어나는 것은 당연지사이다. 마음의 감정이 움직이는 것은 고락의 인과로 말미암아 요동치게 되는 것이다.

세상의 모습이나 마음의 모양은 이것이 생기므로 저것도 생기게 되어 있다. 이렇게 당연한 일에 굳이 감정을 얹어 스스로 고락의 인과를 만들 필요가 있겠는가. 해가 뜨면 반드시 지게 되어 있다. 그런데 뜨는 해는 기쁘고, 지는 해는 슬프다고 생각하는 것은 우스운 견해에 불과하다. 또 맑은 하늘은 좋고, 흐린 하늘은 싫다고 한다면 이는 스스로의 업에 묶여서 고락의 감정을 일으키는 어리석은 견해이다.

이와 같이 뜨는 해는 뜨는 해이고, 지는 해는 지는 해일 뿐이다. 여기에 좋고 나쁜 감정을 얹는다는 것은 매우 어리석은 범부가 하는 일이다. 또 맑은 하늘은 맑은 하늘이고, 흐린 하늘은 흐린 하늘일 뿐이다. 이를 좋다 나쁘다, 옳다 그르다 하면서 고락 시비하는 것은 그야말로 무지에 찬 중생으로서 괴로움의 과보를 받을 수밖에 없는 것이다.

마찬가지로 상대가 어떤 얘기를 하든 그것은 그냥 말(소리)일 뿐이다. 좋고 나쁜 감정을 얹지 말고 들어야 한다. 이른바 상대가 나를 향해 욕을 했다면 이는 인과법으로 이어지기 마련이다. 욕을 한 사람은 탐진치 삼독심 가운데 진심, 즉 화를 내었으니 그에 걸맞는 인과, 괴로움의 시절인연이 반드시 오게 될 것이다.

말 한마디에 천 냥 빚을 갚는다고 했다. 물론 말만 잘하면 때로는 천 냥 빚을 갚을 정도로 대단한 위력을 가진다. 하지만 기분 좋은 만큼의 고락 인과가 생기기 마련이다. 언젠가는 기분 나쁜 과보의 말을 듣게 될 것이다. 적절한 방법은 아니다.

이에 절대로 기분 나쁜 감정을 일으키지 말아야 한다. 또 상대의 말을 좋다 나쁘다 분별하지 말아야 한다. 상대의 말은 그냥 이런 말 저런 말일 뿐이다. 상대의 말이 아직도 마음에 걸리는 것은 분별심이 사라지지 않았다는 증거이다. 스스로 아직 무분별심의 여유로운 마음을 갖지 못했다는 말이다.

상대를 탓하기 이전에 내 자신의 분별심부터 참회해야 한다. 이 또한 어려운 일이 아닐 수 없다. 이때는 역시 기도와 참선, 보시와 정진이 최고의 힘이 될 것이다.

제33화
소유한다는 것은 집착한다는 것

宗亦通說亦通　　종역통설역통
定慧圓明不滯空　　정혜원명불체공

종지도 통하고 설법도 통하면
선정과 지혜가 두루 밝아 공에 막히지 않도다.

◎ 종지宗旨는 마음 깨침의 체體요, 설법說法은 삼라만상이 인과 인연 따라 한 치 오차 없이 어우러지는 용用이다. 이는 종지와 설법, 체와 용이 등잔과 불빛의 관계처럼 서로 다르지 않다는 뜻이다. 《금강경》에 불취어상不取於相 여여부동如如不動이라는 말이 있다. 풀어보면 겉으로 보이는 모든 현상이나 모습에 집착하거나 얽매이지 않으면 외부의 어떤 현상에도 흔들리지 않고 본래의 진리 그대로 고요한 상태를 유지한다는 뜻이다. 이 구절과 같은 맥락이다.

머리에서 나오는 법문이 아니라 불성에서 나오는 자비와 지혜가 한 덩어리가 되어서 나오는 진실함이다. 그러므로 항상 선정에 머물기 때문에 분별이 없다. 비로소 지혜가 뚜렷하여 일체가 공함을 여실히 알아 어디에도 집착하지 않는다. 그리하여 한 점의 번뇌와 고민, 고통과 괴로움이 없는 해탈의 경지에 이른다.

일단 마음을 깨치면 탐진치 삼독에서 벗어나게 된다. 그러므로 오욕의 굴레에서도 빠져나온다. 욕심을 부리는 만큼 인과에 따라 그만큼의 고통이 온다는 사실도 너무나 잘 알기 때문이다. 또 오욕의 굴레는 업습業習에서 나오는 너무나 단단한 버릇이다. 오욕에 집착하는 만큼 그 과보가 다람쥐 쳇바퀴 돌리듯 헛된 수고로움으로 끝없이 제자리걸음 한다는 것도 너무나 잘 알고 있다.

존재하는 이 사바세계인 유위有爲의 세계에서 원하는 대로 되는 것도 없거니와 좋은 것이 지속적으로 계속되는 것은 어디에도 없다. 어떤 상황이 되었건 높이 올라간 만큼 내려와야 하는 과보가 따르는 것은 만고불변의 진리이다.

따라서 누구든 마음을 깨쳐야 하고 성불해야 한다. 그렇지 않으면 영원히 육도六道에서 벗어나지 못하고 항상 고통과 괴로움이 수반되기 때문이다. 혹여 잘되기만을 바라지 말라. 잘된다는 것은 잘못되는 인과의 과보가 따르기 때문에 잘되고 못되고 하는 분별심을 갖지 않아야 한다. 그렇게 될 때 업보와 과보를 받지 않고 고통과 괴로움을 여읠 수 있다.

수행자가 머리가 나빠서 소유하지 않는 것이 아니다. 이렇게 하면 좋다거나 저렇게 하면 나쁘다며 분별하는 것조차도 소유욕所有慾이다. 물질이든 마음이든 소유한다는 것은 집착한다는 것이다. 집착이라는 것은 하면 할수록 괴로운 과보가 따르게 됨을 명심해야 한다.

사람들은 이를 믿지 않기 때문에 항상 자신에게 속으면서 살아간다. 그러나 자신도 어쩌지 못하는 업습의 버릇 때문에 시행착오는 계속된다. 그러므로 크게 결심해야 한다. 생즉사生卽死 사즉생死卽生이다. 즉 살기로 하면 죽을 것이요, 죽기로 하면 살 것이다. 웬만한 일에 일희일비하지 말라. 또 잘되는 것에 집착하지 않고 분별하지 말라. 과보를 받기 때문이다. 그럴 용기가 없으면 설사 죽음이 온다 할지라도 억울해 하지 말라. 세상의 질서인 인과법에는 한 치의 어김도 없기 때문이다.

그럼에도 집착하고 분별하는 마음을 어찌할 수 없을 때는 최소한 기도라도 하라. 그나마 기도를 제대로만 한다면 분별심을 알아차리고 업장이 조금씩 소멸되어 마음을 추스리게 하는 명약이 될 것이다. 참선과 보시, 정진 자체가 곧 최고의 기도이다.

제34화
당신은 부처님입니다

非但我今獨達了　　비단아금독달요
河沙諸佛體皆同　　하사제불체개동

지금 나 혼자 통달한 것이 아니라
무수한 온갖 부처의 본바탕은 모두 같도다.

◎ 마음을 깨치면 좋다 나쁘다 하는 분별이 사라지므로 생사와 고락이 없으며 인과도 없고 특별한 인연도 없다. 그러므로 한 톨의 번뇌와 망상도 없고, 한 점의 고통과 괴로움도 없는 것이다. 이를 자성 또는 본성으로 돌아간다고 말한다. 보는 것, 듣는 것, 냄새 맡고, 맛보고, 느끼고, 생각하는 모든 대상을 좋다 나쁘다 하는 분별이 없으니 이를 부처라 이름한다.

부처의 눈, 귀, 코, 혀, 몸, 머리로 인지하는 모든 것은 다 부처 아닌 것이 없다. 갠지스 강의 모래알처럼 수많은 모습들이 모두 부처의 성품을 지니고 있다. 그래서 일체 모든 것이 청정법신이요 원만보신이며 천백억화신 아닌 것이 없다. 즉 모두가 비로자나불이요 노사나불이며 석가모니불이라는 말씀이다.

산은 그대로 산이요 물은 그대로 물이다. 산과 물은 스스로 분별하지 않으니 산이 곧 부처요 물이 곧 부처이다. 그럼에도 불구하고 각자의 마음에 따라 산을 보고 이러쿵저러쿵하고 물을 보고 이러쿵저러쿵하니 모두가 스스로의 마음에 비친 자기 눈높이의 대상을 보고 시비하고 있을 뿐이다.

그러나 깨친 마음으로 보면 어떠한 것도 분별하지 않으니 산은 그대로 산 부처이고 물은 그대로 물 부처로 보일 수밖에 없다. 산은 산의 역할이 따로 있지만 깨친 이가 산을 봐도 분별이 없고 산은 그 스스로가 분별이 없으니 깨친 이와 산 모두가 부처라는 말이다. 사람들 역시 누구나 부처의 성품인 불성을 지니고 있다. 다만 좋고 나쁜 분별심으로 본래 성품인 자성과 불성을 덮고 있어서 스스로 부처의 성품을 찾지 못하고 있을 뿐이다. 우리네 삶이란 알맹이는 그대로 놔둔 채 껍데기만 가지고 좋다 나쁘다, 옳다 그르다 하며 고락과 시비를 분별하며 살아가고 있다. 그러므로 자기 안에 있는 불성, 즉 무가보의 여의주 알맹이를 하루빨리 찾아야 부처를 이룰 수가 있다.

모든 중생이 부처 아님이 없고 모든 사람도 부처 아닌 사람이 없다. 다만 각자의 분별심으로 그 사람의 껍데기만 가지고 좋다 나쁘다, 옳다 그르다 하며 고락 시비 분별을 하고 있으니 이 얼마나 어리석은 일인가. 만약 어떤 사람이 무슨 행동을 하더라도 부처의 눈으로 보면 부처가 하는 행동으로 보일 것이지만, 정작 당사자인 본인은 분별심을 가지고 있기 때문에 좋고 나쁜 고락 시비의 마음 때문에 스스로 불성을 찾지 못하고 헤매는 것이다.

깨친 이의 눈으로 보면 모든 것이 좋다 나쁘다 하는 분별심으로 보일 수가 없으니 누구는 좋고 누구는 싫다고 할 리가 없다. 그뿐만 아니라 그렇게 되지도 않는다는 것을 알아야 한다. 그러니 껍데기를 보고 좋다 나쁘다, 옳다 그르다 하는 고락 시비의 업에서 벗어나서 누구라도 하루빨리 자기 안에 있는 성불의 알맹이를 찾아야 한다. 우선 내 앞에 있는 사람부터 그 사람의 본래 성품인 불성을 보고, 좋고 싫은 분별의 마음을 내지 말아야 한다.

한마디로 내가 부처가 되어야 모두가 부처로 보인다. 만약 아직도 좋고 싫은 분별심이 남아 있다면 그 과보를 고스란히 받아서 고통과 괴로움을 당할 수밖에 없다. 우선 상대하는 모든 이를 부처로 보는 습관을 길러야 한다. 스스로 생각해보자. 지금 자신이 분별심에서 아직 헤어나오지 못하고 있다면 우선 기도부터 먼저 시작하라. 그러면 세상을 보는 눈이 달라질 것이다. 고락 분별심으로 가득 찬 스스로의 업이 녹을 것이다.

제35화
사자의 큰 목소리 같은 말씀

獅子吼無畏說　　사자후무외설
百獸聞之皆腦裂　　백수문지개뇌열

사자후와 같은 두려움 없는 설법이여,
온갖 짐승들 들으면 모두 머리가 찢어진다네.

◎ 사자를 백수百獸의 왕이라 한다. 또 사자후獅子吼는 사자의 큰 목소리를 말하는데 불교에서는 깨친 이들의 설법을 가리킨다. 정각正覺을 이룬 조사들의 설법은 근기가 약한 일체중생을 깨우치게 하는 묘약妙藥이다. 여기서 머리가 찢어진다는 표현은 곧 번뇌 망상을 부수어 없앤다는 상징적인 의미를 지니고 있다.

절집에 큰스님들께서는 제자들에게 매우 엄격하고 무섭다. 정이라고는 눈곱만큼도 없고 바늘로 찔러도 피 한 방울 나오지 않을 만큼 차디차고 냉정하기가 말할 수 없을 정도이다. 마음을 깨친다는 것은 분별하지 않는 것이 가장 핵심이다.

그런 의미에서 정이라고 하는 것은 중생과 부처를 가름하는 척도이다. 유정有情, 즉 정이 있으면 중생이고 유정과 무정無情의 분별이 완전히 없어지면 부처이다.

정은 감정 덩어리이다. 감정은 좋은 감정과 나쁜 감정으로 나뉜다. 기쁘고 즐겁고 행복한 감정으로 말미암아 슬프고 괴롭고 불행한 감정이 인과의 과보로 생겨난다. 이 두 가지 상반된 감정을 모두 갖고 있는 것이 중생이다. 정이 많을수록 슬픔과 괴로움, 불행한 감정이 동반된다.

부모 자식 등 가족에게 정이 많기 때문에 무정하고 비정非情한 감정 역시 같이 따라붙는다. 애정愛情이 많을수록 배신감도 그리고 증오심도 같이 생기는 법이다. 정은 곧 집착執着의 다른 표현이다. 이러한 집착은 곧바로 분별심으로 이어진다. 정을 주고 받음으로써 기쁜 감정을 느낀다. 주고받는 정이 약간이라도 차이가 나면 그 즉시 슬픈 감정이 생기기 마련이다. 모든 것은 정 때문에 사달이 나는 것이다. 그래서 엄격하고 무서운 스승이라 하여 오해를 하면 안 된다.

조사선문祖師禪門에 '덕산방德山棒 임제할臨濟喝'이라는 말이 있다. 덕산 스님은 누가 법을 물어도 몽둥이로 무조건 30방을 때리고, 임제 스님은 법을 묻는 그 누구에게도 사자후와 같이 소리를 지른다. 이는 선지식의 입장에서 선문답禪問答으로 거량擧揚을 하는 제자들에게 깨침의 소리를 전달하는 과정이다.

근래에 성철 스님도 제자들에게 불호령을 내리는 경우가 많았다. 내가 모신 서옹西翁 스님도 말씀은 비교적 부드럽게 하시고 설법도 자상하게 하시는 편이지만, 냉정하기는 얼음장보다 더할 정도로 정을 주지 않으셨다. 이는 마음을 깨치기 위해서는 정이라는 분별심을 일으키지 않도록 나름의 배려 차원이라고 이해하면 된다.

따라서 선지식을 대할 때 인간적인 정으로서 다가서면 서로 간의 인과가 생겨서 고락의 과보를 받아 절대로 공부가 되지 않는다. 요즘 신도들은 절에 가서 조금이라도 불친절하거나, 스님에게 싫은 소리를 들으면 다시는 그 절에 가지 않는 경우가 많다. 이는 결코 본인을 위해 바람직한 현상이 아니다. 물론 찾아오는 신도들을 굳이 배척하거나 지나치게 군림하는 태도는 결코 바람직한 자세는 아니나, 분명한 것은 스님과 절은 나의 마음을 깨우치게 하는 선지식이라는 사실을 잊어서는 안 된다.

요즘 스승과 제자, 스님과 신도 사이의 관계를 보면 절집 고유의 신앙성과 종교성, 순수한 부처님 가르침으로 형성된 불법佛法 공동체 질서가 모두 허물어져가는 것 같아서 매우 씁쓸하다. 사부대중 공동체의 최종 목적은 마음을 깨우쳐서 성불하는 것이 부처님의 가르침이다. 사사롭게 세속적인 정을 주고받는 인간적인 관계에서는 마음 깨침의 수행공부에 있어 결코 도움이 되지 않는다. 그뿐만 아니라 서로 인과의 고락 관계가 형성되기 때문에 이는 거꾸로 가는 업의 산물이 되기 십상이라는 것을 분명히 알아야 한다.

과거 업은 소멸시키고, 미래 과보를 받지 않기 위해서는 하늘이 무너진다 해도, 또 누가 뭐라 하더라도 지금 당장 기도가 중요하다. 나머지 일들은 집착과 분별의 마음을 버리고 인과 인연에 그냥 맡기면 그뿐이다.

제36화
상대는 나의 그림자

香象奔波失却威　　향상분파실각위
天龍寂聽生欣悅　　천룡적청생흔열

코끼리는 분주하게 뛰어다니며 위엄을 잃고
천룡은 고요히 들으며 즐거워하도다.

◎ 여기서 말하는 향상香象은 향기가 나는 코끼리를 의미한다. 코끼리는 백수 가운데서도 단연 으뜸으로 여기는 성스러움을 상징한다. 그러나 코끼리는 아직 땅을 딛고 살아간다. 땅을 딛는다는 것은 곧 욕계欲界 육천六天에 머물러 있다는 뜻이다. 유위의 세계를 삼계 28천으로 나뉜다. 욕계의 6천(사천왕천, 도리천, 야마천, 도솔천, 화락천, 타화자재천)과 색계色界의 18천, 무색계無色界의 4천(공무변처, 식무변처, 무소유처, 비비상처처)이 그것이다. 단계가 올라갈수록 더욱 편안한 실재 세계이기도 하거니와 분별심이 점점 없어지면서 번뇌와 고통이 없는 마음이 편안한 단계를 만들어 준다.

아직 마음의 단계가 낮아서 수미산須彌山(도리천)이라는 땅에 발을 딛고 있는 코끼리는 사자후를 듣고 놀라서 평소의 위엄은 온데간데없다. 또 향香이라는 냄새, 즉 육식六識에 정을 두고 집착하며 분별심이 아직 남아 있다. 마음 단계가 낮은 하근기이기 때문이다. 또는 성문 연각의 단계에서 아직 완전한 깨달음을 얻지 못했기 때문이라는 주장도 있다.

그에 반하여 천룡天龍은 집착의 땅에서 발을 떼고 야마천夜摩天 이상의 하늘을 나는 수승한 근기를 가지고 있다. 그래서 사자후를 듣고서도 놀라지 않고 조용히 그 기쁨을 맛본다는 것이다. 천룡의 마음 단계는 적어도 집착과 정을 떼고 상대적으로 분별심이 없어 무애자재無碍自在의 상근기를 갖추고 있다. 그만큼 마음이 편안한 상태라고 할 수 있다.

사자의 큰 목소리 같은 부처님 설법을 제대로 알아듣는다는 것은 듣는 이가 그만큼 상근기의 마음, 즉 정과 집착과 분별심이 없다는 뜻이기도 하다. 또한 부처의 설법을 사자후라고 하는 상징은 특별한 설법이나 목소리가 아니다. 듣는 이의 마음 자세가 이미 깨달음을 이루고 있다는 증거이다. 그 어떤 모양과 소리, 냄새와 맛과 부딪침 그리고 온갖 생각 등이 모두 부처님의 설법으로 감지한다는 의미이다.

따라서 천룡의 상근기 마음을 갖추고 있는 이에게는 어떤 대상을 만나더라도 모두 부처의 설법(사자후)으로 받아들일 뿐이다. 무엇을 보더라도, 상대가 어떤 말을 하더라도, 맛과 냄새, 부딪침과 생각 등 육근六根으로 감지되는 모든 것에 좋다 싫다 분별심을 일으키지 않고, 있는 그대로 여여하게 편안한 마음으로 받아들인다.

그렇지 않고 향상香象과 같이 조그만 소리에도 놀라고, 상대가 말을 하면 의심부터 하게 된다. 무엇을 보면 마음에 들거나 들지 않기도 하며, 모든 것에 대해 좋다 나쁘다, 옳다 그르다 한다. 시비분별하고, 스스로 희로애락을 거듭 반복하면서 고락의 인과에 의한 과보를 받아 불편해하기도 하고, 고통스러워 괴로워하며 힘이 들기도 한다.

사람과 사람이 부딪치며 살아갈 때, 상대방 때문에 일희일비하는 줄 착각하지만 실은 내 스스로의 감정이 들고 나는 것이다. 이는 항상과 같이 좋다 나쁘다, 옳다 그르다 하며 분별하는 것이다. 그러나 천룡과 같이 정과 집착과 분별심을 갖지 않다면 상대의 모양과 모습, 말과 행동 모두가 좋고 싫고 옳고 그름의 분별에서 벗어나 부처의 설법인 사자후로 보고 들릴 것이다.

상대라는 그림자에 속아서는 절대로 안 된다. 그러므로 항상 마음이 깨어 있어서 분별심을 경계해야 한다. 이는 기도와 참선, 보시와 정진을 통하면 충분히 해결할 수 있는 부분이다.

제37화
스승을 찾아 도를 묻는 이유

遊江海涉山川　　유강해섭산천
尋師訪道爲參禪　　심사방도위참선

강과 바다를 지나고 산과 개울을 건너
스승을 찾아 도를 물음은 참선하기 위함이라.

◎ 강과 바다에 노닐고 산과 개울을 건넌다는 것은 세속적인 욕망에 얽매이지 말고 마음을 전진하라는 의미다. 즉 자연과 벗하라는 말씀이다. 자연은 글자 그대로 스스로 그렇게 연기한다는 뜻이다. 어떤 의도를 가지고 인위적인 힘을 가한다면 이미 세속적인 욕심이 들어가는 것이다. 따라서 인과에 따라 과보를 받을 수밖에 없어 불편해진다.

또 스승을 찾아 도를 묻는 이유는 참선參禪을 위한 것이라 했다. 일단 다른 곳에 잡념을 두지 않아야 참다운 스승을 찾게 된다는 뜻이다. 모든 행위 자체가 참선을 위한 일환이라 할 수 있다. 참선의 정의를 한마디로 말하면, 어느 때 어느 곳, 때와 장소를 불문하고 한 치의 마음도 흔들리지 않아 한 점의 불편함이나 괴로움, 일체의 고통이 없는 상태를 말한다.

과연 그럴 수 있을까? 부처님과 역대 조사들의 행보에서 그 증거를 찾을 수 있다. 그 전제 조건이 충족되면 당연히 깨달음을 통해 참선의 참다운 모습을 여실히 증명할 수 있을 것이다. 세속적인 욕망은 스스로 원하는 것을 성취함으로써 즐거움과 기쁨, 행복과 편안함을 맛보려 하기 위함이다. 여기에는 반드시 인과가 따르기 마련이어서 똑같은 질량의 괴로움과 슬픔, 불행과 불편함 또한 맛보게 된다. 따라서 작은 즐거움은 작은 괴로움을, 아주 큰 기쁨은 아주 큰 슬픔을, 기막힌 행복은 기막힌 불행을,

한없는 편안함은 한없는 불편이 따르게 되는 것이 마음의 모양이요 사바세계의 모습이다.

다만 이 두 가지가 나타나는 때가 서로 다를 뿐인데 이를 시절인연이라고 설명해왔다. 이는 즐겁고 기쁘고 행복하고 편안한 이것으로 인해 괴롭고 슬프고 불행하고 불편한 저것이 나타나게 되는 것이다. 이를 분별이라고 하고 업이라고 하며 과보라고 설명해왔다. 그 때문에 이와 같은 분별의 세계를 속된 마음, 속된 세상이라 하여 세속이라고 칭한다.

이와 같이 세속적인 분별과 업과 인과와 과보 모두를 한꺼번에 없애는 마음을 참선이라 한다. 즉 즐겁고 기쁘고 행복하고 편안한 '이것'과 괴롭고 슬프고 불행하고 불편한 '저것'의 분별심 모두를 멸하여 없어진 상태를 중도라 한다. 깨달음, 해탈, 견성성불, 반야, 열반, 피안, 아뇩다라삼먁삼보리라 이름하고, 생멸멸이 生滅滅已 적멸위락寂滅爲樂이라 한다.

이러한 참선 이외의 모든 행위, 즉 말이나 행동, 생각의 삼업에 있어서 분별과 정, 집착과 욕심을 없는 순간 곧바로 세속적인 인과의 과보가 따르기 마련이다. 따라서 고락과 생사로 괴로움이 생긴다. 세속에서 말하는 성공, 부자가 되거나 건강하여 장수하고, 명예나 권력이 있는 그 많은 행복을 맛보았다면 그에 상응한 불행과 괴로움의 인과에 걸린다. 과보는 언젠가는 반드시 나타나게 되어 있다. 부처님께서는 팔만사천 설법을 통해, 제발 여기에 정을 주거나 집착하지 말라고 신신당부하신 것이다.

그러니 참선을 통해 그 어떤 것에도 분별심을 갖지 말고, 중도심을 깨달아서 일체의 인과와 업과 과보를 멸하는 것 이외에 모든 세속적인 행위에 정과 집착을 두지 말라는 것이다. 그래서 염불과 참선, 보시와 기도 정진이 절대적으로 필요하다.

제38화
하고 싶은 그 마음이 병

영가진각대사증도가 — 永嘉眞覺大師證道歌

自從認得曹溪路　자종인득조계로
了知生死不相干　요지생사불상간

조계의 길을 스스로 깨닫고부터는
생사와 상관없음을 분명히 알았도다.

◎ 조계라는 말은 육조혜능六祖慧能의 호가 조계대사曹溪大師라는 데서 따온 말이다. 석가모니 부처님 이후 28대 조사가 달마대사이다. 중국 양나라 때부터 선불교禪佛敎가 시작된 까닭에 선종초조禪宗初祖라고 부르기도 한다. 이후 이조혜가, 삼조승찬, 사조도신, 오조홍인 그리고 육조혜능으로 법맥法脈이 내려오는데 현재 대한불교조계종의 효시라고 할 수 있다.

육조혜능은 남종선南宗禪의 종조宗祖로서 《육조단경六祖檀經》을 통해 "가르침 이외에 별도로 전하는 것(敎外別傳)이 마음인데 이를 곧 선이라고 한다"라고 주창하였다. 조계의 길이란 바로 심생만물心生萬物, 직지인심直指人心, 견성성불見性成佛, 이심전심以心傳心, 불립문자不立文字, 교외별전, 중생시불衆生是佛 등이 이를 표현하는 말이다.

심생만물은 모든 것은 마음이 만들어낸다는 뜻이고, 직지인심은 이러쿵저러쿵할 것 없이 바로 마음으로 들어가서 해결한다는 뜻이다. 견성성불은 마음이라는 성품을 제대로 봐야 부처를 이룰 수가 있다는 뜻이다. 또, 이심전심은 석가모니 부처님께서 연꽃을 들어 보이니 가섭존자가 미소를 지었다는 데서 유래한 말이다. 말을 굳이 하지 않아도 마음과 마음이 통한다는 뜻이다. 이를 염화미소拈華微笑라고도 한다.

불립문자는 말이나 글자의 가르침으로는 도저히 알 수 없다는 것으로 바로 마음을 알아야 한다는 뜻이다. 교외별전은 불립문자와 같은 뜻으로 가르침 이외의 것, 분별을 하지 않는 그것이라는 말이다. 중생시불은 중생이 곧 부처라는 뜻인데 손등에 해당하는 것이 중생이고 손바닥에 해당하는 것이 부처라 한다면 중생과 부처가 따로 있지 않다는 뜻이다.

이 같은 내용들을 선이라 이름하는데 한마디로 정을 여의고, 집착을 여의고, 분별심을 여의면 그 즉시 위에서 설명한 바와 같이 된다는 것이다. 이는 생사와 생멸을 여의었기 때문에 주변의 경계와는 아무런 상관이 없다는 말씀이다.

무엇을 하고 싶다면 하고 싶은 그 마음 때문에 하기 싫은 것이 생기고, 무엇을 이루고 싶은 마음이 생기면 이루지 못하는 마음도 생기게 된다. 이와 같이 생각에 의해 이러쿵저러쿵하거나, 혹은 세상을 뒤엎을지라도 무슨 대수인가. 매양 거기서 거기일 뿐인 것을. 그리하여 세상은 모두 결국 공으로 돌아갈 것이요, 연기緣起할 뿐이며 끝없이 이것과 저것의 분별일 뿐이다. 그리고 인과가 반복하면서 생사와 생멸을 벗어날 수 없게 된다.

무엇에 정을 주고 어떤 것에 집착하며 그 무엇을 분별할 것인가. 그럼에도 불구하고 내 마음 나도 모르게 이것도 하고 싶고 저것도 하고 싶으며, 이것도 갖고 싶고 저것도 갖고 싶고, 이렇게도 하고 싶고 저렇게도 하고 싶다며 한순간이라도 이러한 망상

妄想에서 벗어날 수 없다. 영원히 생사고락生死苦樂에서 벗어날 길이 없다.

 현명한 사람이라면 속세의 모든 일에 미련과 집착과 정을 두지 않는다. 이것이 생기므로 저것이 생겨서 항상 생사와 고락을 반복한다는 인과를 안다. 그 어떤 것도 결국은 물거품과 그림자와 이슬과 번개같이 사라진다는 공의 원리를 여실히 잘 알아야 할 것이다.

 하나도 얻을 것도 없고, 설사 얻는다 하더라도 곧 사라질 것을 너무나 잘 알고 있다. 따라서 이와 같은 세속의 삶에서 벗어나 영원히 변함없는 깨달음의 세계로 들어가는 길밖에는 해결할 방법이 없다. 하루라도 빨리 감정에 끄달리지 말고, 마음을 전환하여 조계의 길로 나아가야 할 것이다.

제39화
진정한 성공이란 무엇인가

行亦禪坐亦禪　　행역선좌역선
語默動靜體安然　어묵동정체안연

걸어 다녀도 참선이요 앉아도 참선이니
말과 침묵과 움직임과 고요함에 본바탕이 편안하도다.

◎ 참선은 일체의 망상이 끊어진 상태를 말한다. 망상은 곧 분별심이다. 분별심은 두 가지를 동시에 낳는다. 이것을 생각하면 저것이 나타나기 때문이다. 살아있다고 생각하면 죽음이 나타난다. 이것이 좋다고 생각하면 나쁜 저것이 나타난다. 즉 인과가 생기는 법이다. 그래서 좋은 것을 추구하다보면 그 과보로 인하여 나쁜 것을 경험하게 된다. 참선은 이러한 분별심이 완전히 사라진 상태의 마음을 말하기도 하지만, 망상과 분별을 끊기 위한 노력의 일환으로 무념무상無念無想의 수행을 가리키기도 한다.

그러기 위해서는 일체의 생각을 끊어야 한다. 그런 수단의 하나로 참선 가운데 가장 쉬운 좌선坐禪을 주로 행한다. 그리하여 행주좌와行住坐臥 어묵동정語默動靜 어떤 경우에 처하더라도 마음이 편안한 상태를 유지해야 올바른 참선이라 할 것이다.

다시 말해, 다니는 가운데서도 마음이 흔들리지 않고 편안해야 한다. 또 서 있거나 앉아 있거나 누워 있거나, 말을 하거나 침묵하거나, 움직이거나 고요하거나 등 어떤 행위를 하건 하지 않건 마음이 움직이지 않고 감정이 일어나지 않으며, 언제 어디서 무엇을 하더라도 한 점의 불편함도 없이 오직 편안하고 여여如如한 마음을 유지해야 한다.

아무리 가치 있는 일을 하더라도 마음이 불편하면 아무것도 아니다. 돈이 많아도 마음이 불편하면 무슨 소용이 있으며,

명예와 권력을 가졌다 해도 마음이 불편하면 무슨 소용이 있겠는가. 사람은 누구나 잘되기 위해서 살아간다. 그러나 영원히 잘되는 것은 이 세상 어디에도 찾을 수 없다. 잘된다는 인과로 인해 당장 잘못되는 과보가 뒤따르기 마련이므로 이 또한 분별심에 지나지 않는다. 무엇이든 잘되기 위해 각자 나름대로 열심히 노력하지만 잘되는 것을 추구한다는 것은 곧 편안하고 즐겁고 기쁘고 행복하기 위함이다. 그러나 잘되기 위해 생각하고 행동한다는 것은 그 즉시 잘못되는 과보가 따르게 되어 있으니 이것이 바로 함정이다.

참선이란 잘되거나 잘못되는 것에 집착하지 않는다. 좋은 것이나 나쁜 것에도 집착하지 않는다. 잘되는 것도 없고 못되는 것도 없다. 잘되거나 잘못되는 것이 무엇인지조차 모른다. 이것이 참선이다. 본래 인과란 득실得失에 있어서 한 치 오차도 없으므로, 얻는 것도 잃는 것도 없다. 한 번 얻으면 한 번 잃는다. 그러므로 득실도 생사도 생멸도 없다. 그러니 무엇 때문에 집착을 한다는 말인가.

부러우면 진다는 우스개 소리가 있다. 그 어떤 것에도 부러워할 필요도 없거니와 그럴 이유도 없다. 누구나 인과가 따르기 마련이라 기뻐할 일도 슬퍼할 일도 없다. 일체중생은 누구나 평등하다. 다만 각자의 고락 업에 따라 프로그램화되어 입력된 업에 따라 어느 때에 이런저런 일이 나타나게 된다.

일체 모든 것은 참선을 통해서 해결될 수밖에 없다. 그러기 위해서는 무엇을 하는 것이 중요한 게 아니다. 그 어떤 일이 일어난다 해도 고락의 기분 감정을 얹지 않아야 한다. 나머지는 인과의 질서일 뿐이다. 궁극에는 이러한 인과마저도 화로 위의 한 점 눈송이에 불과하다.

그래서 이 세상에서 딱 한 가지 할 일이란 유일하게 참선하는 것이다. 영원히 편안한 마음, 즉 성불成佛해야 한다. 그러면 행주좌와어묵동정 어디에도 불편과 괴로움이 걸리지 않는다. 참선을 하기 위하여 기도와 보시 정진은 필수 코스이다.

제40화
즐거움과 괴로움의 상대적인 분별

縱遇鋒刀常坦坦　종우봉도상탄탄
假饒毒藥也閑閑　가요독약야한한

비록 칼날과 마주해도 언제나 태연하고
가령 독약을 마셔도 한가롭고 여유롭도다.

◎ 칼날을 마주해도 태연하고, 독약을 마셔도 한가롭다는 것은 비현실적인 얘기임에는 틀림이 없다. 그러나 마음을 깨친 조사의 입장에서는 이것이 곧 현실이다. 창과 칼에 찔리고 독약을 마시면 우선 엄청난 고통을 느낄 것이다. 만약 죽음이라도 당한다면 얼마나 억울하겠는가. 그렇다면 마음을 깨친 이의 입장은 어떤가? 우선 분별심이 없으므로 죽고 사는 생사에 집착하지 않게 된다. 죽음과 삶의 생사를 분별하지 않기 때문에 억울함도 분함도 없다. 그러니 아쉬움도 없고 모자람도 없다. 그냥 그대로일 뿐이다. 다음에 다시 태어날 터이니 이런 인과의 과정쯤이야 별것 아니다 하는 분별된 생각조차 하지 않는다.

그렇다면 창칼에 찔리고 독약을 먹어 몸으로 전해오는 엄청난 고통은 어찌할 것인가? 물론 고통을 느낄 수도 있겠지만 이 정도는 쉽게 참을 수가 있다. 그러나 분별심이 완전히 사라진 상태에서는 고락의 인과가 사라지기 때문에 세포 하나하나에 전해지는 고통의 업도 없다고 보면 된다. 그야말로 자유자재自由自在한 마음이 되는 것이다.

사람들이 살면서 느끼는 괴로움과 고통의 원인은 분별심에서 생긴다. 괴로움과 고통은 즐거움과 희열喜悅이라는 상대적인 두 가지 분별심에서 생긴다는 말이다. 맛있는 것을 먹거나 몸을 사용하여 슬겼다면 그 인과의 과보로 인하여 몸이 아프거나 고통스러운 때가 오기 마련이다. 세상에 우연은 없다. 공짜가 없다는 말이다. 반드시 하나를 얻으면 하나를 잃게 되는 것이 세상의 이치이고 마음의 법法이다. 이를 업이라 하고 인과라 했다.

내가 무엇을 하고 어떤 위치에 있으며 어떠한 모습을 하고 있는가는 그리 중요하지 않다. 또는 부차적인 그 다음 문제이다. 부와 명예와 권력을 얼마나 가지고 있는가는 별 상관이 없다. 다만 마음으로 느끼는 즐거움과 괴로움이라고 하는 고락의 인과만 있을 뿐이다.

그 어떤 무엇을 하더라도 즐거움과 기쁨, 행복과 편안함을 가진 만큼 괴로움과 슬픔, 불행과 불편함의 과보를 받게 된다. 질량불변의법칙이다. 이와 같이 일상 삶에서 만약 지금 고통을 당하고 있다면 이는 언젠가 내가 즐기고 행복했던 때의 인과로 인해 과보의 시간이 다가왔다고 생각하면 정확하다. 반대로 내가 지금 기쁨과 행복한 시간을 즐기고 있다면, 과거 언젠가 고통과 괴로움의 시간이 있었기 때문에 그 인과의 과보가 지금 나타난 것이라고 생각하면 틀림이 없다.

그러므로 사람들이 추구하는 즐거움과 기쁨과 행복과 편안함은 반드시 그에 상응한 과보로 괴로움과 슬픔과 불행과 불편한 시간이 다가오는 것임을 명심해야 한다. 그래서 부처님께서는 좋은 것만을 추구하지 말라고 하신 것이다. 살생, 도둑질, 사음,

거짓말, 음주 등 계戒를 범하는 것은 모두가 즐기려는 얄팍한 마음 때문에 범계犯戒와 범죄를 저지르는 것이다. 이는 즐기고 짜릿한 맛을 본 만큼의 과보를 받아서 언젠가는 고통과 괴로움을 반드시 맛보게 된다.

마찬가지로 점이나 사주 관상, 굿을 하는 등의 방법을 쓰거나, 남의 이익과 상관없이 스스로의 이익만을 위해 분별을 행하는 얄팍한 술수는 반드시 좋지 않은 과보를 받는다는 것을 명심해야 한다. 가장 좋은 방법은 기도와 참선, 보시와 정진밖에 없으니 이는 분별심을 없애고 인과의 업을 멸하여 좋지 않은 과보를 없애는 유일한 방법이다.

제41화
생각 이전의 진실한 행동

我師得見燃燈佛　　아사득견연등불
多劫曾爲忍辱仙　　다겁증위인욕선

우리 스승 석가모니도 연등불을 뵈옵고
수많은 세월 동안 인욕선인이 되었었네.

◎ 연등불燃燈佛은 과거세 부처님이다. 현재불은 석가모니불이고 미래불은 미륵 부처님이다. 이를 삼세불三世佛이라 한다. 석가모니불은 과거세 선혜善慧라는 이름으로 수행하고 계실 때, 어느 날 연등부처님께서 오신다는 소식을 듣고 길가에 기다리다가 연꽃 두 송이를 공양하였다. 또 부처님이 지나가는 진흙길을 발견하고 부처님과 제자들이 더럽혀지지 않도록 자신의 옷과 몸을 던져 진흙 위에 엎드려 지나가게 하였다. 연등부처님은 선혜행자의 깊은 믿음과 공양에 감탄하며, 그에게 미래에 성불하여 석가모니 부처님이 될 것이라는 수기授記를 내려주셨다.

또 석가모니 부처님이 전생에 인욕선인忍辱仙人이라는 이름으로 수행하고 계실 때 가리왕에게 할절신체割截身體, 즉 몸을 난도질 당하는 일이 있었다. 이때 인욕선인은 일체의 상을 내지 않았으니 이적異蹟이 일어나서 한 점의 상처도 입지 않았다고 한다. 이 이야기는《금강경》제14 이상적멸분離相寂滅分에 나온다.

영가 스님은 왜 이 두 이야기를 말씀하셨을까? 선혜행자나 인욕선인은 모두 하심下心을 상징한다. 한마디로 보살의 마음이다. 하심은 무조건 참고 견디는 것이 아니다. 글자 그대로 마음을 내려놓음으로써 분별하지 않는 마음이다. 참선을 말한다.

생각과 감정을 다 놓으면 그 다음은 어떻게 될까? 과연 생각과 감정을 다 놓는다는 것이 정말로 가능할까? 단언하건대 당연히 할 수 있다. 석가모니 부처님께서 이미 증명을 하셨고, 역대 조사들이 증명해 보였다. 그리고 더욱 분명한 것은 고통은 분별심 때문에 생긴다는 것을 분명히 알았다. 모든 생각과 감정은 고락의 인과로 생긴다는 것 또한 확연히 알았다. 마음에 배어있는 찌들고 찌든 탐진치 삼독심의 업과 습을 없애기만 하면 되는 것이다.

사실 일반인이 이해하기는 참으로 어려운 문제이다. 어떤 이들은 막무가내 따지기도 한다. 정의 구현, 민주주의 실현, 독재 타파, 복지 구현, 세계 평화, 난민 구호, 약자 대변, 노동자 변호, 자원봉사, 과학 발전 등 이렇게 중요한 가치조차 분별로 취급하냐고 말한다. 이런 일도 구분하지 않고 선과 정의正義를 취하지 않으면 어떻게 사람 구실을 하고 살 것이며, 사회가 어떻게 굴러가겠느냐고 주장한다. 물론 옳은 말이다.

그러나 이 모든 것은 상대적인 인과 현상에 지나지 않아서 선과 악, 정의와 불의는 항상 같이한다는 것을 알아야 한다. 동전의 양면처럼 말이다. 역사적으로도 인과 현상은 반복되어 왔고, 극락에서도 고락 시비가 있으며, 지옥에서도 고락 시비의 인과는 있다. 옳고 그른 것은 상대적이다.

그래서 스스로 분별의 마음을 갖지 않고, 하심한 상태에서 중도의 마음이 되어야 비로소 생각하기 이전에 몸이 저절로 움직이게 된다. 이러한 무애자재의 행이야말로 진실된 행동이 된다. 생각과 감정을 자재하게 하려면 절대적으로 훈련이 필요하다. 항상 대상에 대해 감정이 끄달리지 않도록 끊임없이 마음을 다잡아야 한다. 남이 어떻게 생각할 것인가에 대한 의식을 두지 말고 오직 스스로가 고락 시비의 분별심을 갖지 않도록 자신을 점검해야 한다.

그렇게 하려면 전제되어야 할 것이 있다. 고락의 인과에 대한 철저한 믿음이다. 금 방석에 앉아 있어도 맘에 안 드는 일은 반드시 생겨난다. 천사들이 모여 있어도 싫은 감정이 생겨나기 마련이다. 많이 배운 사람들이 모여 있는 집단에서도 싸움은 있다. 끝없이 반복되는 생각과 감정을 조어調御하려면 생각과 감정으로는 할 수 없는 법이다. 이를 극복하는 방법으로 기도, 참선, 보시, 정진 외에 달리 특별한 길이 없다는 것을 명심해야 한다.

제42화
나는 왜 태어났는가?

幾廻生幾廻死　　기회생기회사
生死悠悠無定止　　생사유유무정지

몇 번이나 태어나고 몇 번을 죽었던가?
삶과 죽음이 아득하여 그침이 없네.

영가진각대사증도가 — 永嘉眞覺大師證道歌

◎ 이번 구절은 유위有爲 세계, 즉 존재론의 측면에서 말하고 있다. 존재하는 모든 것은 생로병사와 성주괴공을 반복하고 있다. 생명은 생로병사하고, 이 세계는 성주괴공한다는 말이다. 사람을 예로 든다면 죽은 다음은 어떨까? 일정 시간이 지나면 몸은 사대四大(地水火風)로 흩어져 내 몸을 내 몸이라고 할 수 없다. 그럼 나는 과연 어디에 있을까? 영혼은 어떤 모습으로 있을까? 여러 가지 이야기들이 많지만, 불교에서는 천상, 인간, 수라, 지옥, 아귀, 축생의 육도六道 가운데 한 곳을 선택하여 머문다고 한다.

그렇다면 무슨 기준으로 다시 태어나는 것일까? 이 또한 스스로 지은 죄업에 따라 태어난다고 한다. 일단 그렇다고 치자. 그럼 짐승 세계인 축생을 제외하고 나머지 천상과 수라, 지옥과 아귀는 과연 존재하기는 할까? 아직까지 정확한 실증이 없으니 단정 지을 수는 없다. 그러면 육체가 없어진 상태에서 무엇을 영혼이라고 하는가?

손톱만한 USB에 수천수만 권의 책이 고스란히 담겨 있다. 기술이 좀 더 발달하면 눈에 보이지 않을 만큼의 작은 저장소 안에 지구의 모든 데이터가 영상 또는 기록으로 담겨질 것이다. 이와 같은 논리로 친다면 영혼이란 눈에 보이지는 않지만 내가 과거에 살았던 모든 내용이 고스란히 그 속에 있다고 해도 과언이 아니다. 2,500년 전에 우파니샤드 철학자들은 이미 영혼이

물질이라고 단정했다. 수억 개의 정자 가운데 단 하나가 사람으로 태어난다. 정자는 눈으로 확인이 안 될 정도로 아주 작은 미세한 물질이다. 그 정자가 거대한 덩치의 사람으로 성장하는 것은 물론이요, 사람의 몸을 소우주라 하듯이 엄청난 요소들이 포함되어 있다. 바로 정자 하나 가운데 모든 과거의 유전자가 들어 있다는 말씀이다.

이런 사실로 볼 때 영혼이란 과거의 삶이나 그 전생의 삶까지 모두 포함된 내용을 담고 있다고 할 수 있다. 이런 영혼 안에 복과 죄를 스스로 계산하여 어떤 동물이나 식물에 들어가서 자기 몸을 형성시킬 것이라고 유추할 수 있다. 영혼을 불교에서는 아뢰야식阿賴耶識이라고 한다. 일종의 업과 습으로 구성되어 있다. 전생에 익혔던 내용들이 고스란히 버릇이 되어 특별히 배우지 않더라도 그 습이 그대로 나타난다는 말이다.

모든 생물은 유전성이라는 것이 있는데 바로 이를 두고 하는 말이다. 사람은 사람의 버릇이 나타나고, 짐승은 짐승의 버릇이 나타나 자동으로 움직이는 것을 보면 알 수 있다.

모든 전생의 데이터가 담겨있는 것은 당연한데, 좀더 엄밀히 분석하면 영혼은 고락의 감정을 말하기도 한다. 어떤 행위를 하더라도 감정을 배제한다면 아무런 느낌이 없기 때문에 즐거움과 괴로움은 고사하고, 삶과 죽음에 아무런 의미를 둘 필요가 없다. 따라서 영혼은 감정 덩어리라 해도 과언이 아니다. 이것을 이름하여 유정有情이라 한다.

감정이 아주 격한 이들은 스스로 마음을 지옥으로 만든다. 또 욕심이 많아 매 순간 배가 고픈 이는 배고픈 고통을 받는 아귀지옥을 스스로 만들어 산다. 나머지 육도 역시 이와 같다. 그래서 이놈의 감정을 어떻게 처리를 하느냐에 따라 육도를 벗어나기도 할 것이다. 결론적으로 말하면 사람이나 짐승이나, 동물이나 식물이나 그 어떤 모습으로 태어난다 해도 죽기 전에 가졌던 고락의 감정이 그대로 남아서 버릇이 될 것이다. 그리고 죽은 뒤 고스란히 영혼으로 옮겨진다고 보면 정확하다.

그렇다면 문제는 고락의 감정이다. 고락의 감정은 인과적으로 한 치 오차 없이 작용하기 때문에 사실은 무엇으로 태어났더라도 아무런 상관이 없다. 왜냐하면 즐겁고 괴로운 감정은 누구나 똑같이 느끼기 때문이다. 그래서 고락의 감정을 가지고 있는 한 육도윤회는 면할 수가 없는 법이다.

이러쿵저러쿵 쓸데없이 고락에 대한 공염불만 하지 말고, 하루빨리 감정을 놓고 또 놓아서 분별심 없는 중도의 마음으로 바로 이 자리 자체가 편안함이 되어야 한다. 그러기 위해서는 기도, 참선, 보시, 정진으로 극복해야 할 것이다.

제43화
집착과 분별심에서 벗어나라

自從頓悟了無生　　자종돈오요무생
於諸榮辱何憂喜　　어제영욕하우희

단박에 깨쳐 나고 죽음이 없음을 알고부터는
모든 영광과 욕됨에 어찌 근심하거나 기뻐하리오.

◎ 단박에 깨친다는 것을 돈오頓悟라고 한다. 무엇을 깨친다는 말인가? 분별심을 깨뜨려 사라지니 걸리는 마음이 모두 없어졌다는 말이다. 분별심이란 좋다 싫다, 즐겁다 괴롭다 하며 나누어서 느끼는 고락苦樂의 마음이다. 구분하고 구별하는 것과는 다른 차원이다. 크다 작다, 넓다 좁다, 높다 낮다, 길다 짧다 등을 구별과 구분이라 하고, 구별과 구분을 하면서 거기에 좋다 싫다, 기쁘다 슬프다, 행복하다 불행하다, 즐겁다 괴롭다 하는 느낌을 얹으면 분별심이라 한다.

다시 말해 길고 짧은 것은 그대로 길고 짧은 것으로 바라보면 그만인데, 길어서 좋고 짧아서 싫다거나, 커서 좋고 작아서 나쁘다거나 하는 마음을 일으키면 이러한 마음을 분별심이라 한다. 이러한 마음은 계속 인과를 낳아서 즐겁고 기쁘고 행복한 만큼의 괴롭고 슬프고 불행한 과보를 받게 된다. 그러므로 현상이 이렇게 일어나든 저렇게 일어나든 나의 느낌과는 상관없이 육근을 통해 그대로 보고 들을 뿐, 시시콜콜 좋고 싫고, 옳고 그름으로 간섭하지 않아야 한다.

이를 깨침이라 하고 돈오라고 이름한다. 꿈속에서 황금을 보든 도둑에게 쫓기든 꿈을 깨고 나면 아무런 실체도 없다. 이런 꿈이든 저런 꿈이든 깨고 나면 무엇이 남으며, 무엇을 얻었단 말인가. 상관할 필요가 없다는 말이다. 이제는 선택을 해야 한다.

현실은 어차피 인과에 의해 고락 시비가 반복될 뿐이다. 죽어라고 마음을 써봐야 거기서 거기, 도통 답도 없고 결론도 없다. 아무리 집착과 미련을 가져봐야 고락 인과가 연속될 뿐이라는 말이다. 큰 기쁨의 과보는 큰 고통이고, 소소한 즐거움의 인과는 소소한 고통이 따른다는 것이다.

나는 큰 기쁨이라고는 없었는데 왜 이런 큰 고통이 생기는가 의심하는 사람들도 있다. 그러나 그 이유는 전생과 내생을 다 따져봐야 한다. 작고 소소한 기쁨의 시간이 많아서 분산되었을 수도 있다. 어쨌든 기쁨의 총량과 슬픔의 총량은 같을 수밖에 없기 때문이다. 사람들과 시시비비하며 싸우고 따지는 것도 결국은 자신의 고락 업에서 나오는 인과 과보의 작용이다.

집착과 분별심에서 벗어나야 이러한 고락 시비의 인과 관계가 나타나지 않는다. 그래서 인과란 더도 덜도 아닌 한 치의 오차도 없다는 것을 분명히 알고 믿어야 한다. 동전의 양면과 똑같고, 밀물과 썰물이 들고 나는 것과 같으며, 올라간 만큼 내려와야 하고 내려온 만큼 올라가야 한다는 것을 명심하여 삶에 적용시켜야 한다.

양무제가 수천 개의 절을 세우고, 수천 명의 스님들을 공양하며 어마어마한 불사를 하였는데 이 공덕은 얼마나 되느냐고 물었을 때, 달마대사는 아무런 공덕이 없다고 서슴없이 말씀하셨다. 왜냐하면 이렇게 현상적인 것에 마음이 끄달려서 설사 큰 기쁨과 즐거움, 자부심을 얻었다 할지라도 그 과보로 인해 큰 슬픔과 괴로움이라는 인과가 생긴다는 것을 여실히 아셨기 때문이다.

깨달음이란 바로 이렇게 현상에 끄달려 인과의 과보를 받지 않고 더 이상의 감정을 드러내지 않는 경지를 말한다. 그러니 현상에 끄달려서 생사 고락의 인과를 연속하며 살아가든지, 아니면 현상은 현상대로 있는 그대로 보면서 마음 끄달리지 않고 유유자적 고락의 생사·생멸에서 벗어나는 깨달음을 얻든지 간에 이는 각자 선택의 몫이다.

제44화
그곳이 곧 여기이다

入深山住蘭若　　입심산주란야
岑崟幽邃長松下　잠음유수장송하
優遊靜坐野僧家　우유정좌야승가
闃寂安居實蕭灑　격적안거실소쇄

깊은 산에 들어가 고요한 곳에 머무니
높은 봉우리 깊은 산 낙락장송 아래로다.
한가히 노닐며 절집에 고요히 앉았으니
고요한 안거가 참으로 맑고 깨끗하구나.

◎ 세속의 모든 욕망과 분별, 집착과 명리名利를 모두 여의고, 번뇌와 망상으로 뭉쳐진 세상의 삶과는 무관하게 유유자적하며 여여함의 참맛을 즐기고 살아가는 모습이 마냥 부럽기도 하다. 그러나 단순하게 욕망과 분별심을 쉽게 여의었다고 생각하면 큰 오산이다. 누차 설명했듯이 세상에 공짜란 없는 법이다.

욕망에 따른 세속적인 즐거움과 기쁨을 모두 버리고 입산 출가를 결심하기란 참으로 엄청난 힘과 내공이 아니고는 실행할 수 없다. 여기서 말하는 깊은 산이란 바로 수미산을 일컫는다. 수미산은 속세와는 완전히 다른 세계이다. 일단 수미산의 일주문 안으로 들어오는 것을 입산이라 한다. 적어도 분별이라는 것을 알고 버릴 준비가 되어 있어야만 입산할 수 있다. 그래서 단순한 산을 말하는 것이 아니다.

고요한 난야蘭若에 산다는 의미는 고고한 자태를 뽐내며 그윽한 향기를 뿜어낸다는 의미다. 소위 깨달음의 경계를 넘어서면 법향을 뿜어내어 법을 보호하는 오방五方 내외內外의 신장神將과 아라한阿羅漢이 함께 공유하게 된다.

그리고 낙락장송落落長松이란 견성見性의 자리를 말한다. 본래의 마음자리인 분별심을 여읜 중도의 모습을 상징한다. 수미산의 입산과 난야의 법향 등은 모두 본래 부처 자리인 낙락장송 아래 펼쳐진다는 뜻이다.

절집에 한가히 노닌다는 의미는 더 이상 할 일이 없다는 뜻이다. 생활에 필요한 일상의 일까지 하지 않는다는 뜻이 아니라 욕심이 앞선 생각이나 고락의 분별심이 더 이상 생겨나지 않는다는 의미이다. 그러므로 걱정 근심커녕 일체 번뇌 망상에서 벗어나 있으니 마음은 항상 맑고 깨끗하여 티끌 하나 없는 무념무상의 상태가 지속된다는 말이다.

이런 모습이야말로 진정한 진리의 삶이라 할 수 있고, 모든 중생이 가야할 길이다. 이렇게 말하면 이해가 부족한 분들은 가끔 화를 내며 성토하기도 한다. 세상의 불의로 많은 사람이 희생되고 고통받고 있는데 현실을 외면하고 자기 혼자 산에 틀어박혀서 유유자적하며 사는 것이 진정 옳은 삶의 태도인가 하는 것에 대한 원성이다.

분명한 것은 근본이 해결되어야 한다는 점이다. 그것은 바로 분별심에서 벗어나야 한다는 뜻이다. 세속 삶은 분별 그 자체이기 때문이다. 좋을수록 나쁜 것이 나타나는 악순환의 고리에서 벗어나려면 각자 스스로 해결해야 한다. 그 누구도 대신 해결해줄 수 없다. 자업자득이기 때문이다. 분별심을 갖는 이는 바로 나 자신이라는 사실이다.

정치를 잘해서 국민들을 편안하게 한다거나, 남을 위해 봉사한다거나, 어려운 일을 해결한다거나, 보시를 많이 하는 등의 소위 착한 일을 한다는 것은 매우 의미 있는 일이기는 하다. 하지만 근본적인 것을 해결하지는 못한다. 왜냐하면 이 또한 고락 인과의 틀에서 벗어나지 못하기 때문이다. 무엇을 생각하고 행하든 그것은 바로 분별을 하고 있다는 사실이다.

분별은 고락의 기분이라고 했다. 고락은 인과이기 때문에 똑같은 질량으로 나타난다. 여기에 복덕, 부자, 명예, 정의, 민주, 평화, 행복, 봉사, 보시, 건강, 장수, 승리, 성공, 합격, 승진, 약속, 우정, 애정, 자비 등의 이른바 좋다고 말하는 것 또한 무주상無住相과 무심의 상태가 아닌 의도적인 행위라면, 고락의 인과가 따라붙기 때문에 진정 좋은 것이라 할 수 없다.

그러므로 일생일대 가장 중요한 일은 스스로 고락의 분별업을 없애는 일이다. 이것 외에 사실 하나도 중요한 것은 없다. 만약 고락 인과의 과보를 각오한다면 나머지 일들은 해도 그만, 안 해도 그만이다. 그러니 그 어떤 사변思辨으로 합리화하더라도 끝에는 기도와 참선, 보시와 정진으로 갈무리할 수밖에 없다.

제45화

애쓰지 않는 삶

覺卽了不施功   각즉요불시공
一切有爲法不同 일체유위법부동

깨달음을 마치니 더 이상 마음 쓰지 않는다.
모든 세간의 유위법과 같지 않도다.

◎ 깨달음을 증득하면 더 이상 마음 쓸 곳이 없다는 뜻이다. 또 세간의 법, 즉 분별을 완전히 여의었으므로 일반 중생들이 생각하는 삶과는 전혀 같지 않고 다르다는 말씀이다. 깨침에 대해 수없이 설명했듯이 마음 쓸 곳이 없다는 것은 걱정 근심이 전혀 없고 번뇌 망상이 끊어진 마음 상태를 말한다. 이래도 상관없고 저래도 상관이 없으니 그 어떤 일이 벌어진다 하더라도 마음에 동요가 전혀 생기지 않는다. 과연 그런 마음이 가능할까?

인과와 분별이 무슨 뜻인가에 대해 완전히 이해하고 체득한다면 충분히 가능하다. 일체유위법一切有爲法이 바로 인과와 분별이다. 인과와 분별을 알면 자연히 공과 중도를 알게 되는데 이것이 바로 무위법無爲法이다. 인과와 분별, 공과 중도를 모르는 상태에서는 달을 가리키는데 손가락만 보는 격이다.

중요한 것은 그 다음 단계이다. 인과와 분별, 공과 중도를 잘 안다 치더라도 시시각각 찰나찰나 이를 놓친다면 아무 소용이 없다. 욕심이 생길 때 인과와 분별, 공과 중도를 잠시라도 놓치면 욕심에 끄달리고, 화가 날 때 이를 놓치면 진심瞋心을 일으키고, 쓸데없는 망상을 부릴 때 이를 놓치면 번뇌의 치심癡心(어리석음)이 생기기 때문이다. 이러한 분별 없는 마음을 지속하기 위해서 자나깨나 화두話頭를 챙기라고 한다.

깨달음을 얻으면 하고 싶은 것도 바라는 것두 희로애락도,

번뇌 망상도, 생로병사도 더 이상 없다. 이것과 저것의 분별이 끊어졌기 때문이다. 파도 없는 잔잔한 바다와 같다. 배가 고프면 어떻게 하나? 그냥 배가 고플 뿐이다. 고통이 오면 그냥 고통이고 아플 뿐이다.

정신력이 강하면 죽음도 불사하는 경우가 많다. 조국을 생각하는 독립군이나 정의의 사도들은 지독한 고문을 당하거나 죽음에 이를지라도 고통을 참아내고 웃을 수 있는 의지가 어마어마하게 강하다. 깨친 이에게는 이에 비할 수 없을 정도로 무량無量한 인욕忍辱 보살이 되기 때문에 언설로 표현할 수 없을 정도이다. 일체 유위법有爲法의 분별심을 벗어났기 때문이다.

사람들은 자신의 욕심을 채우는 맛으로 살아간다. 그 욕심을 채우지 못하면 괴로워하며 슬퍼한다. 그러나 욕심을 채우기 위해서는 고통과 괴로움이 인과로 따르게 된다. 고통과 괴로움을 받아들이지 않으려는 것 또한 욕심이다. 이로써 중생은 생로병사와 생사고락을 거듭하며 살아가게 된다.

욕심은 분별에서 생기고 분별은 인과로 작용하니, 항상 고통과 괴로움을 동반한다. 이러한 도탄의 세계를 벗어나는 것이 깨달음이고, 깨달음을 얻으려면 일단 인과와 분별, 공과 중도를 여실히 잘 알고 놓치지 않아야 한다. 그런 다음, 세포 하나하나 뼛속까지 스며있는 업장業障 업식의 습과 버릇을 벗어나야 한다.

그러려면 찰나찰나 일어나는 탐진치 삼독심을 잘 살펴서 인과와 분별, 공과 중도의 화두를 놓치지 않아야 한다. 이것이 진정한 진리의 삶이요, 참다운 수행이라 할 것이다.

이러한 마음 상태가 지속되고 금강석과 같이 흔들림 없는 마음이 될 때, 비로소 깨달음이 찾아오는 것이다. 생사 해탈의 순간을 맞이하게 된다.

어떤 경우라도 손해본다는 생각을 접어라. 인과에는 손해가 없다. 또 걱정 근심하지 말라. 그래봐야 인과를 벗어날 수 없다. 그리고 좋거나 나쁜 것도 모두가 공으로 돌아갈 뿐이니, 괜한 걱정 근심으로 괴로움을 자초하지 말라. 습관적으로 바라고 원하는 마음과 걱정과 근심에서 벗어나려면 기도와 참선, 보시와 정진으로 길을 삼아야 한다.

제46화
진정한 복

住相布施生天福　　주상보시생천복
猶如仰箭射虛空　　유여앙전사허공

상에 머물러 행하는 보시는 하늘에 태어나는 큰 복이나
이는 마치 허공을 향해 화살을 쏘아올리는 것과 같다.

◎ 《금강경》 제4 묘행무주분妙行無住分에 나오는 내용이다.

수보리여!
보살은 어떤 대상에도 집착 없이 보시해야 한다.
말하자면 형색에 집착 없이 보시해야 하며
소리, 냄새, 맛, 감촉, 마음의 대상에도
집착 없이 보시해야 한다.
수보리여! 보살은 이와 같이 보시하되
어떤 대상에 대한 관념에도 집착하지 않아야 한다.
왜냐하면 보살이 대상에 대한 관념에 집착 없이 보시한다면
그 복덕은 헤아릴 수 없기 때문이다.

보시布施는 베푼다는 의미로 내 것을 남에게 주는 행위이다. 문제는 내 것이라는 아상이다. 본래 내 것이라는 것은 없다. 태어날 때 가지고 나온 것이 아니기 때문이다. 물론 힘써 노력하여 내 것을 만들었다고 하는 측면에서 맞는 말이기도 하지만 이런 생각이야말로 집착과 분별심에 지나지 않는다. 이미 내 것이라고 하는 생각을 하고 준다면 자만심이 생기기 십상이다. 그리고 분명히 상대방이 고마워할 줄 모르거나, 그 은공을 잊어버리면 매우 섭섭한 생각이 들 수도 있다.

벌써 마음에 오류가 생겨서 주는 것 이상으로 안 좋은 감정이 생기게 된다. 내 것이라는 아상에 집착하는 마음이 생겨 내 것이 될 때는 기쁜 마음이 드는 대신, 그 인과로 나갈 때는 괴로운 마음이 들기 마련이다. 내 것이라는 분별된 생각을 하지 않으면 들고 나는 것에 집착을 하지 않게 된다. 들어오면 들어오는 대로 나가면 나가는 대로 그저 인연 닿는 대로 그대로 볼 뿐이다. 마음에 걸림이 없으므로 아까움과 아쉬움도 없다. 들어온 것은 언젠가는 나가게 되어 있다. 아무리 재산이 많아도 종국에는 놓고 갈 수밖에 없다. 본래 내 것이란 없기 때문이다.

물질이나 마음을 내 것이라는 아상으로 소유하면 과보가 생겨서 그만큼 고통과 괴로움이 생긴다. 내 것을 준다고 생각하는 순간, 동시에 미련과 집착이 생기므로 인과가 생긴다. 그에 연하여 고락의 과보가 생긴다.

주어도 준 바 없이 주는 것이 무주상보시라 했다. 부처님께서는 이 공덕이야말로 헤아릴 수 없는 복덕이라 하였다. 물질이나 마음은 나에게 들어와 잠시 머물렀다가 나갈 뿐이다. 들고 나는 것은 인연 따라 이루어지는 것이므로, 아무리 막고 잡아도 소용 없다. 집착하지 않는 것이 스스로 마음을 편안하게 하는 최고의 방법이다.

가끔 사기를 당하거나, 도둑을 맞거나, 자연재해가 일어나거나 해서 잃어버리거나 손해를 볼 때가 있다. 근본적으로 보면 고락의 인과에 의한 고통과 괴로움이 일어나는 때가 되어 업이 생기는 현상이다. 또 한 가지 이유는 인과 인연에 의해 나갈 때가 된 것이다. 만약 미리 좋은 마음으로 주어도 준 바 없이 누군가에게 무주상보시를 했다면 이러한 현상은 일어나지 않을 수도 있다.

다시 말해, 들고 나는 것이 일어나지 않는다는 것이 아니라 그에 따른 고락의 인과, 즉 괴로움이 생기지 않는다는 것이다. 인과의 내용을 원리적으로 보면 틀림없는 현상이다. 이왕 할 거면 법보시가 최고이다. 따라서 어떤 상황에서든 손해를 보았다고 생각한다면 이는 너무나 당연한 인과 인연의 현상으로 생각하고, 얼른 미련과 집착하는 마음을 접어야 한다.

세상에는 우연히 재수 없어서 일어나는 일은 하나도 없다. 재수가 좋다고 생각하는 복은 진정한 복이 아니다. 그러니 천상극락에 태어났다고 좋아하는 복은 진정한 복이 아니다. 이는 허공에 화살을 쏘는 것과 같이 허무한 것이다. 진정한 복이란 복을 복이라고 생각하지 않고, 화를 화라고 생각하지 않는 것이다. 이러한 분별심 없는 복을 지혜智慧라 한다. 그리고 최고의 복과 지혜는 기도와 참선, 보시와 정진이다.

제47화
크게 웃지도 크게 울지도 말라

勢力盡箭還墜　　세력진전환추
招得來生不如意　　초득래생불여의

힘이 다한 화살은 다시 떨어지나니
다음 생에 뜻과 같지 않는 과보를 부른다.

◎ 화살을 힘껏 쏜다는 것은 보시를 함으로써 복을 짓는다는 생각을 하는 것이다. 내 것을 준다는 생각, 내 것을 보시한다는 생각이다. 이러한 보시를 하면 복을 받는다. 내 것을 주었으니 응당 대가가 있게 마련이다. 보시를 함으로써 복을 짓게 되면 그 복이 언젠가는 현실로 나에게 돌아온다. 뜻하지 않게 어려움이 해결되는 경우를 많이 볼 것이다. 보시로 복을 지은 결과이다. 어려울 때 이러한 복이 들어오게 된다면 참으로 기쁘고 행복할 것이다.

그런데 문제는 기쁘고 행복한 것은 그만큼의 과보가 생긴다는 사실이다. 좋은 만큼의 인과가 생기므로 기분 나쁜 과보가 생긴다. 좋지 않은 일이 나타나게 된다는 말이다. 보시하는 만큼 복이 되어 돌아오듯이, 하늘을 꿰뚫는 화살이 세면 셀수록 멀리 날아가기는 하나, 화살의 힘이 다하면 땅으로 떨어진다. 그 복이 다 되면 그다음은 뜻하지 않게 다시 허전하고 아쉬운 마음이 괴로움으로 다가오고야 만다는 것이다.

그러므로 주어도 준다는 마음 없이 흔연하게 주고, 복이 다가올 적에는 기뻐하거나 행복한 마음조차 없이 받아들인다면 애초에 인과라는 것이 생기지 않아 그에 따른 과보 또한 없다. 그리하여 주고받는 것에 집착하지 않고 분별하지 않으니, 인과에 의한 고통과 괴로움의 과보가 전혀 생기지 않게 된다. 이를 무주상보시라 하고 이름하여 한량없는 복덕이라 한다.
　이 복덕은 항상 감정의 기복이 없는 평상심平常心, 즉 여여함을 뜻한다. 부처님께서 말씀하신 인과법因果法은 너무나도 간단하고 분명하다. 복이 쌓이면 죄 역시 똑같이 쌓인다고 하셨다. 복은 좋은 것이다. 죄는 나쁜 것이다. 그러나 이는 동전의 양면과 같다. 복은 마음을 기쁘게 하고 즐겁게 하며, 행복과 편안함을 준다. 그와 반면에 마음을 슬프게 하고 괴롭게 하며 불행과 불편함의 죄가 똑같이 생긴다. 죄와 복의 질량은 똑같다.
　자신의 의지와는 상관없이 인과의 업이 생기는 것이다. 사람에 의해 기쁘고 즐겁고 행복한 일이 많이 생긴다. 자식을 생각하면 행복하다. 부모를 생각하면 편안하다. 그러나 그 인과로 말미암아 자식 때문에 속을 썩이고, 부모를 생각하면 슬프고 괴로운 마음이 들기도 한다. 정이라는 인과 때문이다. 마음 수행에 있어서 지금은 많이 퇴색되었지만, 절집에서는 크게 웃지도 울지도 않는 것이 불문율이다.
　왜냐하면 한 번 웃으면 한 번은 울게 되는 과보가 생기기 때문이다. 또 한 번 울면 그것이 습이 되어 또다시 우는 일이 생기기 때문이다. 사람이 죽어도 울지 말라고 하는 것은 바로 이 때문이다. 이것이 인과이고 과보이다.
　따라서 옳고 그른 것이 문제가 아니다. 이런 사람을 만나든 저런 사람을 만나든, 이런 일이 생기든 저런 일이 생기든 어떤 경우에도 희로애락을 표출하지 않아야 한다. 그래야 인과의 과보가 생기지 않는다. 과보가 생기지 않으니 괴로운 마음이 생기지 않는다.

어떤 경우든 시시비비하며 따지면 나쁜 감정이 생기고, 화가 일어나며 기분이 몹시 나빠진다. 이러한 나쁜 행동이 습이 되어 다음에 또다시 안 좋은 일이 생기거나 나쁜 사람을 만나게 되며 속상한 일이 끊이지 않는다. 모두가 자업자득임을 잊어서는 안 된다. 사필귀정事必歸正이다.

종국에는 모두 인과 인연 따라 돌아가게 되어 있다. 그러니 절대 의심하지 말고 그저 믿기만 하면 틀림이 없다. 화 또는 집착으로 마음을 졸인다거나 감정을 주체하지 못한다면 이는 스스로 불행을 자초하는 격이다. 어떤 억울함도 모든 것을 부처님께 맡기고 인과 인연을 믿고 집착하지 않으면 된다. 나머지는 기도와 참선, 보시와 정진으로 갈무리할 것이다.

제48화
인연을 그대로 받아들이는 마음

爭似無爲實相門 쟁사무위실상문
一超直入如來地 일초직입여래지

어찌 고락 시비의 함이 없는 실상의 문에서
한 번 뛰어넘어 곧장 여래의 지위에 들어감과 같으리오.

◎ 마음 한 번 바로 세우면 실상문實相門으로 들어가서 한 번에 여래지를 증득한다는 말씀이다. 실상문이란 보이고 들리는 일체의 모습을 분별하지 않고 있는 그대로 보는 경지를 말한다. 그러므로 고락이 없고 시비가 없다. 그래서 실상문을 통하기만 하면 여래가 머무는 곳으로 곧장 당도한다는 의미다.

여래란 부처님 그 자체를 말하지만 해탈, 피안, 성불, 견성, 중도, 반야, 진공眞空, 열반이라고도 한다. 또 깨달음이라고도 하는데 깨달음을 위한 마음 수행을 크게 두 유형으로 나눈다. 점수漸修와 돈오頓悟이다. 이 두 가지 수행 모두 훌륭하여 어느 것이 더 좋고 옳은가는 그리 중요하지 않다. 점수는 깨달은 뒤에도 꾸준히 닦는 것을 의미한다. 깨달음 이후에도 남아 있는 습관적인 번뇌(習氣)를 완전히 없애기 위해 끊임없이 수행하는 과정을 말한다. 돈오는 점수 없이도 한 생각 돌려서 마음만 바로 바꾸기만 하면 단박에 깨칠 수 있다는 논리이다.

다만 중요한 것은 세상의 모든 모습과 마음의 모양이 분별로 이루어져 있다는 사실이다. 또 그 분별로 인한 인과로 말미암아 고통과 괴로움의 과보를 받으며 살아간다. 따라서 분별심과 인과를 분명히 알고 분별하는 마음을 갖지 않으면 바로 깨달음을 얻을 수 있다는 믿음이다.

깨치지 않으면 어떻게 될까? 한마디로 고통과 괴로움을 피할 수 없다. 세상과 이 세상을 만드는 마음의 구조가 인과로 이루어져 있기 때문에 생로병사와 성주괴공의 질서를 거스를 수 없다. 그 과정에서 영원히 윤회하게 된다.

사람들은 대체적으로 잘살고 못사는 기준을 돈이나 직장, 직위나 명예가 어느 정도인가에 중점을 둔다. 그러나 이는 겉모양에 지나지 않을 뿐 실은 자신이 가지고 있는 인과의 업이 얼마나 큰가를 따져보는 것이 더 중요하다. 인과의 업이란 즐거운 마음과 괴로운 마음의 질과 양을 말한다. 인과의 업이 큰 사람은 상대적으로 고통과 괴로움이 많다.

아무리 환경이 좋고 조건이 좋다 해도 업이 두터운 사람은 괴로운 일이 많이 생기고, 반대로 열악한 조건 속에서 사는 사람일지라도 고락의 인과 업이 작으면 상대적으로 괴로움을 덜 받게 된다. 수행자 역시 마찬가지다. 무소유의 삶에서도 업이 작은 사람은 마음 상하는 일이 작다.

다시 한번 강조하지만 인과의 업이란 분별심이다. 좋은 것을 찾고 가지려는 욕심이 많은 사람일수록 분별심이 커져 덩달아 업이 커지고, 고락 인과가 커진다. 따라서 괴로움을 크게 받는다. 그래서 욕심이 생길 때 그 인과의 과보로 반드시 괴로운 일이 생긴다는 것을 알아차리고 멈춰야 한다. 또 남과 시비할 때도 억울함이나 잘잘못을 따지는 것이 중요한 게 아니라 그 과보로 인해 괴로운 일이 생긴다는 사실을 빨리 알아차리고 멈춰야 한다. 옳은 것을 주장하고 잘못된 것을 밝히는 일이 중요할 때가 있다. 이때는 감정을 얹어서는 안 된다. 고락과 시비 자체가 분별이기 때문에 이는 또 다른 분별을 낳는 악순환의 고리가 되기 때문이다.

아무튼 하고 싶은 대로 하되, 막히면 화를 내지 말고 '인과가 나타났구나' 하고 그대로 받아들여라. 일이 안 되면 안 되는 대로 다시 도전할 수 있는 것만 하면 된다. 하려는 일이 잘 되었다 해도 너무 기뻐하지 말라. 차를 놓쳤다면 다음 차를 타면 된다. 그리고 차를 놓치는 바람에 중요한 일이 틀어져도 마음이 동요하면 안 된다. 일보다 더 중요한 것은 인연에 순응하며 인연을 그대로 받아들이는 마음이다.

가장 중요한 것은 화내지 않고 집착하지 않으며 평상심을 유지하는 지금의 마음가짐이다. 이런 식으로 생각과 마음을 바로바로 돌려 세우는 것이 점수이고 돈오이다. 지금 바로 좋거나 나쁜 감정을 갖지 않으면 내일도 모레도 영원히 평안하다. 이를 깨침과 깨달음이라 한다.

제49화
그대 걱정하지 말아라

但得本草愁末　　　단득본초수말
如淨瑠璃含寶月　　여정유리함보월

다만 근본을 얻을 뿐 말단을 근심하지 말지니
마치 깨끗한 유리가 보배 달을 머금음과 같구나.

◎ 개인적으로 좋아하는 구절이다. 근본根本이란 인과 인연, 공, 중도 등을 말한다. 이것을 알면 그뿐, 다음에 일어날 일을 걱정하지 않아도 된다는 가르침이다. 또 지금 일어나는 일에 대해 분별하거나 집착할 필요가 없다는 것도 너무나 잘 아는 것이다. 인과의 현상이기 때문이요, 결국 모두가 공이라는 것을 너무나 잘 알기에 마음이 흔들리지 않는다. 중도심이 되어 늘 평안하다.

뿌리를 제거하면 굳이 잎과 가지를 찾을 필요가 없다는 것을 이미 배웠다. 맑은 유리가 보배 달을 머금었다는 내용은 《능엄경》에 나오는 이야기다. 삼현三賢 십지十地와 등각等覺을 넘어 묘각妙覺에 이르는 모습을 표현한 것이다. 이는 마음 가운데 마음, 즉 제8식 아뢰야식의 무기무심無記無心인 가무심假無心에서 벗어나 진여眞如의 대무심지大無心地가 현발現發하여 행주좌와어묵동정 중에 그 어떤 상태에 있더라도 평안한 마음의 경계가 흔들리지 않는다는 말이다. 이 상태야말로 무소득無所得의 경계를 체달하고, 무장무애無障無碍, 즉 어디에도 걸림이 없으며, 공부 중간에 깨닫는 해오解悟가 아닌 돈오, 즉 완전한 깨달음을 뜻한다.

근본을 얻으면 다음 걱정을 하지 않아도 된다는 의미는 인과 인연을 믿고 맡기기만 하면 된다는 뜻이다. 욕심을 부려서 부자가 된다거나, 시험에 합격하여 출세를 한다거나, 사람들에게 인정받는 대단한 사람이 된다 하더라도 정자 본인의 분별업이 두터운 사람은 살아가면서 고통과 괴로움을 오히려 더 크게 받을 수도 있다. 겉으로 보는 모습과 고락의 업은 엄연히 다르다는 것도 알아야 한다.

어차피 마음을 닦지 못하고 분별심에 의한 인과의 업이 큰 사람은 용상龍床에 앉더라도 고통의 업을 면치 못하고, 마음을 깨친 수행자가 거지처럼 산다 하더라도 고통과 괴로움이 없는 것은 순전히 분별심의 차이 때문이다. 나쁜 일이 생기는 것은 분별심 때문이다. 좋은 것과 나쁜 것을 극명하게 나누려고 하는 것은 분별된 마음이다.

문제는 이렇게 분별심이 큰 사람에게는 감당하기 어려운 일이 반드시 닥치게 된다. 옆에서 볼 때는 작은 일 같지만 본인에게는 큰 고통으로 다가오는 것이다. 마음 수행을 잘한 이에게는 옆에서 볼 때는 엄청난 큰일이라도 정작 본인에게는 아주 작은 인과 작용이기 때문에 고통과 괴로움이 없다. 모든 것은 원인에 의한 당연한 결과로 보기 때문에 다음 일을 걱정하지 않는다.

방법은 지금 당장의 일에만 집중하면 된다. 여기서 말하는 집중이란 잘잘못을 분별하지 않는 것이다. 주어진 일에 대해 분별하는 마음 없이 무심코 그저 하기만 하면 된다. 또 그 결과에 대해서도 분별하거나 집착하지 않아야 한다.

앞 마음과 지금 마음 그리고 다음 마음에도 걸림이 없어야 한다. 그러면 인과가 없어지고 고락의 업도 사라진다.

영가 스님이 《증도가》에서 말하는 내용은 사실 불교 공부를 많이 한 사람들도 이해하기가 어려운 부분이 많다. 수행을 통해 마음의 경지가 어느 정도 도달하였다 해도 체득하기까지는 상당한 공부를 해야 하기 때문이다. 그러니 한 줄 한 줄 꼼꼼히 새기면서 음미하고 체득할 때까지 부디 읽고 또 읽어서 내 것으로 만들어야 한다.

살면서 가장 중요한 것은 밖으로만 돌아다니는 내 마음을 찾아서 지금 당장 편안하게 만드는 것이다. 그러기 위해서 우선이라도 기도와 참선, 보시와 정진을 몸에 배이도록 해야 한다.

제50화
그대 지금 행복하고 싶은가?

旣能解此如意珠　기능해차여의주
自利利他終不竭　자리이타종불갈

이미 이 여의주를 능히 알았으니
나도 이롭고 남도 이롭게 하여 다함이 없도다.

◎ 여의주란 글자 그대로 뜻대로 다 이루어진다는 의미를 담고 있다. 구슬은 마음을 의미하는 상징적인 표현이다. 뜻대로 된다는 것은 마음먹은 대로 무엇이든 다 할 수 있다는 의미다. 하지만, 한번 더 잘 생각해보면 이 또한 인과에 걸리는 말이 되고 만다. 마음먹은 대로 된다는 것은 곧 인과의 이치로 보아 이 또한 분별심이므로 마음먹은 대로 잘 되지 않는 과보가 남기 때문이다. 그래서 여기서 말하는 여의주라는 의미는 마음먹은 대로 잘 되고 못되는 두 가지 분별을 모두 떠난 마음의 상태를 말하는 것이다. 바로 중도심을 가리킨다.

자리이타自利利他는 나와 남이 모두 이롭다는 뜻이다. 하지만 이롭다는 것 또한 인과에 걸리는 말로서 이롭지 않다는 과보가 생기게 된다. 따라서 여기서 말하는 이롭다는 의미는 상대적인 의미가 아니라 여의주와 마찬가지로 이롭거나 이롭지 않는 것을 모두 떠나 분별이 없는 중도를 말하는 것이다.

또 하나, 자리自利는 내가 분별을 떠나 중도의 깨달음을 얻음으로써 인과의 괴로움이 없으니 맞는 말이다. 하지만, 왜 남까지 이롭다는 것일까? 내가 부처가 되면 모두가 부처로 보인다는 뜻이다. 부처와 중생, 선과 악, 고와 낙, 생과 사 등의 두 가지 분별로 보지 않으니 당연히 중생이 따로 없는 것이다. 남이 이롭다는 것은 바로 이런 뜻을 내포하고 있다.

부처님이나 보살, 역대 조사들을 거울 삼아 많은 중생이 마음 수행을 통해 깨달음을 얻고자 하는 인연 자체가 이로운 것이다. 또 그들을 보고 내가 깨치고자 마음을 내는 그 자체가 곧 이롭다는 의미이기도 하다.

좋지 않은 일이 생기는 이유는 좋은 것을 경험했기 때문이다. 좋은 것이라고 하는 분별심을 갖지 않으면 좋지 않은 것도 생기지 않는다. 이것이 인과이다. 지금 행복한가? 불행을 경험하라. 그래야 불행이 무엇인 줄 알기 때문이다. 지금 불행한가? 행복이 무엇인 줄 경험한 까닭이다. 불보살이나 마음을 깨친 이는 이 두 가지 분별심이 없다. 좋고 싫은 고락이 없고, 옳고 그른 시비가 없다. 행복하고 싶은가? 그러면 불행을 경험하라.

기억을 되살려 자세히 생각해보라. 사람이란 손해를 보지 않으려 하고 유리한 것만 취하려 한다. 만약 이런 요행을 바란다면 도둑이나 마찬가지 아니겠는가. 참으로 나쁜 사람이다. 공짜가 어디에 있겠는가. 세상에 그런 것은 없다. 플러스 마이너스 제로가 됨이 공이다.

인과 업의 모습이 이러함에도 불구하고 그저 유리하고 좋은 것만 취하려거나 많이 가지려고 하니 그에 따른 괴로움의 과보를 어찌할 것인지 참으로 걱정이다. 그러니 좋고 나쁜 고락을 분별하지 말라. 그래도 잘 안 되면 무조건 받아들여라. 항상 자업자득임을 기억하라. 그리고 좋은 것을 취하려 할 때 나쁜 과보를 생각하라. 그러므로 일어나는 모든 현상을 그냥 있는 그대로 받아들여야 한다.

  이러한 인과를 잊지 말고 분별심을 갖지 않도록 항상 정진해야 한다. 이도 저도 잘 안 된다 싶으면 무심無心으로 기도와 보시를 행하라. 그리고 지금 이 순간 인과를 믿고 다음 일을 걱정하지 말라. 지금 이 순간은 지금 이 순간일 뿐이다.

제51화

바라는 것이 없는 삶

江月照松風吹　　강월조송풍취
永夜淸霄何所爲　　영야청소하소위

강에는 달 비치고 소나무에는 바람 부니
긴긴 밤 맑은 하늘에 무슨 할 일 있으랴.

◎ 마치 어린이가 보고 생각한 것을 그대로 표현한 것 같은 표현이다. 맞는 말이기는 하지만 어딘가 좀 모자란 듯하게 느껴지기도 하다. 소위 마음을 깨친 이들은 자연 현상을 있는 그대로 표현하는 경우가 많다. 왜냐하면 이래서 좋고 저래서 싫다는 분별의 마음이 없기 때문이다.

마음의 본체인 체體는 움직이지 않는다. 객관 대상으로 보이고 들리는 것 모두가 그림자로만 보일 뿐이어서 이를 용用이라 한다. 그림자를 보고 좋다 싫다 할 수는 없지 않겠는가. 따라서 마음의 체와 밖으로 드러난 현상인 용이 따로 있지 않기 때문에 마음의 분별이 없다. 따라서 일어나는 현상이나 대상 또한 분별이 없다는 뜻이다.

분별이 없으니 굳이 바라는 것도 없다. 다만 주어진 인연에 순응하며 살 뿐이다. 그래서 무슨 할 일이 있겠는가. 긴긴 밤 맑은 하늘이란 바로 이 점을 표현한 것이다. 걸릴 것이 없는 맑은 마음이 한량없다는 뜻이다. 같은 사람이라도 내 마음이 좋을 때는 예쁘게 보이지만, 내 마음이 좋지 않을 때는 밉게 보이는 것이 그렇다.

묻지마 살인이나 미국 총기 사건으로 많은 사람이 한꺼번에 죽기도 한다. 왜 이런 현상이 벌어질까? 여러 가지 교육, 환경, 가정 등의 사회적 문제가 원인이겠지만 모두 간접적인 원인에 불과하다. 근본적인 원인은 과연 무엇일까? 사람은 각자 즐겁고 괴로운 고락의 인과 업을 가지고 있다. 사람을 해하는 사람은 괴로운 마음의 고업이 극단적으로 뭉쳐져서 이를 해소하기 위해 이러한 행동을 한다. 바로 시절인연이 도래한 것이다. 물론 이후에 이어질 감옥이나 사형에 따른 고업도 연장선상에 있다.

 자연계는 이러한 시절인연의 현상이 비일비재하게 나타난다. 태풍이나 지진으로 죽어가는 것들을 너무나 많이 목격하게 된다. 그렇다고 태풍과 지진이 잘못한 것도 아니요 이로 인해 죽어가는 생명들이 잘못한 것도 물론 아니다. 원인과 결과의 인과에 의한 시절인연이 나타나는 현상일 뿐이다.

 사람을 어떻게 자연현상과 비교할 수 있는가 하고 반문할 수도 있다. 그러나 사람의 감정도 너무나 자연스런 인과의 현상이다. 법적인 것과 도덕 윤리, 계율 등의 인위적인 것은 때와 장소를 조금 달리할 뿐이지 근본적으로 각자의 고락 업을 없앨 수는 없다. 인명人命은 제천在天이라 하지 않았던가. 하늘의 뜻이란 바로 시절인연을 말하는 것이다.

 자연이나 사람이나 생로병사하고 성주괴공하는 것은 마찬가지다. 다만 긴 시간에 걸쳐 생사·생멸하는 것은 느끼지 못하고, 눈앞에 죽고 사는 문제에 대해서만 유독 민감할 뿐이다. 시절인연이 도래할 때, 분별의 마음을 가지느냐 없앴느냐 하는 차이가 있을 뿐이다. 마음을 깨친 이에게는 인과로 인한 고통이 없다. 시절인연의 질서와 인과 법칙에 따를 뿐이다.

반면에 몸을 다치거나, 가족을 잃거나, 재산을 모두 날리는 등의 사고로 고통을 느끼는 것은 각자 가진 인과의 업에 따라 큰 고통의 고업이 시절인연에 따라 나타난 것을 알아야 한다. 평소에 업을 얼마나 멸하고, 중도의 마음을 얼마나 갖추느냐에 따라 상황은 얼마든지 달라지게 된다. 마음을 깨쳐 중도심을 가진 이에게는 이런 현상이 나타나지도 않는다. 설사 한 치 오차 없는 시절인연에 따라 죽음을 맞이한다 할지라도 한 점의 공포나 고통 등의 괴로운 고업이 발생하지 않는다. 인과를 믿고 시절인연에 맡길 뿐이다. 오늘도 긴긴 밤 맑은 하늘 걱정할 것이 없어서 걱정이로구나.

제52화

오늘은 어떤 옷을 입을 것인가?

佛性戒珠心地印　　불성계주심지인
霧露雲霞體上衣　　무로운하체상의

불성이라는 계의 보배는 심지의 도장이요
안개, 이슬, 구름, 노을은 본바탕 위의 옷이로다.

◎ 불성은 본디 분별이 없는 중도의 마음으로서 곧 부처를 뜻한다. 눈곱만큼의 괴로움도 없는 완벽한 마음 상태이다. 계는 지켜야 할 것으로 흐트러지지 않게 하는 것이다. 이 역시 분별로 나뉘지 않는 마음을 뜻한다. 분별하지 않는다는 것은 상대적인 두 가지 마음, 즉 인과가 생기지 않도록 하는 마음을 말한다. 이것이 계율戒律이다.

분별하지 않도록 마음을 잘 다스려 계를 지키니 이를 마음의 보배 구슬이라 한다. 이는 계주戒珠 또는 수정주水精珠, 감로주甘露珠, 심주心珠라고도 한다. 이 같은 불성주계佛性珠戒가 마음바탕의 본래 모습이 틀림없다는 의미로서 심인心印 또는 심지인心地印이라고도 한다.

안개, 이슬, 구름, 노을은 현상으로 나타나는 인연의 모습들이다. 몸에 걸치는 옷과 같이 시절인연에 따라 이렇게도 입어보고 저렇게도 입어보는 변화에 불과하다. 본래 몸은 따로 있으니 바로 분별 없는 중도심의 불성을 말한다. 또 일어나는 현상은 이내 사라지고 없어지는 생로병사와 같고 성주괴공과 같다. 결국 실체가 없다는 것을 상징하는 안개, 이슬, 구름, 노을로 표현한 것이다.

수행을 통해 마음을 잘 닦아 분별의 인과 업을 멸하여 없앤다면 중도심으로써 부처 자리에 엄연히 앉을 수 있다. 하지만 그놈의 탐진치 삼독심이라는 분별을 낳는 관계로 인과의 고통과 괴로움을 피할 수 없으니 이를 어찌 한단 말인가.

물론 내 눈앞에 나타나는 장면 하나 하나가 모두 안개, 이슬, 구름, 노을과 같이 금방 흔적도 없이 사라지고 말 것이라는 생각을 하거나, 또 그 이전에 무엇 하나라도 바라고 원하는 욕심과 탐심을 내지 않는다면 아무런 문제가 없다. 하지만 어디 마음이 그러하던가.

그러나 인과의 내용만 잘 알고 있더라도 분별심을 어느 정도는 상쇄할 수가 있으므로 인과에 따른 부담과 고통을 덜 받을 수가 있다. 이는 고통과 괴로운 일이 생기더라도 시간은 내 편이라는 믿음을 갖는 것이 중요하다. 인과는 본래 따지고 보면 이득도 없고 손해도 없는 무득무해無得無害이다.

단순하게 생각하면 욕심 부린 만큼만 인과를 받는다. 그래서 스스로 업을 지은 만큼 받는 자업자득이고, 스스로 만들어서 받는 자작자수自作自受이다. 그러니 이미 저질러 놓은 업과業果는 받아야만 할 수밖에 없다.

때로는 걷잡을 수 없을 정도로 고통과 괴로움이 생길 때, 인과와 분별 그리고 업이라는 생각조차 할 수 없을 정도로 극한 마음 상태에 이를 것이다. 이 같이 거대한 고업이 나타나기 이전에 미리 충분히 인과에 대한 신심을 굳건히 다져놓아야 한다. 머리가 좋거나 기억과 감각이 뛰어나면 그만큼 망상으로 인한 과보로 번뇌에 따른 괴로움이 더 따르게 된다. 고통과 괴로움을 잊지 않고 기억하기 때문이다. 또한 인과의 업을 벗어나지 못한다.

깨달음이란 바로 분별의 기억을 잊는 것이라고 해도 과언이 아니다. 상대적인 분별만 하지 않는다면 마음으로 느끼는 고통, 즉 괴로움이 사라지기 때문이다.

그만큼 고통과 괴로움의 원인은 바로 분별심이고, 분별된 생각을 하지 않으려면 지나간 일에 대한 미련과 집착을 버려야 한다는 뜻이다. 좋고 나쁜 고락의 마음이나 옳고 그른 시비의 마음은 스스로 고업을 짓는 원인이 되기 때문에 분별에서 무조건 벗어나야 한다. 이 모든 것을 아우르는 최고의 참회는 기도와 참선, 보시와 정진뿐이다. 오늘도 잠깐이라도 이를 행하는 날이 되기를 발원한다.

제53화

몸에 병이 났을 때

降龍鉢解虎錫　　항용발해호석
兩鈷金鐶鳴歷歷　　양고금환명역력

용을 항복받은 발우와 호랑이의 싸움을 말린 석장으로
두 고리에 달린 여섯 고리가 쩌렁쩌렁 울리는구나.

◎ 용을 항복받은 발우 이야기는 부처님께서 불을 섬기는 세 가섭을 제도하셨다는 《본행경》에 나온다. 특히 육조혜능 스님에게 전해지는 일화로 유명하다. 혜능 스님이 보림사에 계실 때, 절 앞 용소에 독룡이 살면서 자주 나타나 사람들을 놀라게 했다. 그래서 스님께서 그 용을 향해 꾸짖어 말씀하셨다.

"네 큰 몸은 드러낼 줄 알면서 작은 몸은 드러낼 줄 모르는구나. 신룡이라면 크게도 작게도 할 수 있을 것이다."

그러자 독룡이 물속에 잠겼다가 한참 뒤 아주 작은 몸으로 나타났다. 이때 스님께서 다시 말씀하셨다.

"발우 속으로 들어오라."

독룡이 발우 안에 들어갔다. 스님은 법당으로 가서 상당법문을 하신 뒤, 독룡을 제도하였다. 그로 인해 독룡은 마침내 그 몸을 벗었다고 한다.

다투는 범을 말린 석장 이야기도 전한다. 승조라는 스님이 산길을 가다가 범 두 마리가 싸우는 것을 보고, 두 짐승이 다칠까 염려하여 지니고 있던 육환장으로 갈라 놓았다. 그리고 두 범의 머리를 톡톡 치며 "서로 잘 지내거라" 하고 타일러 보냈다고 한다.

석장은 육환장六環杖을 가리킨다. 육환장은 머리 양쪽에 고리가 있어 각각 세 개씩, 모두 여섯 개의 작은 고리가 달린 나무

지팡이다. 양쪽 걸이는 진속이제眞俗二諦, 즉 진제眞諦와 속제俗諦를 뜻하고, 여섯 고리는 육바라밀六波羅蜜을 상징한다. 진제는 성불의 세계, 속제는 분별의 세계이다. 그래서 육환장을 중도장이라 부르기도 한다.

큰스님들은 육환장을 짚고 다니며 자신을 경책하거나 중생을 제도한다. 고리가 울리는 소리는 진제와 속제가 분명히 드러남을 뜻한다. 어느 쪽에도 치우치지 않는다는 의미다. 이는 "도를 도라 하면 이미 도가 아니다"라는《도덕경》의 말처럼, 깨달음을 깨달음이라 하는 순간 이미 분별이 된다. 다만 분별 너머의 자리일 뿐이다.

사람은 무엇이든 원하면 걱정과 근심이 뒤따른다. 몸이 아플 때 고통에서 벗어나고자 바라는 마음이 생기는 것은 자연스럽다. 그러나 먼저 아픈 이유를 살펴야 한다. 이는 전생부터 지금까지 몸을 통해 누렸던 편안함과 즐거움의 과보라는 것을 알아야 한다. 몸이 건강했을 때의 기억이 세포 속에 남아 있기에 아픔을 더욱 크게 느끼는 것이다. 따라서 좋은 음식을 찾으며 건강만 바란다거나, 아픈 것에 화내고 억울해한다면 마음의 고통까지 더해져 아픔은 배가된다.

깨달은 스님들이 좌탈입망하는 것도 같은 이치다. 수명이 다할 때, 분별의 업이 없으니 인과의 고락을 받지 않고 고통을 감내할 수 있기에 앉아서도 평온히 생을 마칠 수 있는 것이다.
결국 몸의 아픔은 전생 업의 과보임을 분명히 알고, 큰 고통이 올수록 마음을 차분히 하여 겸허히 받아들인다면, 그 순간 업장이 소멸된다. 동시에 분별 없는 인연 공덕으로 명약이나 명의를 만날 수도 있다.

그러므로 늘 좋고 나쁜 분별심을 내려놓고, 중도의 마음을 지니도록 힘써야 한다.

제54화
나를 알아주지 않아 무시당할 때

不是標形虛事持 불시표형허사지
如來寶杖親蹤跡 여래보장친종적

모양을 나타내고자 헛되이 가진 것이 아니라
여래의 보배 주장자를 친히 본받음이로다.

◎ 육환장六環杖, 곧 석장을 지니는 것은 겉모습을 꾸미려는 것이 아니다. 이는 부처님의 분별심 없는 중도의 마음을 본받고자 함이다. 사람의 근본적 오욕 가운데 특히 질긴 집착이 명예욕이다. 명예욕은 곧 자존심이라는 아상에 해당한다. 나를 알아주지 않거나 무시당할 때, 재산이나 의식주, 심지어는 이성을 모두 잃어도 명예와 자존심을 지키려는 경우가 많다. 그래서 정치인이나 유명인이 모든 조건을 갖추고도 극단적 선택을 하는 예가 있다. 그만큼 명예욕은 무서운 집착이다.

그러나 이 역시 고락의 인과로 다가오는 업장의 흐름일 뿐이다. 많은 사람의 인정과 추앙을 받아 기쁘고 즐거운 마음이 커질수록, 반드시 그에 상응하는 괴로움의 과보가 따라온다는 사실을 직시해야 한다.

따라서 오늘 구절은 겉모양이나 명예에 집착하는 것은 허망한 것임을 알라는 뜻이다. 부처의 성품인 분별 없는 중도의 마음을 지녀야 한다. 어떤 모양, 어떤 현상에도 끄달리지 않고 여여한 마음, 넉넉한 마음을 가지라는 가르침이다. 빠른 행동과 재주로 이익을 취하는 이들이 있다. 칭찬도 받고 욕도 먹지만 분명한 것은 당장 이익을 취해 기쁜 마음이 생기더라도, 세상의 이치는 흥망성쇠와 새옹지마 같아 한쪽만 지속되지 않는다. 취한 만큼 잃게 되고, 좋은 만큼 나쁜 과보가 남는다

진정한 불자는 어떤 상황에서도 마음을 잘 다스려 속상하거나 못마땅한 마음을 품지 않는다. 상식적으로 화낼 만한 일에도 여유를 잃지 않고 자신을 편안하게 하는 이가 바른 불제자다. 불자는 이상을 가져야 한다. 물론 이상에 집착하는 것 또한 바람직하지 않다. 모든 생각과 감정을 즉시 방하착하는 것이 가장 좋은 방법이다. 다만 그렇게 되기 위해 하나의 이상적 방법을 세우는 것은 도움이 된다. 생활 속에서 절대 놓치지 말아야 할 것은 인과를 화두처럼 잊지 않는 일이다. 어떤 상황에서도 조급한 마음에 감정에 휘둘려서는 안 된다.

화를 내거나 진심瞋心을 품어서는 안 된다. 진심은 이성을 잃고 올바른 마음을 잃게 한다. 대화할 때도 상대의 말에 감정을 드러내지 말아야 한다. 일을 하며 "안 되면 어쩌지? 남들이 나를 깔보면 어쩌지? 손해보면 어떡하지?" 하는 의심과 조급함을 내려놓아야 한다. 어차피 일이 되면 만족의 과보가 생기고, 언젠가는 불만의 시간이 찾아온다. 일이 안 되더라도 낙심할 필요가 없다. 그 인과로 다른 일이 잘될 수 있기 때문이다. 그러니 염려하지 말고 지금 마음을 편안히 하기 위해 인과를 믿고 이상을 가져야 한다.

문제는 잘되네 못 되네 하는 분별심이 스스로를 괴롭힌다는 것이다. 결국 잘되는 것도 없고 잘못되는 것도 없는데 마음을 졸여 애태우는 것이 고업이다. 모두가 자업자득이며 자작자수임을 잊지 말아야 한다.

가장 좋은 대처는 잘되고 안 되고의 분별심을 내려놓는 것이다. 보는 그대로, 듣는 그대로 대하는 습관을 들여 늘 여유롭고 편안한 마음을 지녀야 한다. 이러면 좋고 저러면 싫다는 선입견을 버리는 습관이 필요하다. 그러다 보면 부처님의 보배 지팡이, 여의봉 같은 육환장을 지니게 되어 분별에서 벗어난 자유자재한 날이 반드시 찾아온다. 그러니 분별을 없애고 인과를 멸하며, 괴로운 과보를 받지 않고 아라한 보살들과 함께 상락아정에 머무르기 위해 기도와 참선, 보시와 정진을 게을리하지 말아야 한다.

제55화
참됨도 구하지 말라

不求眞不斷妄　　불구진부단망
了知二法空無相　　요지이법공무상

참됨도 구하지 말고 망상도 끊지 말라.
두 가지 법이 공하여 형상이 없는 줄을 분명히 알았도다.

◎ 불교는 마음을 깨치는 종교다. 마음을 깨친다는 것은 분별심을 여의는 것이며, 이를 중도라 한다. 분별이란 좋은 것과 나쁜 것을 가르는 것이다. 그러나 좋은 것을 얻으면 얻을수록 나쁜 것도 똑같이 따라온다. 이것을 인과라 한다. 참됨을 구하면 망령됨이 생기고, 망령된 생각을 하지 않으면 참됨을 구할 필요조차 없다. 밖에 나가지 않았는데 들어올 일이 없고, 오르지 않았는데 내려올 일이 없으며, 가진 것이 없는데 잃을 것도 없는 것과 같다. 어느 한쪽이 생기지 않으면 다른 한쪽도 생기지 않는다. 두 가지가 모두 공하다고 하는 이유이며, 이것이 깨침, 곧 중도다.

여기서 오해하기 쉬운 것은 '참된 것'이 비록 있지만 그것을 찾지 말라는 말로 이해한다. 또, '망상'이 비록 일어나지만 그것을 끊지 않는다고 생각한다. 이것은 그런 뜻이 아니라 참된 것이 따로 없고, 망상이라는 것이 따로 없다는 말이다. 우리 마음이 분별하고 있다는 것을 알아야 한다.

그러므로 좋은 것을 찾는 마음이 없어져야 나쁜 것도 따라오지 않는다. 그러나 이러한 중도의 마음을 갖기란 결코 쉽지 않다. 배가 고프면 괴롭고, 괴로움을 없애려면 먹을 것을 찾게 된다. 이렇게 본능적인 다섯 가지 욕심, 곧 오욕이 생겨난다. 먹지 않으면 배가 고프고, 자지 않으면 괴롭다. 먹고 자는 것을 안정적으로 하려면 재산이 필요하고, 재산을 지키고 늘리려면 남보다 우위에 서야 하니 명예욕이 일어난다. 또 자신이 못한 것을 자식을 통해 대리만족하려 하므로 성욕과 애착이 생긴다. 이 모든 것은 종족 번식을 위한 본능이자 강렬한 희열을 동반한다. 그 외의 행위들 역시 오욕락을 위한 부수적 욕망에 지나지 않는다.

중생은 괴로움을 피하려 즐거움을 찾고, 즐거움이 생기면 다시 괴로움이 따라오는 악순환 속에 산다. 이것을 윤회라 한다. 옳고 그름의 시비도 고락의 인과에서 비롯된다. 내가 옳다고 주장하는 이유는 그것이 내게 쾌락과 안정을 주고, 남을 굴복시켜 희열을 느끼기 때문이다. 그러나 시비 역시 과보를 낳아 때로는 즐겁지만, 반드시 괴롭고 슬픈 시절인연을 동반한다. 인간의 삶은 순간마다 잘되고 잘못됨을 따지고, 유불리를 계산하며, 좋고 나쁨을 분별한다. 그러나 이 모든 것이 업이 되어 고락의 인과가 반복한다.

문제는 잘된다고 믿는 것은 언젠가 잘못되는 인과로, 유리하다고 생각하는 것은 불리한 인연으로, 더 좋다고 여기는 것은 나쁜 과보로 돌아온다는 점이다. 그러므로 잘되고 잘못됨, 좋고 나쁨, 유리와 불리 모두 인과에 얽힌다. 이를 알면 분별하는 업습을 떠나 어느 것에도 집착하지 않는 마음이 길러진다.

항상 이것과 저것을 가르지 말고, 일이 이렇게 되든 저렇게 되든 그대로 받아들이는 습을 길러야 한다. 그렇게 되면 마침내 오욕에서도 벗어나 참됨과 망상을 모두 여의고, 머무름 없는 마음으로 진정한 중도의 깨달음을 얻게 된다. 그때는 일체의 걱정과 근심, 고통과 괴로움에서 벗어나게 될 것이다.

제56화
여래의 진실한 모습

無相無空無不空　　무상무공무불공
卽是如來眞實相　　즉시여래진실상

상도 없고 공도 없고 공하지 않음도 없음이여
그것이 곧 여래의 진실한 모습이로다.

◎ 모양도 없고, 공도 없고, 공하지 않는 것도 없다며 계속 '없다'는 것을 말하고 있다. 이것은 우리가 있다거나 없다는 양쪽 생각에 머물어 있기 때문에 이것을 깨려고 말하는 것이다. 이 말을 듣고 '없음'에 집착하면 그것도 틀린다. 어떤 말을 붙여도 안 된다. 분별심으로 바라보면 안 된다는 말이다.

일체의 모든 물질과 마음은 생로병사生老病死하고 성주괴공成住壞空하며, 생주이멸生住異滅한다. 결국 모두 사라지고 만다. 이를 제행무상諸行無常이라 하고 제법무아諸法無我라 한다. 사라지지 않는 것은 없으니 나라고 할 만한 실체가 없다는 말이다.

이를 공空이라 하며, 수학에서 0과 같은 것이다. 0을 아무리 더하고 빼고 곱하고 나누어도 결국 0이다. 따라서 모양이 있는 것 같아도 결국 없는 것이요, 공이라 하는 것조차도 없다. 이를 이름하여 여래如來라 한다. 이렇게 말하는 것은 실체가 있어서가 아니라 무어라 표현할 수도 없고, 표현하는 순간 그조차 공일 수밖에 없기에 이름만 그렇게 부르는 것이다.

그렇다면 지금 내가 보고 듣고 만지고 부딪치는 이 모든 물질과 감정은 무엇인가? 명쾌하게 설명할 수 있다면 얼마나 좋을까. 부처님께서도 처음에는 《화엄경》을 설하셨다가 사람들이 알아듣지 못하니 《아함경》으로 풀어 설명하셨다. 결론적으로 일체가 모두 공이고, 설사 있는 것처럼 보일지라도 결국 공으로 놀아간다. 실제 있다고 착각하여 집착하고 속아 애태우는 만큼 얻을 것도 없고 잡을 것도 없다. 결국 스스로 속고 괴로움을 자초한다. '스스로 속고 괴로움을 자초한다'는 가볍게 흘려 들어서는 안된다.

애초에 없었다면 잃을 것도 없다. 그러나 길에서 우연히 금덩이를 주워 기뻤다가 이내 잃어버린다면, 차라리 줍지 않은 것보다 더 좋지 않은 기분이 된다. 우리 삶도 이와 같다. 봄이 있어 가을이 있고, 겨울이 있어 여름이 있다. 북극과 남극이 있으니 적도가 있다. 땅을 파면 웅덩이가 생기지만 대신 흙이 쌓인다. 마음도 이와 같다. 기분이 좋을 때와 나쁠 때의 질량은 같다. 좋은 감정의 무게만큼 나쁜 감정의 무게도 반드시 나타난다.

다만 해 뜨는 시간과 해 지는 시간이 다르듯 마음의 기분도 좋을 때와 나쁠 때가 다른 시점에 나타날 뿐이다. 그러나 무게와 부피는 같다. 플러스가 1이면 마이너스도 1이고, 플러스가 100이면 마이너스도 100이다. 좋은 기분과 큰 기쁨이 있다면, 그만큼의 나쁜 기분과 죽음에 이르는 괴로움과 고통도 따른다. 결국 플러스와 마이너스의 합은 0일 수밖에 없음을 믿어야 한다.

왕으로 살든 거지로 살든, 사장이든 노동자든, 잘생겼든 못생겼든, 정상적인 몸이든 불편한 몸이든, 일이 잘되든 안 되든, 이기든 지든, 옳든 그르든 이런 모양과 조건은 이슬과 같이 금세 사라지는 인연에 불과하다. 실제 아무 의미가 없다. 누구든 기쁘고 행복한 만큼 똑같이 괴롭고 슬픈 과보가 따르기 때문이다. 이는 모양과 조건과는 무관하게 고락의 인과로 나타난다.

그러니 이제는 더 얻으려 하거나 더 가지려는 마음은 결국 더 잃고 더 사라지게 되는 과보를 불러온다는 것을 깊이 믿어야 한다. 매 순간 일어나는 분별하는 마음을 철저히 살피고 제어해야 한다. 이것이 불자가 명심해야 할 근본 가르침이다.

제57화

마음의 거울

心鏡明鑑無碍　　심경명감무애
廓然瑩徹周沙界　　확연영철주사계

마음의 거울은 밝고 비치는 것이 걸림이 없어서
확연히 밝게 사무쳐서 무한한 세계에 두루 하도다.

◎ 마음의 거울이란 일체유심조一切唯心造와 같은 말씀이다. 보고 듣는 모든 것은 내 마음의 거울이다. 그러니 내 마음이 부처면 모두가 부처로 보이고, 내 마음이 돼지면 보이는 것 모두가 돼지로 보인다는 무학대사의 말씀과 같다.

만약 보기 싫은 사람이 있다면 내 마음 안에 싫다고 느끼는 업의 거울이 비춰지는 것이고, 사랑스러운 사람이 있다면 내 마음 안에 사랑스럽게 느끼는 업의 거울이 비춰지는 것이다. 내가 느끼지 못하는 것은 절대 보이거나 들릴 수 없다. 그러므로 마음 거울이 밝다는 것은 곧 좋다 싫다는 분별심이 없다는 뜻이다. 이것을 보아도 좋고 싫은 것이 없고, 저것을 보아도 나쁘거나 좋은 것이 없으니, 무엇을 보더라도 마음에 걸림이 없다.

확연히 밝게 사무친다는 말은 분별심 없이 보고 듣는다는 뜻이다. 그러므로 감정의 기복이나 마음의 동요가 전혀 없으며, 무엇을 대하더라도 좋고 나쁜 것이 없다. 모래알처럼 수많은 세계에 대해서도 분별심 없는 마음 거울이 밝게 비추므로, 언제 어디서나 시간과 공간을 초월해 마음에 걸림이 없고, 항상 편안함을 잃지 않는다는 의미다.

과연 이런 마음이 가능할까? 부처님과 역대 조사들에 의해 분명히 가능하다는 것이 증명되었다. 그러나 엄청난 수행으로 복과 지혜가 구족되지 않으면 결코 불가능한 일임은 분명하다.

그렇다고 포기한다면 지금 이 순간은 물론이고, 앞으로 다가올 세월, 죽은 뒤에도 분별의 업식 때문에 삼악도를 면치 못해 고통을 감당해야 한다. 그러므로 포기할 수는 없다.

분별의 업식을 조금이라도 줄이려면, 일상 속 작은 행동에서도 무분별의 마음을 적용하는 습관을 들여야 한다. 절에 수십 년 다니며 법문을 수천 번 듣고, 《금강경》을 달달 외울 정도가 되어도 행동은 전혀 어긋난 이들이 많다. 스님들조차 그러할진대 재가자들이야 오죽하랴. 그러므로 참된 불자라면 내가 옳다, 네가 그르다 하는 시비심을 내서는 안 된다.

죽임을 당하는 한이 있더라도 억울한 마음이나 원한을 품는다면 마음 수행이 안 된 것이다. 이는 스스로 마음을 상하게 하는 자해와 같다. 좋은 마음, 자애로운 마음도 업식으로 저장되어 다음 인연에서 그대로 펼쳐진다. 문제는 고통, 괴로움, 속상함, 성냄의 마음 역시 그대로 업식에 저장되었다가 다시 반복한다는 점이다. 그러니 이는 누구의 탓도 아니고 순전히 자기 업의 작용이다.

내 앞에 있는 대상은 나의 업이 비춘 아바타다. 그렇다면 부인이나 자식도 내 업의 아바타인가? 당연하다. 남편이나 아버지라 해도 마찬가지다. 서로의 업이 상대에게 나타난 것이다. 만약 나는 상대가 미운데 상대는 나를 좋게 본다면, 나의 업은 미움으로 괴로운 고업이고, 상대의 업은 좋은 낙업으로 편안함을 누리는 것이다.

그러므로 어떤 상황에서도 상대의 행동에 따라 내 마음이 흔들리지 않도록 스스로를 단속하는 것이 참된 불자의 수행이자 실천이다. 매사에 이를 적용해야 한다. 잘 안 되면 기도와 참선, 보시와 정진을 통해 개선해가야 한다.

제58화

나만 아니면 된다

萬象森羅影現中　만상삼라영현중
一顆圓光非內外　일과원광비내외

삼라만상이 거울 속의 그림자처럼 나타나 있고
한 덩어리 원만한 광명은 안과 밖이 아니로다.

◎ 살짝 이해하기 어려운 구절일 수 있다. 그러나 지금까지 분별, 일체유심조一切唯心造, 만법유식萬法唯識, 색즉시공色卽是空 공즉시색空卽是色, 인과, 중도, 체體와 용用, 여여 등에 대해 공부해 왔다면 대강 짐작은 할 수 있다.

한마디로 말해, 좋다 싫다는 두 마음이 없으면 분별이 없다. 무엇을 보고 듣더라도 분별심이 없다면 좋고 싫고, 잘되고 잘못되는 것이 성립하지 않는다. 반대로 좋은 것을 원하면 그만큼 나쁜 과보가 생겨난다. 결국 모든 것이 좋고 싫음으로 분별되어 괴로움에서 벗어날 수 없게 되는 것이다.

맑은 날과 흐린 날을 보자. 맑은 날이 있으니 흐린 날이 있고, 흐린 날이 있으니 맑은 날이 있다. 그저 맑음과 흐림일 뿐, 맑다고 좋아하고 흐리다고 싫어할 이유는 없다. 그러나 사람들은 자기 업식에 따라 맑음을 좋아하고 흐림을 싫어한다. 이것이 바로 일체유심조이고 만법유식이다. 맑음은 언젠가 흐림으로 바뀌고, 흐림은 다시 맑음으로 바뀐다. 이를 색즉시공 공즉시색이라 한다. 또한 맑음이 있으니 흐림이 있고, 흐림이 있으니 맑음이 있다는 것은 인과이자 시절인연이다. 따라서 맑음은 그저 맑음이고 흐림은 그저 흐림일 뿐, 여기에 좋고 나쁜 것은 없다. 맑음은 맑아서 좋고, 흐림은 흐려서 그저 좋을 뿐이다. 이런 마음을 중도라 하고 여여라 한다.

본체인 본래 마음은 분별이 없으므로 좋고 나쁨이 없다. 삼라만상은 본체의 그림자이다. 다만 용으로써 그렇게 움직일 뿐이다. 그러니 어디가 좋고 어디가 나쁘다는 말이 무슨 의미가 있겠는가. 안과 밖이 따로 없으니, 항상 밝은 중도의 빛이 훤히 비출 뿐이다.

일상 또한 이와 같다. 태어났으니 죽고, 젊었으니 늙고, 건강했으니 병든다. 너무나 당연한 모습인데, 여기에 좋고 싫음을 붙이면 스스로 괴로움에 빠진다. 그러나 젊음은 젊음으로, 늙음은 늙음으로 받아들인다면 괴로울 이유가 없다. 좋은 것만 취하고 나쁜 것은 버리려는 마음은 도둑의 심보다. 세상에 그런 것은 없다. 차라리 인과의 이치를 인정하고 있는 그대로 받아들이는 것이 근심을 없애는 길이다.

따라서 맑음 때문에 흐림이 있고, 흐림 때문에 맑음이 있듯이 칭찬은 칭찬대로, 나무람은 나무람대로 받아들이는 습관을 길러야 한다. 이것은 이것대로, 저것은 저것대로 두고 분별하지 않아야 괴로움이 없다.

"나만 아니면 된다"는 말은 이기적으로 들릴 수 있으나, 사실 부처님의 탄생게인 '천상천하天上天下 유아독존唯我獨尊'과도 통한다. 세상에는 전쟁, 자연재해, 인간사 등 무수한 일이 끊임없이 일어난다. 성주괴공은 찰나에도 이어지니 이를 해결하려 한다는 것 자체가 모순이다. 나타나면 그 반대의 것도 저절로 나타나기 때문이다. 잔잔한 바다는 태풍과 해일로 이어지고, 평화로운 땅은 지진으로 이어진다. 그렇다고 태풍과 지진을 그르다 할 수 있겠는가. 사람 사이에서도 마찬가지다. 고락과 시비는 당연히 나타난다. 그러나 이를 좋고 나쁜 분별심으로 해결하려 하면 영원히 해결되지 않는다.

따라서 자연재해를 분별하지 않듯이, 사람 사이 일도 중도의 마음으로 있는 그대로 받아들여야 한다. 나만 편안한 마음을 지닌다면 세상 모든 것이 해결된다. 그러니 "나만 아니면 된다"는 말은 진리에 가까운 말이다. 남 걱정할 때가 아니다. 나만 중도의 마음으로 잘하면 세상은 편안하다.

제59화
공한 마음으로 상대를 만나면

豁達空撥因果   활달공발인과
茫茫蕩蕩招殃禍   망망탕탕초앙화

아무것도 없이 텅 비어 인과를 부정하니
어둡고 아득하여 재앙을 불러오도다.

◎ 공이라고 하니까 아무것도 없이 텅 비어 있다거나 텅 비어 아무것도 없는 이것이 진리구나 하고 생각해서는 안 된다. 나타나는 모든 것은 여몽환포영如夢幻泡影, 즉 꿈 같고, 환상 같고, 물거품 같고 그림자와 같다. 그러므로 좋다 나쁘다 분별하거나 집착할 것이 없다. 마음 어디에도 걸림이 없으니 감정에 동요가 없다. 따라서 눈곱만큼의 괴로움이나 고통도 없는 상태를 제대로 된 공, 즉 가짜 공이 아닌 진공眞空이라 한다.

그러나 체득되지 않은 상태에서 알음알이로만 "공"이라 하고, 행동은 인과를 무시하며 탐진치 삼독심이 가득하다면 이는 가짜 공이다. 가짜 공은 재앙을 불러온다. 본래 마음을 말하는 본성本性, 자성自性, 불성佛性은 애초에 분별이 없으므로 인과가 생겨날 수 없다. 따라서 본래 공할 수밖에 없다.

공한 마음으로 대상을 만나면 좋고 나쁨이 없으니 애초에 분별하지 않는다. 무엇을 보고 들어도 고락 시비의 감정이 일어나지 않고 있는 그대로 받아들일 수 있다. 세상의 움직임과 사람들의 삶에는 결국 틀린 것이 하나도 없다. 전체적으로 보면 모두 여로역여전如露亦如電, 즉 이슬 같고 번개 같을 뿐이다. 아무리 좋다 나쁘다, 옳다 그르다 하며 고락 시비 분별해도 모두가 사라지고 마니 결국 공이다.

우물 안 개구리들이 좋다 나쁘다, 옳다 그르다 떠드는 것은 그 안에서의 일일 뿐이다. 설사 구분을 한들 무슨 의미가 있겠는가. 사람 사이의 일도 이와 다르지 않다. 문제는 각자가 가진 고락의 마음이다. 한 번 즐겁고 기뻤던 인과로 언젠가 괴로움의 과보를 받는다. 부모·자식, 가족, 친구, 이웃, 혹은 전혀 모르는 타인일지라도 누군가로 인해 즐거웠다면 그로 인해 괴로운 일 또한 반드시 생긴다. 이것이 인과다.

그러나 마음이 공하여 분별심의 업이 없는 사람, 즉 마음을 깨친 이에게는 설사 능지처참을 당하더라도 좋고 나쁜, 옳고 그른 고락 시비가 일어나지 않는다. 그래서 그대로 편안하다. 세상과 사람의 움직임은 인과에 따라 생로병사하고 성주괴공하며, 한 치 오차도 없이 이어진다.

하지만 이를 100% 받아들이지 못하는 사람은 늘 좋고 나쁜 업식, 옳고 그른 업식 속에 갇혀 괴로움에서 벗어나지 못한다. 결국 스스로 재앙을 부르는 것이다. 지금 마음이 조금이라도 불편하다면 이미 고락 시비의 인과에 따른 재앙을 받고 있는 것이다. 그럼에도 사람들은 끊임없이 좋은 것을 찾고, 시시비비하며 살아간다. 그렇다면 좋은 것을 찾는 만큼 나쁜 인과가 생기고, 시시비비하는 만큼 나쁜 과보가 생긴다는 사실을 명심해야 한다.

오늘의 구절은 분명하다. 공을 체득하면 괴로움이 전혀 없다. 그러나 공을 알지 못하면 인과 윤회에서 벗어나지 못한다. 아무리 날고 기어도 괴로운 과보를 면할 수 없다. 그러므로 인과를 멸하기 위해 무분별심이 되는 그날까지 기도와 참선, 보시와 정진을 멈추지 말아야 한다.

제60화
나방이 불에 뛰어들 듯이

棄有着空病亦然　　기유착공병역연
還如避溺而投火　　환여피익이투화

있음을 버리고 없는 데 집착하면 그 병도 또한 같으니
물속에 빠지는 것을 피해서 불 속으로 뛰어드는 것과 같도다.

◎ 범부 중생은 항상 있는 것에 집착한다. "있는 것이 아니다"라고 하면 이제 '없는 것'에 집착한다. 내가 있다거나, 내 것이 있다거나, 심지어 불성이 있다거나 깨달음이 있다거나 하면서 '있는 것'에 집착하기 때문에 그 병을 치료하려고 '없음'을 말하는데 공부하는 사람마저도 그 속에 머물러 있다. 있음에 머물거나 없음에 머무는 것이다.

있음(有)과 없음(空)은 상대적이어서 결국 분별을 면할 수 없다. 있음을 버리면 없음의 공이 일어나고, 없음의 공을 추구하면 다시 있음의 인과가 드러난다. 둘 사이의 경계 자체가 분별의 병이다. 물(水)이 '있음'을 뜻한다면, 그것을 버린다고 불(火) 같은 '없음의 공'이 나타난다. 따라서 있음에 집착하지 말되, 없음의 공에도 집착하지 말라는 것이다.

앞서 말했듯이, 없음의 공을 쫓아다니면 그것도 상대적인 '회피의 공'이 되어 가짜 공에 불과하다. 진정한 공(眞空)은 있음에도 머물지 않고, 없음에도 머물지 않는 상태, 즉 '진공眞空'이어야 한다.

물질과 얽힌 인간관계를 끊고 산속으로 들어가 일체를 버리려 하면서도 '버림'을 집착으로 삼는다면 그것은 또 다른 분별일 뿐이다. 그러므로 진정한 수행자는 버리고 취하는 마음조차 일으키지 않아야 한다. 무소유無所有는 단순한 청빈이 아니라, 28

천二十八天 가운데 최상의 경지―비비상처천非非想處天 다음에 해당하는 마음의 단계―를 가리킨다. 있음도 소유하지 않고, 없음도 소유하지 않는 상태가 완전한 무소유다. 물질적 금욕이나 명예·권력 같은 오욕五欲이 눈곱만큼이라도 남아 있으면 무소유가 아니다. 즉 분별할 것이 전혀 없는 마음 상태를 무소유라 하는 것이다.

사람들은 감정이라는 정情에 휘둘리며 '옳다 그르다' '정의와 불의'를 판단한다. 결국 내 감정에 맞으면 정의요, 맞지 않으면 불의가 된다. 그러나 감정은 곧 좋고 싫음의 분별에서 일어난다. 진리와 인과, 깨달음과 성불을 외쳐도 내 마음에 닿지 않으면 소용없다. 마치 나방이 불을 보고 날아들어 타 죽듯이 형식적인 깨달음 추구는 스스로를 파멸로 몰아넣는다. 나 자신도 매일 같은 말을 반복하며 한심하게 여기지만, 그것마저 내 업業이므로 내가 짊어져야 한다.

내 마음을 내 뜻대로 하려고 애쓰면 인과에 걸려 반대 과보가 온다. 기분을 좋게 하려 애쓰면 오히려 나쁜 일이 생기고, 남을 이기려 하면 그만큼 지는 일이 생긴다. 무엇을 하려고 하면 분별이 생겨 인과를 낳고 괴로움의 과보를 만든다. 그러므로 늘 '물을 피하려다 불을 만나는' 우를 경계해야 한다. 좋은 감정과 나쁜 감정, 취함과 버림의 마음을 살피고, 분별심에서 일어나는 업의 작용을 끊어야 한다.

지금 당장 필요할 일은 자신을 정확히 살피는 일이다. 어떤 행동과 말과 생각을 할 것인지 냉정히 판단하라. 그렇지 않으면 지옥의 불구덩이를 건널 수 없다. 진정한 구원은 외부에 있지 않다. 마음을 살펴 분별을 놓는 데서 시작된다. 그러니 매사에 마음을 살피고 분별 없는 무심을 향해 기도와 참선, 보시와 정진을 게을리하지 말라.

제61화
취하고 버리는 마음

捨妄心取眞理　　사망심취진리
取捨之心成巧僞　　취사지심성교위

망심을 버리고 진리를 취하는 것이여
취하고 버리는 마음이 교묘한 거짓을 이루는도다.

◎ 법이라는 것은 이런 것이다. 부족하거나 남거나 크거나 작거나 좋거나 나쁘냐거나 하는 차별이 없다. 뭔가 좋은 것을 취하려 하고, 원하는 것을 바라는 우리의 마음이 문제를 일으키는 것이다. 지난 구절의 '기유저공병역연棄有著空病亦然', 있음을 버리고 공에 집착하면 이 역시 병이라는 말과 같은 뜻이다.

우리는 그동안 '망심을 버리고 진리를 취한다'라고 하며 살아왔다. 어찌보면 당연하다 할 것이다. 좋은 것은 취하고, 나쁘고 싫은 것은 버리는 생활을 그동안 해왔다. 수행자마저도 갈고 닦으면 뭔가 얻어질 것이라고 믿고 수행해왔다. '뭘 얻겠다' 하는 마음으로 하는 것은 수행이 아니다.

사람들은 버리고 취하는 데 교묘히 속아 넘어간다는 사실을 잘 이해하지 못한다. 괴로움을 버리고 즐거움만 얻으려 하거나, 실패를 버리고 성공만 바라거나, 낙방을 버리고 합격만 원하는 삶을 살아왔기 때문이다. 그러나 이 둘은 본래 한 몸이어서 어느 한쪽만 취할 수 없다. 손등과 손바닥이 붙어 있는데 손등만 취하거나 손바닥만 버릴 수 없는 이치다.

앞서 말했듯이, 출가 수행자들은 망령된 마음을 버리고 진리를 취하려 한다. 너무나도 당연한 일 같지만 그 안에 교묘한 거짓이 숨어 있다. 망령된 마음이 있기에 진리를 취하려는 생각도 생기는 것이다. 진리를 취하려는 마음 자체가 이미 망심이다.

결국 이는 참된 진리를 얻지 못하는 길이다. 망령된 마음은 괴로움을 없애려고 애쓰는 것이다. 진리를 취해 괴로움을 없애려고 하지만 괴로움 없는 즐거움은 없다. 즐거움이 있으려면 괴로움이 반드시 있어야 한다. 그러므로 진리를 얻으려면 망령된 마음을 버리려 하지 말아야 하며, 진리 자체도 취하려 해서는 안 된다.

일상에서도 괴로움은 피하고 즐거움만 구하려 한다. 하지만 두 가지는 동전의 양면과 같아 분리할 수 없다. 괴로움을 괴로움이라 보고, 즐거움을 즐거움이라 보면서 집착하지 않아야 인과의 소용돌이를 벗어날 수 있다.

그렇다면 어떻게 해야 하는가? 분별을 놓는 것이다. 물론 쉬운 일은 아니다. 그러나 업습을 극복하지 못하면 괴로움에서 벗어날 수 없다. 괴로움이 일어나는 것은 분별심 때문이다. 분별심을 멸하면 그대로 부처다. 망심과 진리의 구분 역시 분별심일 뿐이다. 분별하지 않으면 둘은 따로 있지 않다.

밝은 낮과 어두운 밤은 당연한 인과의 모습이다. 낮은 그냥 낮이고, 밤은 그냥 밤일 뿐이다. 낮을 좋아하면 밤이 싫어지고, 좋은 말을 좋아하면 나쁜 말이 싫어진다. 그러므로 좋은 말과 나쁜 말을 분별하지 말고 단지 말이라고 여겨야 한다.

취할 것이 생기면 버릴 것도 생긴다. 버릴 것이 생기면 취할 것도 생긴다. 버림과 취함의 분별심이 없어야 취할 것도 버릴 것도 없다. 그러므로 매사에 좋다 싫다 하며 분별하는 마음을 갖지 않도록 늘 성찰하면서 취사取捨에 속지 않아야 한다.

오늘도 그러려니, 이래도 그러려니, 저래도 그러려니, 이런 모습도 그러려니, 저런 모습도 그러려니, 이런 말도 그러려니, 저런 말도 그러려니…

이러한 마음마저도 묻지도 따지지도 말고 그대로 방하착해야 한다. 이 마음도 방하착, 저 생각도 방하착, 무소의 뿔처럼 홀로 방하착!

제62화

도적을 아들로 삼다니

學人不了用修行　학인불요용수행
眞成認賊將爲子　진성인적장위자

공부하는 사람이 그러한 이치를 깨닫지 못하고 수행을 하니
참으로 도적을 오인해서 아들을 삼음이로다.

◎ 공부하는 사람, 즉 학인學人은 대체로 입산출가入山出家한 수행자를 가리킨다. 출가자란 물리적인 집을 떠난 사람을 가리키지만 이는 집착으로부터 벗어난 것을 의미한다. 그러므로 진정한 학인은 어디에도 집착하지 않아야 한다. 이를 잘못 이해하여 취하고 버리는 취사 분별에 집착한다면 오히려 도적을 아들로 삼는 격이다.

마음 수행에 있어서 거짓에 속는 경우가 허다하다. 목적을 이루기 위해서는 여러 수단과 방법이 있다. 그런데 수단과 방법에만 집착하면 자칫 목적한 바를 이루지 못할 수 있다. 달을 가리키는데 달은 보지 않고 손가락만 보는 우를 범하기 쉽다는 말이다.

수행에는 여러 방편方便이 있다. 예를 들어 마음을 깨치는 돈오頓悟를 위해 참선參禪을 한다. 역대 조사들의 경험에 따르면 참선 가운데 간화선看話禪을 택하는 경우가 많다. 물론 염불선念佛禪이나 위빠사나Vipassanā, 간경看經이나 사경寫經, 참회懺悔와 보시布施 등 다양한 수행법이 있다. 이중 어느 하나만을 고집하며 다른 수행은 모두 외도外道라고 주장하거나, 계율戒律에만 집착하여 작은 파계破戒를 보고 참지 못하고 화를 이기지 못한다면 본말이 전도된 것이다.

마음 수행은 순간순간 좋고 싫음을 분별하지 않고 그리하여 좋은 감정과 싫은 감정 모두 일으키지 않는 것이다. 오만가지 생각에 휘둘리지 않는다면 선택을 고민할 필요가 없다.

생각하기 이전에 바로 신구의身口意 삼업三業이 이루어진다. 그렇게 되면 자연스럽게 참선을 선택하거나 간화선을 선택할 수 있다. 행주좌와行住坐臥 어묵동정語默動靜 그 어느 것에도 분별과 집착을 하지 않게 되니, 언행이 자유자재로 이루어진다.

세속 삶에서도 이런 경우가 허다하다. 아무리 옳은 일이라 해도 지나치게 집착하여 자신과 상대방 모두에게 부담을 줄 정도로 화를 낸다면 결코 옳은 일이 될 수 없다. 다만 지혜가 부족하고 업業과 습習이 두터워 이를 조절하기란 참으로 어렵다. 그래서 후회하는 일이 많은 것도 사실이다.

따라서 마음 수행을 게을리하지 않고 멈추지 않는 것이 중요하다. 매사에 어떤 경우를 당하더라도 좋고 싫다는 분별된 감정을 일으키지 않도록 노력해야 한다. 어차피 모든 일은 인과因果와 연기緣起에 따라 한 치 오차 없이 이루어지기 때문이다.

모든 일에 일희일비하며 고락의 감정에 휘둘리면, 결국 남는 것은 마음의 응어리와 괴로움뿐이다. 더 좋은 것을 찾으려 하면 더 나쁜 것의 과보가 생긴다는 인과 인연을 절대 의심하지 말고 완전하게 믿어야 한다. 이를 신심信心이라 한다. 부처님과 불교를 믿는다는 것은 바로 이 신심을 말한다. 인과를 철저히 믿는 참다운 신심이야말로 마음을 차분하게 만들어주고 화를 잠재울 수 있다. 뿌리 깊은 성냄과 분노, 짜증을 순조롭게하는 묘약이 될 것이다. 이를 악물 정도로 인과와 연기에 대한 공부를 게을리하지 말 것을 간절히 당부한다.

제63화
사연 없는 사람이 없으니

損法財滅功德　　손법재멸공덕
莫不由斯心意識　　막불유사심의식

법의 재산을 손상시키고 공덕을 소멸하게 하는 것은
이 심·의·식을 말미암지 아니함이 없도다.

◎ 법法의 재물이란 깨달은 마음, 즉 좋고 싫음의 분별이 없는 중도의 마음을 가리킨다. 좋고 싫음의 두 마음이 없으면 생사生死와 생멸生滅도 없다. 이보다 더 큰 재물이나 재산은 없다.

공덕 또한 이와 같은 이치다. 생사와 생멸이 없고 분별과 집착이 없는 그 자체가 공덕이다. 이러한 공덕을 없애고 고통과 괴로움을 만드는 것은 곧 심心, 의意, 식識이라는 세 가지 마음 때문이다.

심心은 제8 아뢰야식阿賴耶識, 즉 업식을 말한다. 좋고 싫다는 고락의 마음이 쌓여 습관을 버리지 못하고 생사를 유발하는 분별된 마음의 창고다.

의意는 제7 말라식末那識으로 '나'라고 하는 아상我相, 즉 자아의식이다. 제8 아뢰야식인 업장식業藏識을 '나'라고 착각하는 마음이다. 좋고 행복한 감정을 추구하고 싫고 불행한 인연의 과보를 만들어내는 주범이다.

식識은 제6식을 말한다. 안이비설신의眼耳鼻舌身意, 곧 여섯 가지의 감각기관인 몸 전체를 뜻한다. 눈으로 보고, 귀로 듣고, 코로 냄새를 맡고, 혀로 맛을 보고, 몸으로 촉감을 느끼고, 머리로 생각하며 분별한다.

이 세 가지 마음을 통해 우리는 좋음과 싫음, 즐거움과 괴로움, 행복과 불행을 분별한다. 그로 인해 본래의 자성自性이 법과 공덕을 훼손하고 고통을 만든다. 따라서 이 세 가지 마음을 본래의 자성으로 되돌려 놓아야 고통과 괴로움이 생기지 않는다.

제8 아뢰야식, 즉 업장식을 없애는 가장 좋은 방법은 어떤 마음이 들든 무조건 내려놓는 것이다. 이를 방하착放下着이라 한다. 제7 말라식인 아상 또한 마찬가지다. 좋아하는 감정이 내 마음이라는 착각 또는 집착에서 벗어나야 한다. 이 또한 무조건 분별하지 말고 방하착해야 한다.

그러므로 제6식을 통해 눈으로 보든, 귀와 코, 혀와 몸으로 느끼든, 또는 생각을 하든 '좋다 싫다' 하는 분별된 마음이 없어야 한다. 이는 참으로 어려운 일이지만 이를 해결하지 않으면 영원히 분별된 마음으로 고락의 인과가 계속되고 생사가 윤회할 수밖에 없다.

그로 인해 즐겁고 좋은 것을 추구하고 그 인과로 말미암아 고통과 괴로움을 지속적으로 겪을 수밖에 없다. 이는 스스로 선택할 수밖에 없는 도리다. 수많은 개개인의 사정이 어떻든 고락의 인과는 반복되고 정치, 경제, 사회, 문화 등 어떤 상황이든 각자 스스로 고락의 인과로 귀결될 뿐이다.

아무리 더 좋은 것을 찾으려 애써더라도 그렇게 하면 할수록 인과의 덫에 걸릴 뿐이다. 각자가 지닌 업을 없애기 전에는 절대로 해결될 수 없다. 정신을 똑바로 차려 무소의 뿔처럼 스스로 해결해야 한다.

부처님의 법을 제대로 알고 그 핵심을 짚어 하루빨리 도탄에서 벗어나야 한다. 지금 당장 힘이 없다면, 우선 기도와 참선, 보시와 참회 정진으로 마음을 다져나가면 해결의 길이 보일 것이다.

제64화

업이 삶에 미치는 영향

是以禪門了却心　　시이선문요각심
頓入無生知見力　　돈입무생지견력

그러므로 선문에서는 심·의·식을 떨쳐버리고
생멸이 없는 지견의 힘에 몰록 들어가도다.

◎ 여기서 말하는 마음은 제8 아뢰야식, 즉 업장식을 가리킨다. 업장식이란 무명無明에서 시작된 수억겁의 시간 동안 반복 윤회를 거듭하며 생긴 분별의 습관이다. 그러므로 불법佛法의 목적은 제8 아뢰야식인 업장을 완전히 소멸하여 분별을 없애는 것이다. 분별을 없애려면 모든 생각과 감각을 통해 나오는 즐겁고 괴로운 고락의 인과를 단박에 끊어버려야 한다.

선문禪門은 참선의 세계를 말한다. 이를 통해 수억겁에 걸쳐 가짜의 나를 지배해온 분별이라는 무명의 업을 완전히 녹여 없앤다. 그러면 더 이상 반복 윤회하지 않고 안온적정安穩寂靜한 해탈 지견에 이른다.

생겨난 것은 반드시 생로병사하고 성주괴공한다. 생각이나 감정도 마찬가지다. 특히 감정은 아무리 미미한 느낌이라도 고락의 생로병사를 거치게 되어 있다. 결국 고통과 괴로운 감정이 생겨날 수밖에 없다.

사람이 행하는 모든 행위는 괴로운 감정을 없애고 즐겁고 좋은 감정을 얻기 위한 것이다. 이것을 크게 오욕락(식욕, 수면욕, 재산욕, 명예욕, 성욕)이라 한다. 먹는 것, 자는 것, 갖는 것, 자존심, 이성을 찾는 것 등 생각과 감정의 모든 행동이 여기에 속한다. 예를 들어 자식과 애인에 대한 무한한 애정은 당연하게 생각하시만, 사실은 오랜 업습業習에 의해 그렇게 해야만 마음이 즐겁고 편안하기 때문이다.

  문제는 이렇게 좋고 즐거운 감정을 가지면 반드시 인과가 따른다는 것이다. 수차례 강조했듯이, 즐겁고 편안한 감정의 질량만큼 괴롭고 불편한 감정이 똑같이 생기고야 만다. 즐거움과 괴로움의 총량은 같다. 즐거운 감정이 1이면 괴로운 감정도 1이 생기고, 기쁜 감정이 100이면 슬픈 감정도 100이 생긴다. 이로써 시절인연의 때가 되면 편안한 감정이나 불편한 감정이 생기는 일이 현실로 나타난다.

  그러므로 좋은 일이 우연히 생기는 것이 아니고, 나쁜 일이 우연히 생기는 것도 결코 아니다. 모든 인연은 각자가 가진 업장식에 의해 나타나는 것이다. 작은 즐거움의 업을 가지고 있으면 작은 즐거움의 일이 생기고, 큰 괴로움의 업을 가지고 있으면 크게 괴로운 일이 현실로 생긴다. 모든 사람은 각자의 아뢰야식인 업식에 따라 고락의 인과를 거듭하며 윤회한다. 이로써 고통과 괴로움이 생긴다.

  따라서 선문에서는 참선을 통해 제8 아뢰야식을 단박에 깨부수어 고락의 업이 아예 생겨나지 않도록 지금 바로 방하착해야 한다. 있는 그대로 보고 그냥 내려놓아야 한다는 말이다. 부자나 거지로 살든, 고상하거나 거칠게 살든, 어떤 일이나 생각, 말을 할 때 감정을 가지고 있으면 고락의 인과에 걸리게 된다.

이를 아뢰야식의 업장과 업식이라 한다. 누구든 살아가는 모습은 모두 이 업식에 의한 것이다. 아무리 머리를 굴려봐야 결국 업장에서 벗어나지 못하고 고락의 업만 반복될 뿐이다.

결국 잘살고 못살고, 출세하고 못하고, 건강하고 안 하고, 오래 살고 못 살고가 문제가 아니다. 가지고 있는 아뢰야식의 업식을 어떻게 처리하느냐에 따라 괴로움에서 벗어날 수 있는지가 결정된다. 엉뚱한 데서 남의 다리 긁지 말고, 무엇이 중요한지 올바른 지혜를 갖춰서 방하착하는 참선에 매진해야 한다. 기도와 보시, 정진을 잘하면 그것이 곧 참선이다.

제65화
새옹지마의 노인

大丈夫秉慧劍　　대장부병혜검
般若鋒兮金剛焰　　반야봉혜금강염

대장부가 지혜의 칼을 잡은 것은
반야의 칼날이요 금강의 불꽃이로다.

◎ 대장부大丈夫는 어른 중의 어른을 가리킨다. 무엇에도 걸리지 않고 거침이 없는 이를 말한다. 곧 마음을 깨친 사람을 뜻한다. 지혜의 칼은 분별의 씨앗을 싹둑 잘라낼 수 있는 칼날을 의미한다. 금강金剛은 영원히 없앨 수도, 흠집낼 수도 없다는 뜻이다. 금강의 불꽃에 일체의 생겨남을 불태우고 무명無明과 분별, 인과와 업장을 모두 녹여 없앤다는 뜻이다.

기도를 하고, 복을 짓고, 지혜를 갖추고, 공덕을 지으라는 말이 난무한다. 하지만 무언가를 바라는 것을 전제로 이를 실행한다면 사탕발림에 불과하다. 왜냐하면 얻는 것에는 잃는 과보가 생기기 마련이고, 성공에는 실패라는 인과가 생기기 때문이다. 성취를 목적으로 하는 기도는 성취하지 못하는 과보를 남기고, 무엇을 바라고 복을 짓는 것은 죄를 낳는다. 지혜를 갖춰 명석함을 바라는 것은 무지無知의 인과를 낳고, 무엇을 얻기 위한 공덕은 박덕薄德의 과보를 낳는다. 이는 올바른 행이라 할 수 없다.

다시 말해, 성취 기도는 무엇이 이루어지느냐 아니냐의 문제가 아니다. 이루어졌을 때 기뻐하거나, 이루어지지 않았을 때 슬퍼하는 내 마음을 돌아보고 있는 그대로 바라볼 수 있는 힘을 기르는 것이 성취 기도의 목적이다.

그렇다면 기도와 복, 지혜와 공덕을 지으라는 것은 무슨 뜻인가? 바로 바라는 마음 없이 행하라는 의미다. 바라는 마음이 전혀 없는 완전한 무심無心의 상태가 되면, 저절로 기도를 하게 되고, 저절로 복을 짓게 되며, 저절로 지혜와 공덕을 갖추게 된다. 분별함이 없는 무심한 마음이 되면, 무엇을 해야겠다고 생각하기 이전에 행동이 먼저 따른다. 무엇을 하겠다고 생각한 후에 행동하는 것은 이미 바라는 마음이 앞선 것이므로 인과의 과보가 따른다. 이는 잠재의식인 아뢰야식의 업식을 벗어나지 못해 또 다른 습習을 낳기 때문이다.

부처님과 역대 조사를 제외하고 일반인 가운데 나는 새옹지마塞翁之馬의 노인을 좋아한다. 말이 집을 나가거나, 집 나간 말이 짝과 함께 돌아오거나, 아들이 말에서 떨어져 다리가 부러지거나, 장애인이 된 아들이 징병을 면하거나 노인은 일체 고락의 감정을 일으키지 않기 때문이다.

또 수행자 가운데 좋고 싫은 내색이 전혀 없는 이를 존경한다. 누구나 마찬가지겠지만 문제는 아직도 분별하는 나 자신이 한심할 때가 있다는 것이다. 좋고 나쁨의 분별이 남아 있다는 증거이기 때문이다. 이럴 때마다 공부가 아직 멀었다는 생각과 함께 이런 마음마저 놓으려고 스스로를 경책警責한다. 사실은 이러한 경책마저 놓아버려야 한다.

인과를 벗어나는 가장 좋은 방법은 순간순간 이러쿵저러쿵하며 분별하는 마음을 갖지 않는 것이다. 어떤 것이 좋은 것이고 나쁜 것인가, 어떤 것이 옳고 그른가 하는 분별심을 넘어, 무조건 고락 시비의 생각이나 감정을 놓아버리는 것이다. 그다음 일은 걱정할 필요가 없다. 순간순간 무조건 놓아버리면 그뿐이다. 인과는 한 티끌 한 끗 차이도 없기 때문에 이익과 손해가 있을 수 없다. 절대 의심하지 말고 믿고 맡기면 된다. 만약 이러한 마음 수행 방법을 따르지 않는다면 영원히 괴로움을 벗어나지 못한다는 것만 알면 된다.

제66화
마음을 편히 한다는 것

非但能摧外道心　　비단능최외도심
早曾落却天魔膽　　조증락각천마담

비단 능히 외도들의 마음을 꺾을 뿐만 아니라
일찍이 천신들과 마구니들의 간담을 떨어트리게 하네.

◎ 외도外道는 인과를 벗어난 진공眞空과 금강金剛을 알지 못하고, 유위有爲의 존재를 선택하여 분별을 믿는 부류를 말한다. 오직 하나의 신만을 인정하고 믿으면서 절대시하는 부류를 말한다. 불교는 부처를 믿는 종교이지만 이는 궁극적으로 부처마저 벗어나기 위한 방편이다. 즉 '부처'라고 이름하면 이미 '중생'이 생겨나기 때문에 부처와 중생 모두를 벗어나야 진정한 부처가 된다. 다시 말해, 부처는 절대신이 아니라 '깨달음의 존재'이다.

'살았다'는 것은 곧 '죽음'을 전제로 하고 '즐겁다'는 것은 '괴롭다'는 전제하에 성립하는 것이다. 즐거움은 곧 괴로움의 인과를 낳을 수밖에 없다. 따라서 즐거움은 결국 즐거움이 되지 못한다. 이와 마찬가지로 유일신을 믿는다는 것은 다른 무수한 신이 상대적으로 생겨날 수밖에 없다. 이는 궁극적으로 진정한 종교라 할 수 없어 외도라 한다.

천마天魔는 천상의 마구니를 가리킨다. 지옥의 마음을 벗어난 때와 장소를 천상天上이라고 한다. 이는 인과에 따라 마음이 비교적 즐거운 시절인연을 만났다는 의미다. 육도의 세계 중 천상, 인간, 아수라의 세계를 삼선도三善道라 하여 비교적 즐겁고 좋은 마음이 모인 곳으로 본다. 반면 지옥, 아귀, 축생의 삼악도三惡道는 괴롭고 고통스러운 곳을 말한다. 이 가운데 고락의 인과에 따라 가장 즐거운 때와 장소가 천상이다.

천상에서도 인과를 믿지 않고 즐거움에 도취되어 시간을 허비하면 그 과보로 삼악도로 떨어지게 되니 이를 천상의 마구니라 하는 것이다.

따라서 마음을 깨친 대장부는 지혜의 칼과 금강의 불꽃을 뿜어서 외도의 헛된 마음을 꺾어 잠재우고 천상 마구니의 달콤한 간담을 떨어뜨린다는 뜻이다.

세상 사람들 가운데 종교를 믿는 사람은 대단히 많다. 왜냐하면 편안하고 즐거운 마음을 갖기 위함일 것이다. 그러나 마음의 모양이란 크게 편안한 마음과 불편한 마음 두 가지로 구성된다. 편안한 마음은 불편한 마음의 인과이고 불편한 마음은 편안한 마음의 인과이다. 동전의 양면과 같아 어느 한쪽만 취하거나 버릴 수 없다. 그 때문에 모든 종교는 이러한 고락의 인과에 걸리게 된다. 편안함을 추구할수록 불편한 과보가 똑같이 생겨난다. 이로써 종교 또한 인과의 과보에 따라 고통과 괴로움을 피할 수 없다. 종교를 신과 인간의 관계로 상정하고 전지전능한 신 앞에 부족하고 나약한 인간을 놓는다. 그러면서 인과의 과보를 강요하는 꼴이다.

그러나 불법佛法은 궁극적으로 편안함과 불편함을 모두 여의어 둘 다 없는 중도의 여여함을 추구하므로 완벽한 종교라 할 수 있다. 또, 신과 인간의 관계가 아니라 고락 시비의 마음을 해탈하여 누구나 깨달음을 얻어 부처가 되게 하는 가르침이라는 사실이다.

즐겁고 행복한 마음과 괴롭고 불행한 두 마음을 분별하여 즐거운 것만을 추구하는 사람이라면, 불교든 다른 종교든 특별히 선택할 필요는 없다. 분별심으로 좋은 것만을 차지하려는 마음이라면 아무런 차이가 없기 때문이다. 인과의 과보에 걸려 괴로움을 피할 수 없다.

진정한 불자라면 이제부터는 어떤 일이 벌어지건 분별심을 내지 말고 있는 그대로 받아들여 미련과 집착을 갖지 말아야 한다. 기도와 참선, 보시와 정진은 바로 분별 없는 마음이 바탕이 되어야 한다.

제67화
분별심은 모든 재앙의 근원

震法雷擊法鼓　　진법뢰격법고
布慈雲兮灘甘露　　포자운혜쇄감로

법의 우레를 떨치고 법의 북을 두드림이여
자비의 구름을 펼치고 감로의 법 비를 뿌림이로다.

◎ 이 구절은 마음을 깨친 모습을 표현한 것이다. 좋고 나쁨의 분별심이 사라지면 이러한 현상이 나타난다. 법고法鼓, 즉 법의 북소리는 심장이 뛰는 소리에 비유한다. 그 울림이 심장으로 파고들 듯 감화가 빠르다는 의미다. 또한 도독고塗毒鼓라 하여 누구라도 이 북소리를 들으면 죽지 않는 중생이 없다고 한다. 여기서 '중생이 죽는다'는 것은 곧 부처가 된다는 뜻이다.

분별심 없는 마음으로 깨닫고 나면, 어떤 소리도 법의 울림으로 들리고, 어떤 모습도 자비의 모습으로 보인다. 또 어떤 것을 먹어도 감로수甘露水 아닌 것이 없다. 분별심이 없기 때문이다.

화가 나고 기분이 나빠지는 것은 원하는 대로 되지 않기 때문에 생기는 마음의 현상이다. 이는 분별심 때문에 원하는 것이 생기고, 그 인과에 의해 원하지 않는 것 또한 똑같이 생겨나기 때문이다. 그러므로 일상생활에서 마음에 들지 않거나, 기분이 몹시 나쁘거나, 화가 나거나, 밉거나, 싫거나, 죽이고 싶은 마음이 드는 것은 지극히 분별심으로 인한 내 과보의 마음이다. 결코 상대 탓이 아니다. 이것을 분명히 알아야 한다. 그렇지 않으면 사는 내내 남 탓만 하고 시간을 허비할 것이다.

만약 어떤 상대의 말과 행동 때문에 내가 기분이 나빠졌거나, 화가 나거나, 미워졌다면 당연히 상대 때문이라고 생각하기 쉽다. 하지만 사실은 상대로 하여금 내 인과의 고락 업이 나타나서 스스로 내 마음이 움직이는 것임을 알아야 한다. 또 상대는 상대의 업에 의해 과보를 받는 것이다. 상대로 하여금 내가 영향을 받는다는 것은 결국 나의 고락 업이며, 상대 또한 그 스스로 고락 업의 과보를 나로 인해 받게 되는 것이다. 서로 상대 때문이 아니라, 결국은 각자 스스로의 업이 발생한 것임을 알아야 한다. 이것은 기쁜 마음이 일어나는 것도 마찬가지다. 수차례 강조했듯이, 일어나는 마음에 대해 상대 탓만 하면 이것은 나의 기쁨이나 행복, 슬픔이나 불행을 상대에게 맡겨두는 꼴이다. 내 인생은 나의 것이다. 내 인생을 주인으로 살아야 한다는 말이다.

만약 상대와 대화할 때 한 사람은 화를 내고, 다른 한 사람은 전혀 마음의 동요가 없다고 하자. 화를 내는 사람은 자신의 고업에 의해 상대를 핑계로 화를 내는 것이다. 또 마음의 동요가 없는 사람은 상대가 어떻든 상관없이 자기 스스로의 편안한 업이 나타난 것이다. 따라서 사람을 대하거나 어떤 일을 할 때, 좋은 상대 또는 좋은 일이 생기는 것은 우연히 재수가 좋아 생기는 것이 아니라 순전히 내 마음의 고락 분별의 업에 의해 필연적으로 생기는 것이다.

또 만약 싫은 상대나 나쁜 일이 생겨서 화가 나거나 기분이 나쁘다면 그 이전에 먼저 내 마음의 분별 업 때문에 생기는 고락의 현상이라는 것을 자각해야 한다. 그리고 스스로 참회하는 마음을 가져야 한다. 사람을 만나거나 일을 대할 때, 화가 나거나 싫거나 미운 감정이 생길 때는 항상 자신의 고락 인과 업이 나타난 것임을 알아채고, 스스로 분별된 감정을 자제할 줄 아는 지혜를 가져야 한다. 마음의 고락 분별 업을 없애는 가장 좋은 방법은 분별 없는 진실한 기도와 참선, 보시와 정진이 최고다. 마음이 힘들 때 더없는 효과를 볼 것이다.

제68화

희망의 메시지

龍象蹴踏潤無邊　용상축답윤무변
三乘五性皆惺悟　삼승오성개성오

용과 코끼리가 차고 밟고 지나가서 윤택함이 넘쳐나니
삼승들과 오성들이 모두 다 깨어나네.

◎ 용과 코끼리는 가장 수승한 신장神將이다. 마지막 깨달음을 앞둔 조사들이나 아라한을 뜻하기도 한다. 이들은 지혜가 윤택하여 법의 북소리만 들어도 깨침을 이룬다. 삼승三乘과 오성五性은 모두 깨달음에 이르게 된다는 의미다. 삼승은 성문聲聞, 연각緣覺, 보살菩薩을 말한다. 성문은 사성제를 통해 마음을 깨친 이이고, 연각은 인과와 연기법을 통해 마음을 깨친 이를 말한다. 보살은 육바라밀을 통해 마음을 깨친 이들이다.

오성은 《원각경》에 나오는 다섯 가지 성품을 가진 이들로, 삼승의 성문·연각·보살성에 범부성凡夫性과 부정성不定性을 포함한다. 완전한 부처의 성품을 깨친 이들이 수없이 많고, 앞으로도 어떤 중생이라도 모두 성불할 것이므로 '나는 안 된다'고 포기하거나 불법이 어렵다고 퇴굴심退屈心을 낼 필요가 없다. 이는 희망의 메시지다.

불교 수행은 알고 보면 특별한 것이 없다. 순간순간 일어나는 분별된 마음만 내려놓으면 그뿐이다. 일단 인과에 대한 신심을 갖고 절대 의심해서는 안 된다. 세상에 더 이익을 보거나 손해를 보는 중생은 없다. 좋고 나쁜 것이 따로 있는 것이 아니라는 것을 완벽히 믿어야 한다.

사실은 모두가 평등하다. 다만 시절인연에 따라 좋을 때가 있고 안 좋을 때가 있을 뿐이다. 어떤 이는 운이 좋고, 어떤 이는 운이 지지리 없는 경우를 보게 된다. 그러나 이는 시차의 문제일 뿐이다.

세상 모든 것은 인연으로 연결된 연기緣起의 모습이어서 홀로 생기는 것은 없다. 다만 '나'라고 주장하는 아상我相의 모습은 수시로 바뀐다. 지금은 사람의 몸으로 태어났지만 인과 인연에 따라 몸의 모습은 바뀔 수 있다.

문제는 업식이라는 고락의 인과 업이다. 좋고 싫은 감정, 곧 고락의 업은 항상 좋고 편안한 마음의 성질과 괴롭고 불편한 마음의 성질 크기가 똑같다. 이는 짐승, 영혼, 아라한, 보살도 마찬가지다. 그래서 부처님께서는 중도의 마음을 가지라 하셨다. 좋고 싫다는 분별된 마음은 악순환하고 윤회할 수밖에 없다. 천상과 지옥을 오가지 말고 이 두 마음을 모두 없애야 업을 멸하고 중도의 여여함이 된다는 말씀이다. 이를 깨침이라 했다.

그렇다면 마음을 어떻게 써야 할까? 일단 좋고 싫은 분별심을 내지 말고 무조건 받아들여야 한다. 어떤 일이 닥치더라도 좋고 싫은 고락과 옳고 그른 시비의 마음을 가져서는 안 된다. 말과 행동은 얼마든지 하더라도 절대 감정을 실어서는 안 된다. 모든 것은 득실得失과 정부正否가 없기 때문에 감정을 내면 낼수록 고락의 인과만 쌓일 뿐이다.

인과의 흐름만 조용히 살펴볼 뿐, 고락 시비의 감정을 절대로 일으켜서는 안 된다. 조바심이나 집착, 이익과 욕심을 내는 것은 매우 어리석은 행동이다. 곧바로 인과 과보로 이어져 괴로움을 당하기 때문이다.

이를 행하지 않는 사람들은 오늘부터라도 연습과 습관을 길러보기 바란다. 이러한 신심, 무심, 무분별, 무집착의 마음을 유지한다면 죽음마저 피해갈 수 있는 힘이 생겨날 것이다.

제69화
잡된 풀이 하나도 없으니

雪山肥膩更無雜　　설산비니갱무잡
純出醍醐我常納　　순출제호아상납

설산의 비니초 밭에는 잡된 풀이 하나도 없어
그것을 먹은 소의 제호를 내가 항상 마시도다.

◎ 설산雪山은 히말라야산이다. 비니(肥)는 설산에서 나는 풀이고, 백우白牛는 이 비니초를 먹고 산다. 세상에서 가장 부드럽고 맛 좋은 풀이다. 백우가 이 풀을 먹고 자라면서 그 젖으로 만든 최고의 유제품을 제호醍醐라고 한다.

비니초가 자라는 자리에는 다른 풀이 없어 잡됨이 없다. 여기서 백우는 청정한 마음자리인 자성自性을, 비니초는 자성에서 나오는 말, 행동, 생각인 신구의 삼업의 모습을 말한다. 제호는 비니초를 먹고 좋은 우유를 생산하는 것이니 이 또한 청정한 마음이나 최고의 진리를 뜻한다.

늘 흰 눈으로 덮여 있는 신비로운 설산은 맑고 눈부신 청정한 세계를 상징한다. 설산에 눈부시게 하얀 백우가 있으니 보여도 보이지 않고, 있어도 있지 아니한 모습이다. 맑고 깨끗하다는 표현조차 모자란 경지를 말한다. 곧 마음을 깨친 이의 모습이다.

마음을 깨친 각자覺者는 어떤 상태에서도 분별하지 않기 때문에 어떤 말이나 행동이나 생각을 해도 설산과 같고 비니초와 같으며, 백우와 같고 제호와 같다. 그러므로 어떤 모습에도 티끌만큼의 걸림이 없다. 어떤 말에도 부정이 없고, 어떤 행동에도 불만이 없고, 어떤 생각에도 잡념이 없다.

마음을 깨치지 못한 범부 중생은 늘 노심초사하며 걱정과 근심, 번뇌 망상이 떠나지 않는다. 이는 인과의 과보 때문이다.

스스로 짓고 받는 자업자득이고 자작자수이다.

　세계평화를 걱정하고, 세상 사람들의 불행을 걱정하며, 아프리카 난민을 걱정하는 이가 있다. 대부분 사람들은 자식의 행복을 위해 걱정할 것이다. 이는 당연한 걱정이다. 그러나 모든 생명과 자연만물은 연기에 의해 생로병사하고 성주괴공한다. 서로서로 영향을 주고받으며 움직임을 계속한다. 생태계라는 것 또한 이와 같다. 어떤 변화도 운수가 없어 그렇게 되는 것이 아니다. 개개인의 삶을 보면 억울한 것도 있고 말도 안 되는 일도 벌어진다. 그러나 전체적으로 보면 원인과 결과의 연속일 뿐이다. 이 모두는 결국 공空으로 돌아간다.

　사람들은 이율배반二律背反을 밥 먹듯이 한다. 반려견은 애지중지하며 더한 사랑을 주면서도, 아침저녁 밥상에 오르는 생선과 육고기는 아무 생각 없이 먹어댄다. 과보를 받지 않을 수가 없다.

　깨달음을 이룬 이의 업이 '0'이라면, 어떤 이의 업은 10이고 어떤 이는 100이다. 업의 크기에 따라 좋고 싫은 고락의 업이 커진다. 이는 욕심에 정비례한다. 욕심이 작을수록 업도 작아진다. 욕심이 완전히 사라지면 업도 완전히 사라져 괴로움의 과보가 전혀 없는 깨친 마음이 된다.

　그래서 자신을 돌아보았을 때 근심 걱정이 있는 사람은 욕심이 그만큼 있다는 증거다. 부정해도 소용없다. 누구를 탓하거나 다른 무엇 때문에 불이익을 받고 있다고 생각한다면, 그렇게 생각하는 과보로 인해 마음은 더욱 괴로울 것이다.

 고락의 인과를 없애기 위해서는 무조건 인과를 믿고, 마음을 놓고 분별하지 않아야 한다. "어떻게 그렇게 합니까?"라고 불평하는 사람은 그냥 생각하는 대로 살면 된다. 대신 그 과보는 고스란히 자신의 것이라는 것만 알면 된다. 그리고 괴롭다고 아우성치면 안 된다.

제70화
하나의 법, 일체의 법

一性圓通一切性　일성원통일체성
一法遍含一切法　일법변함일체법

하나의 성품이 일체의 성품에 통하고
하나의 법이 일체의 법을 두루 포함하도다.

◎ 좋다 싫다는 고락의 분별이 사라지면 하나의 성품(一性)이 된다. 한 성품이 되면 보고 듣는 6식六識이 모두 한 성품으로 통한다. 그러면 '나'라는 자아의식인 아상我相이 없어지고, 제7 말나식이 사라진다. 또한 분별심의 창고인 제8 아뢰야식, 즉 업장식이 모두 사라져 한 성품으로 바뀐다. 산은 산이요, 물은 물이다. 산을 보고 좋다 싫다 분별함이 없고, 물을 보고 좋다 싫다 분별함이 없다는 말이다.

안이비설신의 6식과 제7 말나식, 제8 아뢰야식이 모두 한 성품이 되었으니 상대하는 모든 것에 대해 좋고 싫은 고락의 분별이 없다. 한 법이란 한 성품, 곧 고락의 인과가 사라진 상태를 말한다. 또 그에 따라 진여대용眞如大用으로 펼쳐지는 인연 연기를 한 법이라 한다.

모든 것은 인연 연기하므로 모두가 연결된 한 몸이다. 마치 눈, 코, 혀, 몸과 팔다리가 따로 있으나 한 몸인 것과 같은 이치다. 그러나 우리는 각각 떨어져 있다고 다른 것이라고 생각하며 살고 있다. 또한 생겨난 것은 모두 늙고 병들고 사라진다. 이러한 생로병사는 마음의 모습이요, 세상의 모습이다.

이것에 의해 다른 것이 생겨나고, 이것이 사라지면 다른 것도 사라진다. 여기에는 다만 그러할 뿐, 좋고 싫은 고락의 인과는 없다.

이런 설명을 계속하는 이유는 모든 것에는 원리가 있기 때문이다. 원리를 모르면 수고로움이 반복된다. 덧셈, 곱셈, 나눗셈을 알아야 계산이 빠르고 정확해지는 것과 같다. 그러나 공식과 원리를 알아도 적용을 못한다면 소용없다. 팔만대장경을 외운다 해도 마음을 다스리지 못하고 괴로움이 생긴다면 아무 소용없다. 자신의 업에 꽁꽁 묶여 눈앞의 것에만 집착한다면 대책이 없다. 달을 가리키는데 손가락만 보는 꼴이다.

걱정 근심은 첫째, 고락 인과에 대해 믿지 않는 마음에서 생긴다. 고업과 낙업은 질량이 똑같다고 했다. 중생의 마음은 이 두 가지의 상반된 기분이 오고 가는 것이다. 누구 할 것 없이 모두 각자의 고락 업에 의해 좋고 싫은 마음이 왔다 갔다 할 뿐이다. 이를 윤회라 했다.

궁극적으로는 되는 일도 없고 안 되는 일도 없다. 원하는 일이 잘되어 기분이 좋아졌다면 기분 좋은 만큼의 과보가 생기니 말이다. 그 인과로 인해 어느 때는 일이 잘못되어 기분 또한 좋지 않게 된다. 이를 반복하는 것이 중생의 삶이다.

이러한 분별의 마음을 비우는 것이 정답이다. 좋고 싫은 것을 분별하여 좋은 것만 추구하면 나쁜 과보가 생기며 고락의 인과가 반복된다. 옳고 그른 것을 분별하여 옳은 것만 추구하면 옳지 않은 과보가 생기며 시비의 인과가 반복된다.

따라서 마음을 깨친다는 것은 이 두 가지 마음을 버리고 한 성품, 한 법이 되어 중도의 마음을 갖는 것이다. 그렇게 하려면 매사에 고락 시비의 분별심을 일으키면 안 된다. 그래야 괴로움이 생기지 않는다. 고락 시비의 감정을 갖지 않으려면 무조건 마음을 내려놓아야 한다. 이것이 진정한 마음 수행이다. 자신을 위해, 가족을 위해, 이웃과 중생을 위해 마음 수행을 하는 것이 곧 육바라밀이요, 자비행慈悲行이다.

제71화
기분부터 정리하라

一月普現一切水　일월보현일체수
一切水月一月攝　일체수월일월섭

하나의 달이 일체의 물에 널리 나타나고
일체 물에 있는 달은 하나의 달에 모두 포섭되도다.

◎ 앞 구절에서 말한 '하나의 성품'과 '하나의 법'을 다시 강조한 내용이다. 마음을 깨쳐 한 성품이 되면, 깨친 성품에 의해 무엇을 보고 듣고 대하더라도 분별심이 없다. 마음에 걸림이 없으므로 늘 평화로운 마음을 유지하게 된다. 깨친 마음을 하나의 달에 비유하고, 달이 비춰진 모든 물은 깨친 마음의 달이 닿는 곳곳을 말한다. 어디에도 차별 없이 고루 비치는 것은 곧 좋고 싫은 분별이 없다는 뜻이다.

사람들이 본래 마음인 분별 없는 자성을 다시 찾지 못하고, 잠시라도 편안한 마음을 유지하기 어려운 것은 인과의 때가 굳어서 고락의 업으로 두텁게 덮여 있기 때문이다. 본래 세상에는 좋은 것도 나쁜 것도 없다. 모두가 마음으로 지어낸 분별의 모습에 지나지 않는다. 마음으로 지어낸 것은 반드시 인과의 업보를 받는다. 마음으로 짓는다는 것은 마음이 생겨났다는 것이다. 생겨난 것에는 반드시 생로병사와 희로애락이 따른다.

태풍이 불면 바다는 파도친다. 바람이 불지 않으면 바다는 잔잔하다. 사실 자체만 놓고 보면 바람이 불고 파도가 치는 것이다. 그리고 바다가 있을 뿐이다. 아무런 문제 없는 연기의 모습일 뿐이다. 그래서 그저 그럴 뿐이다. 여기에 괜한 감정을 불어넣으면 별별 생각과 오만가지 감정이 일어난다.

사람과 동물과 날리 자연만물은 고락 시비가 없다. 그래서 다툼이나 싸움도 없다. 그저 연기하며 모양만 달라질 뿐이다. 사람도 스스로 일으키는 감정만 빼면 자연의 모습과 전혀 다르지 않다. 그저 인연을 따르고 연기의 일원일 뿐이다.

이런저런 모습이나 어떤 상태에서도 좋고 싫은 분별 감정이 일어나지 않아 중도의 평화로움을 만끽할 것이다. 그런데 업에 찌든 우리 업생業生은 잠시라도 감정을 가만히 놔두질 않는다. 매 순간 좋고 싫다는 고락 인과의 두 감정 구렁텅이 속에서 벗어나지 못하고 스스로 힘들어하고 있다.

마음이 편안하거나 불편한 것은 지극히 상대적인 심리다. 따라서 본래는 더 편한 것도 없고 더 불편한 것도 없다. 더 좋은 용상龍床을 차지하려는 마음이나 감옥 안에서 더 좋은 자리를 차지하려는 고락의 마음은 똑같다. 극락에서 일으키는 고락의 마음이나 지옥에서 일으키는 고락의 마음은 차이가 없다.

수없이 반복하는 말이지만, 다만 내게 다가오는 인과의 모습을 그대로 받아들이지 못할 뿐이다. 마음 감정을 일으켜 좋네 싫네 하는 인과의 무한 반복으로 육도윤회를 면하지 못한다는 것이다. 좋고 싫다는 고락의 감정은 어떤 형태로든 대가가 따르는 인과의 모습이다.

이것이 업의 섭리요, 인과의 법칙이다. 그러니 함부로 마음에 드는 것만 찾지 말라. 무엇이 어떻든 탓하지 말라. 모든 것은 인연 연기에 따른 인과의 모습일 뿐이다. 남 걱정하지 말고 걱정 근심하는 나의 고락 감정을 없애면 아무런 문제가 없다. 이리 될 것은 이리 되고 저리 될 것은 저리 될 것이다. 모든 것을 인과, 연기, 인연에 맡겨라. 좋다 싫다 분별하는 마음을 지금 당장 놓고 또 놓아라. 스스로 분별 없는 자성을 찾아 한 성품, 한 법, 하나의 달이 되도록 기도와 참선, 보시와 정진을 하길 바란다.

제72화

정에 울고 정에 웃고

諸佛法身入我性　　제불법신입아성
我性還共如來合　　아성환공여래합

모든 깨달은 사람의 법신이 내 성품에 들어오고
나의 성품이 또 여래와 함께 합하도다.

◎ 마음을 깨달으면 곧 부처가 된다는 것이 불교의 가르침이다. 부처란 중생의 생각을 완전히 벗어난 존재다. 말로 다할 수 없는 언어도단言語道斷의 세계요, 문자로도 표현할 수 없는 불립문자不立文字의 세계이기 때문이다. 이를 중도의 세계라 한다. 중생으로서는 상상조차 할 수 없고 감을 잡기도 어렵다.

다만 보통 사람의 이론으로는 좋고 싫다는 분별심을 완전히 멸하면 두 감정의 인과가 없어지고 생사와 생멸이 사라져 즐거움이나 괴로움도 없다고 짐작할 뿐이다. 그럼에도 분명한 것은 석가모니 부처님을 비롯한 수많은 조사들이 마음을 깨쳐왔다는 사실이다. 이를 불법이라 하고 그 법이 오늘날까지 전승되어온 사실을 굳게 믿고 신심을 다져야 한다.

어릴 적 어느 스님이 할머니에게 손자 수명이 짧다고 하는 한마디에 할머니는 가슴 아픈 정을 감수하고 손자를 절에 입산시켰다. 이처럼 마음을 깨치기 위해서는 대가를 치러야 한다. 세상에 공짜는 없기 때문이다. 출가할 때는 모든 것에 대해 집착하는 마음을 내려놓아야 한다. 집착은 곧 좋아하는 감정이 생기는 것인데, 좋아하는 감정이 생기면 그 인과로 인해 싫거나 나쁜 감정이 생길 수밖에 없다. 집착은 괴로움이라는 과보로 이어진다.

따라서 정을 주거나 받지 않아야 인과가 생기지 않아 마음의 괴로움이 없다. 그렇다고 굳이 내몰차게 할 필요는 없다. 이 또한 정을 멀리하려는 하나의 감정에 불과하다. 고운 정이든 미운 정이든 일체의 정을 분별해서는 안 된다.

정은 곧 좋고 싫은 고락의 인과를 낳는다. 좋은 정은 좋은 기분을, 싫거나 미운 정은 싫고 나쁜 기분을 만들기 때문이다. 이 두 가지 정은 서로 상대적이어서 삼세에 걸쳐 반복하며 윤회한다. 이것이 중생이 갖는 정이다. 만약 다음 생에 또 다른 몸으로 태어난다면 전생의 기억은 사라져도 정이라는 식념識念만 남아 또 다른 인연을 만나면 그 정이 고스란히 전달되어 사랑과 집착, 미련과 증오심으로 이어질 것이다.

석가모니 부처님께서 몸소 깨달음의 모습을 보여주신 것은 중생을 구제하기 위한 최고의 자비심이다. 마음을 깨치지 않고서는 어떤 중생이든 고락의 인과를 벗어나지 못한다는 것을 몸소 보여주셨다. 이것만은 꼭 이해하고 받아들여야 한다.

쉽게 말해 전생, 금생, 내생의 삼세를 통틀어 누가 되었든 즐겁고 행복한 마음이 절반이고, 괴롭고 불행한 마음이 절반으로 오고 가는 것을 업이라 했다. 물질이든 마음이든 하나를 얻으면 하나를 잃고, 열을 얻으면 열을 잃는 것이다. 세상이나 마음이나 이 두 가지 상반된 정이 반복 윤회한다는 것을 알고 행동과 말과 생각을 청정히 행하며 살아야 한다.

좋은 일이 있는 사람은 그만큼의 나쁜 일이 기다리고 있다는 것을 미리 알고 마음이 들뜨지 않아야 한다. 좋지 않은 일이 있는 사람은 그 인과로 인해 곧 좋은 일이 생길 것이라는 희망을 가져야 한다. 그러나 더 바람직한 마음가짐은 좋은 일과 좋지 않은 일이라는 두 가지 분별된 마음을 모두 갖지 않는 것이다.

있는 그대로 받아들일 줄 아는 마음을 갖는다면 이것이야말로 깨침으로 가는 최선의 길이다. 무엇이 어떻게 하면 좋고 좋지 않다고 분별하는 것은 임시방편에 불과하다. 이 마음은 좋고 저 마음은 좋지 않다고 분별하는 것 또한 임시방편에 불과하다.

부처님의 진정한 가르침은 '어떻게 하면 좋고 나쁘다'고 설법하신 것이 아니라 좋고 나쁘다고 하는 분별심 자체를 없애라는 것이다. 이 마음을 완전하게 이루면 내가 부처님의 법신法身이 되고 이 법신이 바로 부처님의 성품이다.

제73화
미리 착각하지 말라

一地具足一切地 　일지구족일체지
非色非心非行業 　비색비심비행업

하나의 지위가 모든 지위를 다 갖추고 있으니
물질도 아니고 마음도 아니고 행업도 아니다.

◎ 중생이 생각하고 느끼는 것은 모두 착각에 지나지 않는다. 좋고 나쁜 것을 분별하는 것이 착각이요, 옳고 그르다고 생각하는 모든 것이 착각이다.

첫째, 아무리 이러쿵저러쿵해도 모든 것은 생로병사하고 성주괴공한다. 여몽환포영如夢幻泡影 같으니 결국 남는 것이 하나도 없어 착각이라 할 수밖에 없다. 둘째, 좋은 것은 나쁜 것의 상대적인 것이고, 나쁜 것은 좋은 것의 상대적인 것이다. 그렇기 때문에 좋은 것을 찾는 것은 착각에 지나지 않는다.

누구든 이 범주를 벗어나지 못한다. 따라서 이를 분별심이라 했다. 좋고 나쁜 분별심만 없으면 모든 것이 해결되고 더 이상의 걱정, 근심, 고통, 괴로움이 사라진다.

하나의 지위地位는 바로 분별심이 없는 상태를 가리키므로 모든 지위에 있어서 일체의 차별이 없어진다. 따라서 색色이라고 하는 물질이나 이 육신도 분별하지 않고 마음도 분별함이 없으며, 모든 움직임에 있어서도 분별이 없어서 이를 완벽하게 갖추었다(具足) 하는 것이다.

누가 뭐라고 해도 좋고 나쁘다는 분별심을 일으키지 않는다. 욕이든 칭찬이든 아무 상관이 없다. 몸을 다쳐 아프더라도 고통을 느낄 뿐 여기에 좋다 싫다는 분별의 마음이 없으면 이 또한 아무 상관이 없다. '내가 이런 행동을 하면 다른 사람이 뭐라고 할까' 하는 생각도 분별의 마음이 없으니 눈치를 볼 필요가 없다. 이 또한 무슨 상관이 있겠는가. '이런 행동을 하면 잘될 것이고, 저런 행동을 하면 잘못될 것이다'라는 분별심이 없으니, 잘되고 잘못되는 일 자체가 없다. 어떤 일을 하더라도 아무런 상관이 없다는 것이다.

말과 생각과 행동을 할 때 잘하거나 잘못한다는 분별된 마음이 없으니 말과 생각과 행동에 의한 잘잘못이 없게 된다. 만약 잘잘못을 따진다면 바로 인과로 이어져 잘하고 잘못하는 분별심으로 영원히 이어지게 된다. 그러니 행복과 불행이 어디에 있으며, 좋은 것과 나쁜 것이 어디에 있겠는가.

따라서 지위가 무슨 의미가 있고, 색과 색 아닌 것이 무슨 의미가 있겠는가. 또 마음이나 행업行業이 무슨 의미가 있을 것인가. 오늘 구절은 바로 이러한 내용을 말하고 있다.

인간의 상식으로는 도저히 알아듣기 어렵다고 할 수도 있다. 또 무분별심이라는 것이 과연 이루어질 수 있을까 하고 의문이 들 수도 있다. 그러나 그렇게 살아보지도 않고 미리 착각하지 말라. 분별없는 마음을 이룰 수 없다면 부처님의 가르침은 허언虛言에 불과할 것이고, 불교는 존재할 이유가 없을 것이다. 그러나 역대 조사들은 이 같은 마음을 깨쳐왔다.

모든 인간과 중생은 이 같은 분별심으로 죽고 살고, 웃고 울면서 시간과 공간을 만들고 육도윤회를 거듭하고 있다. 그래서 좋은 것이 좋은 게 아니고, 나쁜 것이 나쁜 게 아니다. 부처님은 바로 이것을 알려주기 위해 이 땅에 출현하신 것이다. 그렇게 살든 저렇게 살든 이는 순전히 스스로의 몫이라는 것을 안다면 그나마 다행이다.

제74화
시절인연을 거스르지 말라

彈指圓成八萬門　　탄지원성팔만문
刹那滅却三祇劫　　찰나멸각삼지겁

손가락 한 번 튕기는 사이에 온갖 수행을 원만하게 이루었고
찰나 사이에 삼아승지겁의 죄업을 소멸하였네.

◎ 손가락은 방향을 나타내기도 하고, 힘이 모인 곳을 뜻하기도 한다. 부처님의 수인手印이 가지각색인 이유다. 또한 이보다 더 쉬울 수 없다는 뜻을 나타내기도 한다. 탄지彈指는 손가락을 튕겨서 소리를 내는 것이다. 또는 짧은 순간을 의미하기도 한다.

우리가 온갖 분별 망상 속에 빠져서 허우적거리더라도 문득 고락과 시비의 분별을 없애면 온갖 망상 그 자체가 온갖 법문이고 수행이 된다. 여기서 잘못 이해하면 온갖 법문과 온갖 수행이 따로 있는데 그것을 한순간에 이룬다고 착각할 수 있다.

마음을 깨친 이에게는 손가락을 튕기듯 한순간에 쉽게 실상實相 모두가 원만해 보인다는 의미다. 헤아릴 수 없는 많은 법문과 수행이 이 손가락 하나 튕기는 일이 된 것이다. 여기에 아무런 분별이 없다. 있는 그대로 바라보는 것이다. 손가락 한 번 튕기는 일이나, 헤아릴 수 없이 많은 일이나 법문, 수행 등이 전혀 아무 일이 아니게 된다. 또 거꾸로 보면 수없이 일어나는 모든 현상 하나하나가 손가락 한 번 튕기는 이 일에서 벗어날 수도 없다. 고락 분별을 여읜 세계이다.

삼아승지겁三阿僧祇劫은 한량없이 무량한 시간을 말한다. 이 시간이야말로 고락의 업이 생기는 시절인연을 뜻하며 탐진치 삼독심을 일으키는 시간이라고도 한다. 마음을 깨치면 고락의 업인 삼독심이 사라지므로 시간 또한 사라지게 된다.

이제 공부도 웬만큼 했으니 더는 이러쿵저러쿵하며 의심하거나 궁금해하지 말자. 어떤 일이 되었건, 좋지 않은 일이나 괴로운 일이 생기는 것은 좋은 일이나 즐거운 일이 생겼던 인과의 과보이다. 반대로 좋은 일이나 즐거운 일이 생기는 것은 괴로운 일이나 고통스러운 일이 생겼던 인과의 과보라는 것은 알았을 것이다. 또 좋은 것을 차지하려는 탐진치 삼독으로 그만큼의 나쁜 일이 생기고 고통과 괴로움의 과보를 가져온다는 것도 알았을 것이다. 다만 과보를 받는 시간이 달라서 정확한 계산과 기억을 못할 뿐이라는 사실도 알 것이다.

문제는 이를 완전히 믿지 못하고 순간순간 금강석보다 단단한 업의 굴레에서 벗어나지 못하고 있는 것이다. 자신의 욕심과 고락의 감정을 어찌하지 못할 뿐만 아니라 마음을 깨치고자 하는 생각은 꿈도 꾸지 않는다는 사실이다.

일단 무엇이 되었건, 얻거나 잃거나, 이루거나 이루지 못하더라도 매사에 이런 생각에 집착하지 않아야 한다. 얻는 것도 당연하고 잃는 것도 당연한 것이 인과법칙이다. 이 거대하고 오차 없는 시절인연을 함부로 거스르려 하는 마음을 가져서는 안 되기 때문이다.

그러니 어떤 일이 일어나고 무슨 사연이더라도 좋네 싫네, 잘했네 잘못했네, 옳네 그르네 등의 이유와 사족을 붙이지 말자.

무심한 듯 넉넉한 마음으로 있는 그대로 무조건 받아들일 줄 아는 품격인品格人이 되어야 한다. 그리하여 모든 것을 인연, 즉 부처님의 인과법에 맡기고 이제부터는 굳은 신심으로 놓아버려 분별하지 않는 중도의 마음으로 기도와 참선, 보시와 정진에 전념해야 한다. 항상 편안한 마음을 유지하며 살아가자.

제75화

깨친 마음은 어떤 모습일까?

一切數句非數句   일체수구비수구
與吾靈覺何交涉   여오영각하교섭

일체의 여러 가지 법문들이 법문이 아님이여
내 신령스런 깨달음과 무슨 교섭이 있을 것인가.

永嘉眞覺大師證道歌 — 영가진각대사증도가

◎ 이번 구절 가르침의 핵심을 곧바로 정리하면 불교의 모든 교설, 경전, 법문으로 표현되는 외적 가르침이 궁극적인 깨달음, 즉 자신의 참된 영적 각성과는 무관하다는 말이다. 선불교의 통찰을 바로 보여주고 있다.

수구數句와 비수구非數句는《능가경》에 나오는 말로, 불교의 수많은 법수와 법상을 의미한다. 숫자라 함은 삼계, 사성제, 오온, 팔정도, 사무량심, 삼귀의, 육근 등 숫자에 따라 차별상을 분류한 법문을 말한다. 다시 말해, '수구'는 숫자가 붙어 있는 경전의 구절, 가르침을 뜻한다. 또 '비수구'는 진여, 보리, 해탈, 열반, 불성처럼 숫자로 되어 있지 않은 가르침을 말한다.

이는 곧 부처님의 팔만사천 법문이 방편方便 설법이라는 뜻이다. 마음을 깨친 이에게는 이 모든 것이 본인이 깨치기 이전의 마음을 이야기하는 것과 같아서 경전의 내용을 보든 안 보든 별 의미가 없다. 깨친 마음을 음식에 비유하자면 마치 음식의 맛을 말과 문자로 설명하는 것과 같아서 진짜 음식 맛을 보는 것과는 천양지차이다. 문자와 말로는 깨달음의 경지를 전혀 알 수 없다는 뜻이다.

일단 마음을 깨치면 분별을 전혀 하지 않게 되므로, 보통 사람들이 가진 생각이나 느낌, 모든 관념 자체가 완전히 달라진다. 그야말로 형언할 수소자 없고 상상할 수조차 없는 경지다. 굳이 차이를 말하자면, 마음을 깨친 이는 고민이나 걱정 근심, 번뇌 망상, 고통과 괴로움이 눈곱만큼도 없다. 그러니 부처와 중생도, 삶과 죽음의 생사도, 좋고 나쁨의 고락도, 이것과 저것의 차별도, 옳고 그름의 시비도 존재하지 않는다. 이러쿵저러쿵 아무리 따져도 깨친 이에게는 아무런 상관이 없다는 말이다. 한마디로 완전한 무결점의 결정체라 할 수 있다.

지금 강의하는 《증도가》의 내용이 보통 사람들이 살아가는 생활 실상과는 전혀 접점이 없는 뜬구름 잡는 듯한 이야기로 들릴 수 있다. 마음을 깨치기 직전의 최고 관념들을 설명하고 있으니, 불교의 기초도 모르는 이들에게는 아무리 쉽게 설명한다 해도 도무지 알 수 없는 내용일 수밖에 없다. 그러니 다른 것 모두 차치하고라도, 마음을 깨치지 않고서는 고통과 괴로움이 떨어지지 않는다는 불변의 진리부터 알고 명심해야 한다.

모두 더 잘살려고 각 분야에서 애를 쓴다. 도둑이나 강도들마저도 애쓰며 살고 있다. 그러나 아무리 애를 써도 세상에 쉬운 것은 하나도 없는 법이다. 한 가지 분명한 것은 어떤 묘책을 쓰더라도 그러면 그럴수록 인과라는 덫에 걸리기 때문이다. 애를 쓰고 더 크게 움직일수록 덫에 걸린 상처는 더욱 깊어질 뿐이다.

따라서 마음을 당장 깨치지 못하니, 일단 무리한 마음을 갖지 않는 습관부터 들여야 한다. 가장 좋은 방법은 좋고 싫은 분별 자체를 하지 않는 것이다. 하지만 이는 절대 쉬운 일이 아니다. 우선은 좋은 것이든 싫은 것이든 내게 다가오는 모든 것을 불평불만 없이 무조건 받아들일 줄 아는 습관부터 길러야 한다. 그래도 속상한 마음이 멈추지 않는다면 기도하고 정진하라. 지금까지 방법론은 수없이 설명해왔으니, 앞으로는 실전에 대비한 행동 지침을 설명하고자 한다.

제76화
허공처럼 끝이 없구나

不可毀不可讚　　불가훼불가찬
體若虛空勿涯岸　　체약허공물애안

훼방할 수도 없고 찬탄할 수도 없음이여
심체는 허공과 같아서 가장자리가 없다.

◎ 훼방을 할 수도 없고, 찬탄할 수도 없다는 말은 다른 말로 바꾸면 헐뜯을 수도 없고 칭찬할 수도 없다. 또는 긍정할 수도 없고 부정할 수도 없다는 말로 할 수 있다. 지난 구절의 수구數句와 비수구非數句와 같은 뜻이다. 맞는 것도 상관없고 맞지 않는 것도 상관없다는 의미다.

본체本體는 허공과 같으니, 있든 없든 문제될 것이 하나도 없다는 뜻이다. 부처님을 향해 아무리 욕을 하든 칭찬을 하더라도 부처님은 아무런 반응이 없다. 부처님은 분별하지 않기 때문이다. 이와 마찬가지로 욕을 하거나 칭찬을 하든, 긍정하거나 부정을 하든 모든 것은 대상이 있을 때 가능한 것이다. 하지만 일체 분별이 없는 자리에는 그것이 불가능하다.

다만 욕을 하는 사람은 본인의 마음에 분별하는 업이 작동했기에 기분이 나빠 욕을 하는 것이다. 기분 나쁜 과보를 받아 다음에 계속 기분 나쁠 과보가 생길 것이다. 칭찬하는 사람 역시 마찬가지로 칭찬의 과보가 생길 것이다. 부처님과는 상관없이 욕하거나 칭찬한 본인의 몫이다.

따라서 마음을 깨친 이는 훼방과 찬탄을 분별하지 않으니 아무런 상관이 없는 것은 당연지사다. 거꾸로 마음 깨친 이가 상대를 보고 욕을 하거나 칭찬할 리도 없겠지만, 설사 그런다 해도 분별심이 없으므로 아무 상관이 없다.

그러나 마음을 깨치지 못한 상대는 분별심으로 욕을 들으면 기분 나쁜 업이, 칭찬을 들으면 기분 좋은 업이 작동할 것이다. 이 또한 자업자득의 결과로 이어진다.

본체가 허공과 같아 한계가 없다는 뜻은, 좋고 싫다는 분별심이 없기 때문에 좋은 일도 나쁜 일도 아니어서 걸릴 것이 없으므로 무한하다고 표현한 것이다. 사람들은 좋은 것에 마음이 걸려 나쁜 것이 나타난다. 또 나쁜 것에 마음이 걸려 또다시 나쁜 것이 나타나는 인과가 반복된다. 좋은 마음의 업에 따라 좋은 일이 생겨나고 그 인과의 과보로 싫은 마음의 업에 걸려 좋지 않은 일이 생겨난다. 그러나 좋고 싫다 분별하는 마음의 업이 없으면 좋은 일도, 나쁜 일도 생기지 않는다. 바로 깨친 이의 마음이 그렇다.

따라서 좋고 싫다, 옳고 그르다 하는 고락 시비를 분별하는 습이 크고 많은 사람은 좋은 일도 많이 생기지만, 그만큼 나쁜 일도 많이 생긴다. 반대로 분별심이 적은 사람은 좋은 일도 별로 없지만, 나쁜 일도 그리 생기지 않는다.

정확히 말하면, 이미 마음속에 자리 잡은 고락의 업에 의해 좋은 마음이 생길 때에 좋은 일이 생기고, 나쁜 마음이 생길 때에 나쁜 일이 생겨난다. 일이 생긴 후에 좋거나 싫은 분별된 감정을 드러내면 항상 인과의 업이 쌓여 영원히 고락의 과보를 면하지 못할 것이다. 고통과 괴로운 일이 반복되니, 절대 선후를 착각하지 말고 정신을 차려야 한다.

고통스럽고 괴로운 일을 겪지 않으려면 먼저 스스로 고락의 업인 분별심부터 없애는 노력을 해야 한다. 이는 요행을 바라거나 운에 맡겨서는 안 된다. 항상 분별심을 갖지 않도록 마음을 잘 살펴야 한다. 그다음으로 분별하지 않는 마음으로 기도와 참선, 보시와 정진을 필수적으로 행해야 한다.

제77화
찾으면 분명히 알리라

不離當處常湛然　　불리당처상담연
覓則知君不可見　　멱즉지군불가견

당처를 떠나지 않으면서 항상 맑고 깨끗하니
찾으면 분명히 알리라, 그대가 볼 수 없음을.

◎ 당처當處는 보고 듣고 느끼고 아는 지금 이 자리를 말한다. 지금 이 자리를 떠나지 않으면서 항상 맑고 깨끗하다고 한다. 그것은 지금 이 자리가 분별이 없는 자리, 즉 부처의 자리이고 진여자성眞如自性의 자리이기 때문이다. 쉽게 말해 한 점 괴로움마저 모두 끊어진 마음을 깨친 모습이다.

좋고 싫은 고락의 두 가지 인과가 모두 사라져 그저 담담할 뿐이다. 마음을 깨치면 당처를 명명백백하게 알 수 있지만 이를 말과 문자, 생각과 느낌으로는 도저히 표현할 길이 없어 알 수 없고 볼 수도 없다고 한 것이다.

지금 내가 보고 듣고 느끼고 아는 이 자리에서 그대로 깨달음이 가능한가? 내가 보고 듣고 느끼고 아는 이것을 초월해야 깨달음이 가능한 것 아닌가? 당처를 떠나지 않고 마음을 깨치는 것이 실제 가능한지 강한 의문이 들 수 있다. 비록 석가모니 부처님이나 역대 조사들이 이를 증명했지만, 스스로를 돌아볼 때 시도조차 어렵게 느껴지는 것이 사실이다. 그렇다면 일단 이것만은 놓치지 말고 항상 기억하자. 자연의 이치와 마음의 이치는 같다는 믿음이다.

계절로 치면 봄의 인과는 가을이고, 가을의 인과는 봄이다. 밀물과 썰물처럼 마음 또한 좋은 것의 인과는 나쁨이고 나쁨의 인과는 좋음이다. 즐거움의 인과는 괴로움이고, 행복의 인과는 불행이다. 이를 인과가 윤회한다고 말한다. 모든 것은 이 두 가지 상반된 것이 오고 가는 인과의 작용이다.

따라서 좋은 일과 나쁜 일을 분별하여 보는 것은 자기 마음의 고락 인과가 오고 가는 모습이다. 좋은 일이나 나쁜 일 자체를 두고 옳네 그르네, 좋네 나쁘네 하는 것은 거울에 비친 자기 업을 보고 고락 시비하는 것과 같다. 상대의 말과 행동을 보고 좋네 나쁘네 하는 것도 그 상대가 바로 내 자신의 좋고 싫은 업이 비친 업경業鏡인 줄도 모르고 시비하는 것과 같다.

마음 안에 좋고 나쁘다 하는 분별심이 있으니 좋고 나쁜 것이 보이는 것이다. 태어나고 죽는다는 업식業識의 관념이 있으니 나고 죽는 생사生死가 나타난다. 좋은 것 하나만 원해도 나쁜 것의 인과가 생겨나고, 산다는 것 하나만 생각해도 죽음의 인과가 생겨난다. 이 둘은 동전의 양면과 같아 어느 하나만을 원하거나 없애려 하는 것은 부질없는 짓이다.

마찬가지로 부처님과 마음을 깨친 조사는 좋은 것을 구하지 않으니 나쁜 인과가 생기지 않고, 삶이라는 생각조차 하지 않으니 죽음의 인과가 생겨날 리 없다. 즉 분별심이 전혀 없으니 이를 중도심中道心이라 하고 당처라 이름한다.

이러한 인과의 법칙만 분명히 알아도, 좋은 일과 나쁜 일이 왜 생기는지 알게 될 것이다. 함부로 고락 시비하는 분별심이 얼마나 무서운 인과를 낳는지 깨달아야 한다. 이제 자신이 생각하고 행동하고 말하는 삼업에 대해 낱낱이 집착하거나 시비하는 것이 얼마나 헛된 일인지 다시 한번 점검해야 한다. 남의 다리 긁는 삼업은 더 이상 짓지 않도록 제발 탐진치 삼독심을 제거하길 바란다.

제78화

왜 내게 이런 일이 생기는가?

取不得捨不得　　취부득사부득
不可得中只麼得　　불가득중지마득

취할 수도 없고 버릴 수도 없으니
얻을 수 없는 가운데서 또 그렇게 얻도다.

영가진각대사증도가 — 永嘉眞覺大師證道歌

◎ 앞 구절에서 설명한 당처當處, 즉 진여자성眞如自性은 좋고 싫다는 분별이 떨어진 자리이므로 가진다거나 버린다는 분별이 애초에 자리 잡고 있지 않다. 따라서 얻을 수도 잃을 수도 없는 분별 없는 자리, 즉 중도의 모습이 저절로 생기게 된 것이다. 이를 굳이 얻었다면 얻은 것이라고 표현한다는 뜻이다.

그러므로 사람을 비롯한 모든 중생은 얻고자 하거나 잃지 않으려는 양변兩邊의 마음으로 인해, 얻었다가 잃고 잃었다가 얻는 수고로움만 더할 뿐이다. 좋고 싫다는 고락의 인과만이 반복하여 윤회한다는 말이다.

전국 선원에는 여름과 겨울 안거 결제 기간에 수천 명의 수행납자들이 좌선 정진하고 있다. 짧게는 하루 8시간, 길게는 24시간 장좌불와長坐不臥하며 좌선 정진하는 곳도 있다. 이처럼 어렵고 엄중한 시기에 하루하루를 힘들게 살아가는 사람들이 많은데, 종교인이라면 한 사람이라도 구제할 생각은 하지 않고 산에 틀어박혀 자신의 성불成佛만을 위해 앉아 있는 것이 너무 이기적이지 않냐는 불만을 가진 이들이 있다.

언뜻 들으면 맞는 말이다. 여러 이유가 있겠지만, 근본적이고 궁극적으로는 누구도 누구를 구제할 수 없다. 남이 배가 고프다고 대신 먹어줄 수 없는 것과 같은 이치다. 물질적으로 도울 수는 있으나 이는 임시방편일 뿐이다. 원하는 마음 자체를 어떻게 할 수는 없기 때문이다. 원하는 마음이란 좋고 싫은 고락 업의 원천적인 욕심이므로 남이 해결해줄 수 있는 것이 아니다.

원한다는 것은 괴롭지 않고 만족하려는 본능적인 욕심 때문에 생기는 마음 감정이다. 예를 들어, 먹지 않으면 먹을 것을 원하게 되고, 먹은 후에는 배가 부르지만 다시 또 배가 고파지는 인과의 업을 받게 된다. 또다시 배를 채우려는 마음이 계속 생겨난다. 이렇듯 배 불리 먹는 것뿐만 아니라 인간이 원하는 모든 것은 이런 식으로 고락 인과가 연속된다. 배가 부른 다음에는 다시 배가 고파지는 분별된 마음의 업이 인과로서 영원히 작동된다.

그러므로 스스로 무소의 뿔처럼 혼자서 해결하는 수밖에 도리가 없다. 어떤 사람이 죽어가다가 병원에서 좋은 의사를 만나 다시 살아난 경우가 있다. 이러한 경우는 주위에 부지기수로 일어난다.

죽었다 살아난 사람은 어떤 사연이 있을까? 당연히 인과의 작용으로 시절인연이 그렇게 닿았을 뿐이다. 자기 자신이 가지고 있는 고락의 인과가 작용한 것이다. 자신의 고락 인과 업에 의해 살아날 시간에 살아난 것이고, 그렇지 않고 죽을 인연이면 천하 없는 의사라도 살려내지 못할 것이다.

이는 운이 좋거나 나쁜 것이 아니라 각자가 가지고 있는 고락 업의 인과에 의해 한 치의 오차도 없이 인연 지어진 것이다.

따라서 죽고 사는 것이나 일이 되고 안 되는 이 모든 일들은 각자 스스로 가진 고락의 인과 업, 즉 업장식인 아뢰야식에 저장된 잠재의식에 의해 움직여지는 것이다. 우연이나 운에 의한 것이 아니라 필연적으로 일어날 수밖에 없는 시절인연임을 명심해야 한다.

그러므로 자신이 가지고 있는 업을 소멸해야 시절인연도 바뀐다. 그렇다고 무엇을 원하거나 요행을 바라면서 업장소멸을 시도해서는 안 된다. 어디까지나 내게 다가오는 것은 내가 지은 인과의 과보라는 것을 알아 두말없이 받아들여야 한다. 그리고 다가오지 않는 것에 대해서는 미리 걱정하지 말고, 지나간 것에 대해서는 훌훌 털어버려야 한다. 어떤 것이 다가오든 분별하는 마음을 놓아버려야 한다. 이것이 불교의 핵심이다.

제79화
크게 베푸는 문이 활짝 열리니

默時說說時默　　묵시설설시묵
大施門開無壅塞　　대시문개무옹색

묵묵하면서 말하고 말하면서 묵묵하니
크게 베푸는 문이 활짝 열리니 옹색함이 없도다.

◎ 침묵하면서 말하고 말하면서 침묵한다는 것은 상식적으로는 도저히 이해가 안 되는 말이다. 말이란 생각에서 나온다. 생각은 과거의 기억에서 나오고, 이 기억은 잠재의식이나 무의식, 즉 아뢰야식이라는 저장고인 업장식에서 비롯된다. 아뢰야식이라는 마음의 업장식에는 좋고 싫은 고락의 업식이 두텁게 쌓여 있다. 이를 분별식分別識이라고도 한다.

그러므로 말을 한다는 것은 그 안에 좋고 싫은 분별식이 들어있다는 것이기 때문에 말을 하지 않는 것과 확연히 구분된다. 그러나 마음을 깨친 상태에서는 제8 아뢰야식인 업장식 속에 좋고 싫은 분별식이 완전히 소멸되었기 때문에 말을 하더라도 고락의 분별식이 없어 말이 없는 것과 같다. 또 말을 하지 않더라도 분별식이 없으므로 말을 하는 것과 같다는 뜻이다.

따라서 이 같은 분별식, 즉 좋고 싫은 고락의 업식이 마음 안에 전혀 들어있지 않으니 말을 해도 그만, 하지 않아도 그만인 것이며 조금도 옹색함이 없다.

바다는 아무리 파도가 치고 밀물과 썰물이 오가더라도 물 한 방울 늘거나 줄지 않고 그대로 바다다. 우리의 마음 역시 바다와 같다. 세찬 파도와 해일이 일듯 마음이 거칠어질 때도 있고, 잔잔한 바다와 같이 고요할 때도 있다. 좋고 나쁜 고락 업식의 마음 파도가 치면 거친 바다와 같이 걷잡을 수 없는 인파의 감정 파도가 몰아친다. 이는 순전히 욕심이라는 바람이 불기 때문이다.

여기에 무엇이 좋고 싫고, 옳고 그른 고락 시비를 따지는 것은 파도가 올라가는 것을 보고 좋다거나 옳다고 하고, 내려가는 것을 보고 싫다거나 그르다고 하는 것과 무엇이 다르겠는가? 무의미하기 짝이 없다. 올라가는 파도가 옳고 좋은 것이라면 내려가는 파도가 그르고 싫은 것이 되어야 한다. 이를 고락시비의 인과 과보라 한다. 좋고 싫다, 옳고 그르다 하는 고락 시비야말로 마음의 고요를 무너뜨리는 거친 바다와 같은 것이다.

좋고 옳은 것도 마음의 파도요, 싫고 그른 것도 마음의 파도다. 그러므로 좋고 옳은 것만 취하거나 싫고 그른 것만 버리려 한다면, 이는 마음의 거친 파도가 올라가고 내려가는 것을 분별하는 것과 같다.

바다를 마음의 도장으로 비유하는 해인海印은 바다와 파도를 좋고 싫고, 옳고 그른 것으로 분별하기 어렵다는 것을 보여준다. 언제나 좋고 싫다, 옳고 그르다는 고락 시비의 파도만 일지 않게 한다면 마음은 항상 고요한 바다와 같을 것이다.

생활 속에서 좋거나 나쁜 일, 옳거나 그른 일이라는 분별식을 항상 경계해야 한다. 어떤 일이든 말하고 행동하고 생각하는 삼업에 고락 시비의 감정을 절대 넣지 말아야 한다. 모든 것은 고락 시비의 분별식 때문에 감정의 인과가 생긴다. 잠재의식이 움직이게 되어 고통과 괴로움이 반복 윤회한다. 따라서 어떤 일이나 현상이 나타나더라도 이를 잊지 말고 늘 고락 시비하지 않고 의연하게 대처해야 한다. 그리고 기도와 참선, 보시와 정진은 생활 속에서 필수적으로 몸에 배어 있어야 한다.

제80화
행복의 무게와 불행의 무게

有人問我解何宗　　유인문아해하종
報道摩訶般若力　　보도마하반야력

누가 내게 어떤 종취를 아느냐고 물으면
마하반야의 힘이라고 알려주리라.

◎ 마하반야摩訶般若란 큰 지혜라는 뜻이다. 대광명大光明이라고도 한다. 진여, 불성을 뜻하며 분별 없는 깨달음의 자리이다. 이러한 당처當處에서는 일체의 분별이 끊어졌으니, 모르는 것도 없거니와 알 필요도 없는 대자유의 모습이다. 걱정 근심 번뇌 망상이 모두 말끔히 사라져 청정하고 분명하다. 문제는 이론적으로는 이해가 가는 듯하지만 제8 아뢰야식의 업장식에 금강석과 같이 축적되어 있는 암과 같은 감정 덩어리라서 쉽게 깨부술 수가 없다는 것이다.

좋다 싫다 하고 분별하면 인과가 생겨서 결국 마음 편치 않은 일이 생기니 절대 분별심을 갖지 말아야지 하면서도, 생각하기 이전에 벌써 뽀록뽀록 일어나는 좋고 싫은 고락의 감정을 도저히 감당할 수가 없다는 게 문제이다. 그럼에도 불구하고 분별심을 갖지 않아야 하기 때문에 일단 어떤 일이 일어나더라도 좋다 싫다는 고락의 감정을 붙이지 말고 무심한 상태에서 무조건 행해야 한다.

무엇을 행해야 하는가? 그 이전에 먼저 신심을 가져야 한다. 인과에 대한 철저한 믿음이다. 지금 즐겁다는 좋은 감정은 다음에 똑같이 괴로운 싫은 감정으로 생겨나고, 지금 괴롭다는 싫은 감정은 다음에 똑같이 즐거운 좋은 감정으로 생겨난다는 믿음이다. 이는 선생과 금생, 내생을 통해 반복되니 이를 윤회라 한다. 사람을 만나면서 행복한 좋은 감정이 생겨났다면 그 사람을 통해 딱 그만큼의 불행한 나쁜 감정이 생겨나게 된다. 또 일을 하면서 즐거운 좋은 감정이 일어났다면 그 일을 통해 괴로운 나쁜 감정이 인과의 과보로 작용한다.

그러므로 행복의 무게와 불행의 무게는 결과적으로 똑같아진다. 만약 자식 때문에, 재물 때문에, 높은 자리에 오르거나 명성 때문에 행복과 기쁨과 즐거운 좋은 감정을 가졌다고 하자. 그에 따른 인과의 과보에 따라서 화가 나는 일이 생기거나, 몸을 다치거나, 가족에 의해 우환이 일어나거나, 배신을 당하거나, 각종 악연으로 행복과 기쁨을 누린 만큼의 불행한 괴로움을 당하게 된다는 것이 인과의 이치라는 말이다.

제8의 마음인 아뢰야식이라는 업장식은 한마디로 좋음과 싫음의 두 가지 감정의 마음이다. 좋은 것과 싫은 것, 즉 괴롭고 즐거운 고락 업의 무게는 똑같이 생긴다. 괴로운 고업이 크면 즐거운 낙업도 크고, 낙업이 작으면 고업도 작다. 그러므로 미치도록 즐겁고 기쁜 일을 맛보았다면 인과의 시절인연에 따라 그만큼 괴롭고 슬픈 일이 생기는 것이 이 세상과 마음의 모습이다.

그러니 좋은 것만 찾는 욕심을 함부로 부려서도 안 될 것이다. 또한 괴롭고 나쁘다고 하여 무조건 배척하려는 욕심을 부려서도 안 된다. 속상한 일이 생기는 것은 과거에 기뻐서 웃는 일이 있었다는 증거이고, 즐겁고 행복한 일이 생기는 것은 과거에 괴롭고 불행한 일이 있었다는 증거이다.

그래서 부처님은 좋다 싫다 하며 일으키는 분별심이야말로 인과에 따른 생사윤회生死輪廻를 낳는 주범이라고 하셨다. 이 두 가지의 마음 모두를 멸하여 중도의 깨달음을 이루라고 하신 것이다. 매사에 일어나는 고락의 감정을 잘 살펴서 인과의 모습이 나타난 것이라고 얼른 감정을 추스려야 한다. 그리고 기도와 참선, 보시와 정진은 고락의 업을 없애는 가장 좋은 행이다.

제81화
옳고 그름을 사람들은 알지 못한다

或是或非人不識　　혹시혹비인불식
逆行順行天莫測　　역행순행천막측

혹 옳고 혹 그름을 사람들은 알지 못하고
역행과 순행을 하늘도 헤아릴 수 없도다.

◎ 깨달은 이의 행위는 깨닫지 못한 이가 알 수 없다. 분별식이 사라졌으니 옳고 그름이 애초에 성립되지 않는다. 세상사와 마음은 모두 상대적이다. 높다 하면 낮음이 생기고, 좋다 하면 나쁨이 따라온다.

이 두 관념과 감정은 무게가 같기 때문에 즐겁고 좋은 것만 찾으면 반드시 그만큼 괴롭고 나쁜 일이 따라온다. 어떤 일이 잘 되는 것은 그렇게 된 것일 뿐인데, 기쁨과 행복의 감정을 덧붙이면 언젠가는 같은 무게의 괴로움이 찾아온다.

사람들은 옳은 것을 좋아한다. 옳은 것이 나와 남을 좋게 한다고 믿고, 나쁜 것을 배척하면 억울함을 피할 수 있다고 생각한다. 그러나 문제는 옳고 그름에 감정을 붙이는 데 있다. 더구나 옳음을 강조할수록 그름이 더 커진다. 시비가 끝없이 이어진다.

좋고 싫은 분별은 영원히 계속된다. 그러므로 하루빨리 분별심을 여의고 두 가지 상대 관념에서 벗어나는 것이 중도의 지름길이다. 다른 길은 없다.

만약 여전히 감정을 주체하지 못한다면 조급해하지 말고, 꾸준히 기도와 참선, 보시와 정진을 이어가야 한다. 그렇게 하면 반드시 그 효과를 보아 마음의 평안을 얻게 될 것이다.

제82화
문제를 문제라고 생각하지 말라

吾早曾經多劫修   오조증경다겁수
不是等閑相誑惑   불시등한상광혹

나는 일찍이 수많은 세월 동안 수행하였으니
부질없이 서로 속여 미혹케 함이 아니로다.

◎ 부처님께서는 이렇게 진솔한 말씀을 하고 계신다. 즉 내가 수없는 오랜 시간 동안 수행을 하여 깨달음을 얻은 것은 남에게 잘 보여 무엇을 얻으려 하거나 인정받기 위해 위장으로 수행한 것이 아니라는 말씀이다. 물론 당연한 말씀이나 인간적으로 생각하면 이를 믿지 않는 이들이 많아서 부처님과 조사님들은 노파심老婆心이 생겼다 할 것이다.

보통의 중생이 가장 힘들어 하는 것은 금강석과 같이 똘똘 뭉쳐진 업에 의한 습 즉 이를테면 찌들어진 습관이요 버릇이다. 분별심을 일으키지 말아야지 하면서도 눈으로 보는 순간 좋다 싫다 하는 고락의 업이 즉시 발동한다는 사실이다. 귀로 듣거나, 냄새를 맡거나, 맛을 보거나, 몸으로 부딪치거나, 생각하는 육근六根에 의해 이미 고락의 감정이 분별되고 있으니 이를 시시때때로 절제하고 감당하기란 참으로 어려운 문제가 아닐 수 없다.

모든 것은 마음먹기 나름이라는 말에는 누구나 동의하면서도, 마음을 편안히 한다는 것이 그리 쉬운 일이 아니다. 사람마다 조금씩 차이는 있으나 벌어지는 현상에 대해 무심한 마음으로 여여하게 대처하는 이는 참으로 드물다. 그럼에도 불구하고 이를 극복하지 않는다면, 고락 인과의 덫에 걸려서 육신이 살아 있을 때는 물론이고, 죽은 후의 업식마저 인과의 덫을 벗어날 수 없으니 이를 간과할 수는 없다.

살다보면 한순간의 실수로 여러 가지 문제가 생길 수 있다. 때로는 운이 좋아서 엄청난 행운이 찾아오는 경우도 있다. 그러나 이런 일이 그냥 우연히 생기는 걸까? 결론부터 말하면 절대 아니라는 것을 미리 말해 두고자 한다.

그 이유는 첫째, 자신이 가지고 있는 고락의 업 중에 괴로운 고업이 나타나는 시절인연이 되면 불편한 일이 반드시 생긴다는 것이다. 행운 역시 고락의 업 가운데 즐거운 낙업樂業이 나타나는 시절인연이 되어 나타나게 된다는 사실이다. 이는 고락의 인과 업을 멸하여 중도심이 되지 않는 이상 이미 예정되어 있고 피할 수 있는 일도 아니다. 머리를 쓰거나 요령을 부려서 없어지는 것도 아니다. 감정이 있는 중생이면 누구나 가지고 있는 업장식이기 때문이다.

둘째, 문제를 문제라고 생각하는 분별 시비의 마음이다. 이렇게 하면 좋고 저렇게 하면 나쁘다는 분별심을 이미 마음으로 정해 놓았기 때문에, 좋고 싫은 고락의 인과가 계속하여 엎치락뒤치락하면서 서로 이어가며 생기는 것이다. 그래서 부처님은 고락 시비의 두 마음을 분별하지 말라고 하셨다. 어떤 일이 일어날 때 항상 이런 모습의 때가 왔구나 하며 고락과 시비의 마음을 갖지 말라는 것이다.

그러니 이런저런 일에도 가타부타 따지지 말고 그대로 받아들여서 그저 흔연스럽고 여유롭게 중도의 여여한 마음을 가져야 한다. 고락 시비 인과는 이미 정해져 있다고 보면 정확하다. 하나가 생기면 다른 하나도 덩달아 생긴다. 따라서 하나를 선택하려면 다른 하나도 따라붙는다는 것을 각오해야 한다. 그래서 고락 시비의 인과, 즉 둘로 나누어 분별하는 마음을 하루빨리 내려놓는 것이 필요하다. 기도와 참선, 보시와 정진은 어떤 상황에서건 마음을 편안하게 만들어 주는 자모慈母가 된다.

제83화

어느 것에도 집착하지 말라

建法幢立宗旨　　건법당입종지
明明佛勅曹溪是　　명명불칙조계시

법의 깃발을 세우고 종지를 일으키니
밝고 맑은 부처님 법 조계가 이것이라.

◎ 오랜 역사를 지닌 사찰에는 돌로 만들어진 당간지주幢竿支柱 받침대가 아직도 많이 남아 있다. 깃발을 높이 세우기 위한 도구이다. 이 깃발을 보고 많은 수행자가 찾아오게 되는데 그곳에는 덕 높은 고승대덕高僧大德이 부처님의 정통한 법을 펼치고 있다는 표시이다. 석가모니 부처님은 제1 제자인 마하가섭을 필두로 이심전심, 교외별전의 법을 전하는데, 28대 조사인 선종초조 달마대사이고, 이조혜가, 삼조승찬, 사조도신, 오조홍인, 육조혜능으로 이어진다. 57대 조사가 바로 고려 태고보우太古普愚 선사이다.

중국 조계산曹溪山에서 선종이 널리 퍼졌다 하여 조계종이라 한다. 이러한 선종은 깨달음에 이르는 길 가운데 가장 수승하고 정통한 것이 조사선祖師禪 또는 간화선看話禪이라 한다. 이는 깨달음이 몰록 이루어지면 그 즉시 분별이 사라지고 진여자성眞如自性으로 돌아가 일체의 괴로움이 없어진다 하여 최고의 수행법으로 여긴다.

일체중생은 스스로 분별심을 일으켜 생사와 생멸의 인과를 거듭하며 살아간다. 한없이 좋은 것을 추구하는 욕심을 부리며 살아가지만 그와 상응한 대가를 똑같이 치르면서 고락의 인과를 반복하는 윤회의 삶을 이어가고 있다. 이것이 좋으면 싫어하는 저것이 나타나게 되고, 이것이 옳다고 하면 저것의 그름이 생기게 되면서 인과의 과보가 연속하여 반복될 뿐이다. 그럼에도 끝없는 욕심과 욕망의 어리석음으로 살고 죽고, 죽고 살기를 거듭하고 있다.

부처님은 좋은 것만 찾으려 하면 인과의 과보가 생긴다는 것을 지적했다. 분별 없는 마음으로 돌아가라는 가르침을 제자들로 하여금 이어지게 한 것이다. 그리하여 일체중생이 고락 인과의 윤회에서 벗어나라는 간절한 자비심을 오늘도 비치고 계신다.

돈과 명예, 정과 사랑에 대한 집착으로 인하여 고락의 인과가 생기므로 윤회는 무한하게 이어질 수밖에 없다. 그뿐만 아니라 정에 대한 집착은 마약과 같은 것이어서 누구나 쉽게 포기하지 못한다. 아예 알아들으려 하지도 않는다. 그렇다면 본인이 지은 것은 본인이 받을 수밖에 없다.

아무리 머리를 쓰고 변명을 한다 해도 좋은 것을 차지하려는 분별에 의한 업보와 과보는 피할 수 없다. 그리하여 스스로 괴로움을 자초하게 된다. 사람들은 서로서로 도우며 살라고 하지만 좋다 싫다 하는 분별심이 있는 한 그 도움은 결국 독이 될 수 있다. 좋은 것을 권하거나 취하면 취할수록 싫고 나쁜 과보가 그만큼 생겨나기 때문이다. 영원히 평화로울 수 없고, 시비가 없어지지 않으며, 극락과 지옥이 공존할 수밖에 없다.

불교는 좋은 것을 취하라고 가르치는 종교가 아니다. 왜냐하면 좋은 것은 나쁜 과보를 낳기 때문이다. 그래서 좋은 것과 나쁜 것을 분별하지 않아야 상대적인 두 가지 과보가 생기지 않게 된다. 또 생겨나고 사라지는 삶과 죽음의 생사·생멸의 분별이 사라져야 영원한 중도의 적멸寂滅함을 얻을 수 있다. 이를 선이라 하고 성불이라 하며 깨달음이라 부른다.

    이제는 좋음과 싫음, 옳음과 그름에 대한 두 가지 분별심을 무조건 내려놓아야 한다. 이것이 진정한 기도요 참선이며, 보시이고 정진이다. 머리 쓰지 말자. 따지지도 말자. 이러쿵저러쿵 망상부리지 말자. 그래봤자 인과만 남을 뿐이다. 그러니 탐진치 삼독심에서 벗어나자.

제84화

부처의 뜻

第一迦葉首傳燈 제일가섭수전등
二十八代西天記 이십팔대서천기
法東流入此土 법동류입차토
菩提達磨爲初祖 보리달마위초조
六代傳衣天下聞 육대전의천하문
後人得道何窮數 후인득도하궁수

제일 먼저 가섭존자가 그 등불을 전해 받으사
28대까지는 인도의 기록이니라.
법이 동쪽으로 흘러서 중국에 들어와서
보리달마가 초조가 되었네.
6대에 의발 전한 것 천하에 들리니
후인들이 득도한 것이야 어찌 다 헤아리랴.

◎ 옛날에 창건된 천년고찰에는 돌로 만들어진 당간지주幢竿支柱의 받침대가 아직도 많이 남아 있다. 깃발을 높이 세우기 위한 이 도구는 덕 높은 고승대덕이 계셔서 부처님의 정통한 법을 펼치고 있다는 표시다.

석가모니 부처님은 제1 제자인 마하가섭을 시작으로 이심전심以心傳心과 교외별전敎外別傳의 법을 전한다. 28대 조사인 달마대사를 시작으로 혜능대사로 이어지는 중국 선종禪宗의 법맥은 고려의 태고보우선사까지 이어졌다. 중국 조계산에서 시작되었다 하여 대한불교조계종이라 한다.

이 선종은 깨달음에 이르는 길 중 가장 수승하고 정통하다 하여 조사선祖師禪이라 하고, 화두를 들어 정진한다고 하여 간화선看話禪이라 불린다. 이는 돈오頓悟, 즉 단박에 깨달음을 이루면 그 즉시 분별이 사라지고 진여자성眞如自性으로 돌아가 일체의 괴로움을 여읠 수 있어 최고의 수행법으로 여긴다.

일체중생은 스스로 분별심을 일으켜 생사와 생멸의 인과를 거듭하며 살아간다. 한없이 좋은 것을 쫓으며 욕심을 부리지만, 그에 상응한 대가를 똑같이 치르면서 고락의 인과를 반복하는 윤회의 삶을 이어가고 있다. 이것이 좋다고 하면 싫은 저것이 나타나고, 이것이 옳다고 하면 저것의 그름이 생겨나는 과보가 연속하여 반복될 뿐이다 그럼에도 끝없는 욕심과 욕망의 어리석음으로 인해 살고 죽고를 거듭하고 있다. 부처님께서는 좋음을 찾으려 하면 인과의 과보가 생긴다는 것을 지적하고, 분별 없는 마음으로 돌아가라는 법을 제자들에게 이어지게 한 것이다. 일체중생이 고락 인과의 윤회에서 벗어나기를 바라는 간절한 자비심이 담겨 있다.

돈과 명예, 정과 사랑에 대한 집착은 고락의 인과가 생기므로 윤회는 무한하게 이어질 수밖에 없다. 정에 대한 집착은 누구나 쉽게 포기하지 못한다. 아예 들으려 하지도 않는다. 그렇다면 자신이 지은 것은 자신이 받을 수밖에 없다. 아무리 머리를 쓰고 변명한다 해도 좋은 것을 차지하려는 분별에 의한 업보와 과보는 피할 수 없다. 그리하여 스스로 괴로움을 자초하게 된다.

사람들은 서로 도우며 살라고 한다. 그러나 좋고 싫다는 분별심이 있는 한 그 도움은 결국 독이 될 수 있다. 좋은 것을 권하거나 취할수록 싫고 나쁜 과보가 그만큼 생겨나기 때문이다. 그러니 영원히 평화로울 수 없고 시비가 없어지지 않는다. 극락과 지옥이 공존할 수밖에 없다.

불교는 좋은 것을 취하라고 가르치는 종교가 아니다. 왜냐하면 좋은 것은 나쁜 과보를 낳기 때문이다. 따라서 좋음과 싫음을 분별하지 않아야 상대적인 두 가지 과보가 생기지 않는다. 생겨나고 없어지는 생사와 생멸의 분별이 사라져야 영원한 중도의 적멸寂滅을 얻을 수 있다. 이를 선禪이라 하고 성불이라 칭하며 깨침이라 부른다. 이제는 제발 좋고 싫고, 옳고 그른 두 가지 분별심을 무조건 놓아야 한다. 이것이 진정한 기도요 참선이며 보시이고 정진이다. 머리 쓰지 말고, 망상 부리지 말자. 그래봤자 인과만 남을 뿐이다. 탐진치 삼독심에서 벗어나야 한다.

제85화

싫은 일이 생겼을 때

眞不立妄本空　　진불립망본공
有無俱遣不空空　　유무구견불공공

참됨도 서지 못하고 허망함도 본래 공함이여
유와 무를 함께 버리니 공하지 않으면서 공하도다.

◎ 앞 구절은 부처님 법을 전승해 온 조사들의 법맥을 이야기한 것이다. 부처님 법은 궁극적으로 단 하나, 분별을 없애고 중도의 마음을 가지라는 것이다. 그리하여 괴로움이 없는 삶, 자유로운 삶을 사는 것이다. 다시 말해, 수많은 경전을 통해 가르치고자 하는 모든 내용은 결국 좋음과 싫음의 분별을 떠나라는 말씀이다.

이 세상은 모두 인과의 모습에 지나지 않거니와 인과의 모습은 분별하는 마음에서 나오는 것이다. 분별하는 마음이 사라져야만 좋다 싫다 하는 감정이 없어짐과 동시에 중도의 마음을 가질 수 있다. 따라서 이번 게송은 참됨과 거짓됨, 있음과 없음의 분별하는 마음자리마저 공하게 하라는 말씀이다. 하지만 이 공함에 다시 머물러 있으면 단멸공斷滅空에 떨어지게 되어 공하지 않는 인과가 또다시 생겨난다. 그래서 공 또한 공해야 한다는 말씀이다.

중생의 마음은 크게 두 가지로 나뉜다. 좋고 즐겁고 기쁘고 행복하고 만족한 마음이 생긴다면 그 인과로 싫고 괴롭고 슬프고 불행하고 부족한 마음이 똑같이 생겨난다. 한때는 전자의 마음이 생기고, 또 한때는 후자의 마음이 생기게 된다. 이를 인과라 하고 업이라 했다. 이는 누구나 가지고 있는 같은 마음이다.

따라서 어떤 행동을 하든 그 행동과 일이 어떻게 나타나는

가가 문제가 아니라, 진짜 문제는 그 행동과 일에 대하여 좋아하고 싫어하는 고락의 감정을 갖는 업이다.

  예를 들어 몸이 아플 때, 한때 몸이 건강하여 좋았던 인과로 말미암아 몸이 아프게 되어 싫고 괴로운 마음이 생긴다는 말씀이다. 즐거웠던 만큼 괴로운 인과가 생기기 때문이다. 돈이 없어서 마음이 괴롭다면 괴로운 마음을 없애기 위해 돈을 모으려 하고, 돈을 모아서 마음이 즐겁고 행복하다면 그 인과로 인해 그만큼 괴롭고 불행한 일이 다시 또 생기게 된다는 것이다.

  그래서 마음이 속상하고 괴롭다면 괴롭고 속상한 마음이 생겨날 수밖에 없는 시절인연의 과보라는 사실을 알아야 한다. 그래서 부처님은 마음 안에 있는 좋음과 싫음의 고락 분별업이 사라져야 괴로움이 생기지 않는다고 경전을 통해 말씀하고 계신다.

  그렇기 때문에 괴롭고 고통스러운 일이 생기는 것은 그런 일이 상대나 대상 때문에 일어나는 것이 아니라 그 이전에 이미 마음속에 자리 잡고 있는 싫고 좋은 나의 분별식이 원인이라는 것을 알아야 한다. 마음의 분별식이 없어야 괴롭고 고통스러운 대상, 즉 그 결과가 생기지 않는다는 것을 명심해야 한다.

  어떤 일에 있어서 좋다 싫다, 옳다 그르다는 분별심을 내지 말고 있는 그대로 받아들일 줄 아는 습관을 잘 길러서 이때마다 상대를 탓하기보다 내 마음속에 일어나는 분별 업식에 대해 오히려 참회해야 한다.

세상에 우연히 또는 재수나 운에 따라 생겨나는 일은 절대 없다. 모두가 나타날 수밖에 없는 인과의 필연적인 작용이니만큼 고락 시비의 마음을 없애지 않는 한, 괴로움은 끊임없이 생겨난다는 것을 다시금 명심해야 한다.

제86화
스트레스를 해소하는 법

二十空門元不著 이십공문원불착
一性如來體自同 일성여래체자동

이십공문에 원래 집착하지 않으니
한 성품은 여래의 본체와 저절로 같도다.

◎ 《대반야경》에 있는 이십공을 말한다. 내공內空, 외공外空, 내외공內外空, 공공空空, 대공大空, 소공小空, 승의공勝義空, 유위공有爲空, 무위공無爲空, 필경공畢竟空, 무제공無際空, 산공散空, 무변이공無變異空, 본성공本性空, 자상공自相空, 공상공共相空, 일체법공一切法空, 불가득공不可得空, 무성공無性空, 자성공自性空 등이다. 궁극적인 뜻은 모두 같은 것이므로 생략한다.

한마디로 이것이라는 좋고 즐거운 감정이 생기는 즉시, 저것이라는 싫고 괴로운 감정이 생겨나기 마련이라는 것이다. 그러므로 이 두 가지 감정 가운데 어느 하나의 감정만이라도 멸하여 없애기만 하면 곧바로 공한 상태, 즉 중도의 마음이 된다. 이를 무엇 무엇의 공이라고 이름을 붙인 것이다.

자성은 누구나 같은 성품으로서 불성이라고도 한다. 자성과 불성이란 차별이 없고 분별하지 않는 상태를 의미한다. 불성, 해탈, 열반, 진여, 진성, 반야, 보리 등으로도 표현한다. 표현이야 어떠하든 마음이라고 하는 생각과 감성 그리고 감정 자체가 좋다 싫다로 분별하지 않고 차별하지 않는다면 그것이 바로 여래의 성품이라는 말씀이다.

만약 이십공문二十空門이라고 하는 공의 문 앞에서 아직 얼쩡거리며 집착하고 있다면, 여래의 성품과는 한참 거리가 멀다 하겠다. 문인과 문밖으로 분별하는 마음이 아직 남아 있기 때문이다. 문안으로 들어가려는 분별의식分別意識이 바로 욕심이므로 괴로움의 인과를 낳는다. 따라서 참선을 통해 반드시 깨달음을 이루겠다는 자세는 가상하지만 이러한 분별된 욕심마저 완전히 없애야 한 점 괴로움도 없는 진정한 여래의 성품이 된다는 뜻이다.

일상생활 속에서 분별하는 마음 작용을 제어하고 멈추기란 참으로 어렵다. 이미 마음 가운데 좋음과 싫음의 고락 업식이 뿌리 깊이 자리 잡고 있기 때문이다. 이를 업 또는 업장이라고 한다. 요즘 스트레스라는 말이 유행한다. 싫은 것을 억지로 하려 하거나 강요를 당하면 그 부담이 몸과 마음으로 전달되어 고통스러운 괴로움을 느끼게 된다. 그러나 세상이나 마음이나 대가 없는 일방적인 것은 절대로 없다. 대가를 당하게 되는 때와 장소가 금방 나타나느냐, 나중에 나타나느냐의 차이만 있을 뿐이다.

스트레스는 욕심대로 잘되지 않거나, 좋은 것만 취하려 하거나, 싫고 나쁜 것은 멀리하려는 마음에서 나오는 대가성 괴로움이다. 물론 너무나 당연한 일이 아니냐고 할 수 있지만 형평성만 놓고 본다면 한마디로 이기적인 심보에서 나오는 인과의 과보이다. 지난 시절 언젠가는 좋고 즐거운 것을 취했으니, 싫고 괴로운 것이 나타나는 것은 만고의 인과법칙이다. 그러니 내가 짓고 내가 받는다는 인과응보因果應報의 진리를 빨리 알아차리고 욕심을 내려놓는 것만이 스트레스를 해소하는 유일한 길이다.

내 마음은 그렇지 않은데 주위 또는 세상이 그렇게 만든다고 굳게 믿는 사람이 많다. 이는 자기만의 착각이다. 자기합리화를 하더라도 고락의 인과가 절대로 비켜가지 않는다. 좋은 말과 좋은 행동, 좋은 생각을 하면 좋은 결과가 나타나는 것은 당연한 인과의 업보이다.

그러나 여기서 반드시 잊지 말아야 할 것은 좋은 것이라는 분별을 분명하게 알아차릴수록 싫고 나쁜 인과의 과보가 똑같이 생긴다는 것이다. 그러므로 진짜 좋은 것이란 좋은 것이라고 하는 분별을 하지 않음으로써 싫고 나쁜 인과의 과보가 생기지 않는 무분별無分別의 마음을 갖는 것이다. 이를 무심이라 하고 방하착放下着, 놓아버림이라 이름한다. 좋음과 싫음의 감정이 분명할수록 인생의 파고가 높아져서 격정적인 삶이 될 것이고, 좋음과 싫음의 고락 분별이 없으면 마음의 파고는 잔잔해져 순탄한 삶이 될 것이다. 이 두 가지 삶 가운데 선택은 각자 몫이다.

제87화
무엇을 결정하고 시비를 가릴 때

心是根法是塵　　심시근법시진
兩種猶如鏡上痕　　양종유여경상흔

마음은 뿌리요 법은 티끌이니
이 둘은 거울 위의 흔적과 같도다.

◎ 여기서 말하는 마음은 본래 자성이 아닌 제8 아뢰야식의 가짜 마음, 즉 경험한 것이 축적된 고락 분별의 무의식을 말한다. 그리하여 좋음과 싫음의 고락으로 저장된 가짜 마음이 뿌리가 되어 법이라고 하는 인연 연기는 곧 티끌과 같이 쓸모없는 허망한 것이라는 뜻이다. 인연 연기는 일체유심조一切唯心造라고 하고 만법유식萬法唯識이라 하기도 한다.

가짜 마음의 뿌리와 그에 의해 나타난 인연이라는 티끌이 거울로 표현되는 명료한 자성을 덮고 있는 것이다. 그래서 분별 없는 중도의 자성을 보지 못하고, 고락의 인과에 의해 괴로움이 생긴다는 의미이다. 중생은 얻는 것과 잃는 것에 대해 집착하며 살아간다. 얻는다는 것은 오욕五慾이라고 하는 다섯 가지 본능적인 욕심을 말한다. 잠을 편하게 자야 하고, 마음껏 먹어야 하고, 재산을 쌓아야 하며, 권력과 명예를 얻어야 하며, 이성을 구하는 성욕이 그것이다. 왜냐하면 이 다섯 가지 본능의 욕심을 채워야 마음이 편안하고 즐거우며 기쁘고 행복하기 때문이다.

그러나 얻은 것에 대한 인과 과보로서 반드시 잃게 되는 것이 문제이다. 그 대가로 불편함과 괴로움, 슬픔과 불행이 생긴다는 사실이다. 그러나 어리석은 중생은 괴로움을 느낄수록 더 좋은 것을 찾게 되고, 더 욕심을 내게 되니 그럴수록 더 큰 괴로움과 더 나쁜 인연이 지어지며 더욱 많은 고통이 따르는 악순환이 반복된다. 허우적거릴수록 더 빠지는 늪과 같다.

거울에 낀 먼지를 닦아야만 자신의 모습을 제대로 볼 수 있듯이 지금 스스로 지니고 있는 좋다 싫다 하는 고락의 업식을 모두 제거해야만 분별 없는 본래 자성을 볼 수 있다. 그렇게 해야 괴로움이라는 인과의 과보를 받지 않는다. 그래서 일상의 삶에서도 어떤 인연이 닿더라도, 어떤 상황이 벌어지더라도 좋다 싫다, 옳다 그르다 하는 분별심을 갖지 않는 것이 정답이다.

또 행동하고 말하고 생각하는 신구의身口意 삼업에 있어서 괴로움의 과보를 받지 않으려면 고락 시비에 대해 희로애락의 분별을 하지 않아야 한다. 항상 인과 인연에 순응해야만 마음이 편해진다. 그러므로 시시때때로 일어나는 분별의 감정을 잘 살피고 알아차려 좋은 것에 집착하지 말고, 싫은 것도 멀리하지 말아야 한다. 어떤 일이 일어나더라도 감정에 끄달리지 않는 훈련을 쌓아나가야 한다.

살다보면 무엇을 결정하거나 옳고 그른 시비를 가려야 하는 일이 많이 생긴다. 그럴 때는 그 어떤 것을 선택하더라도 사실은 결과적으로 아무 상관이 없다. 순간적으로는 더 좋은 것을 선택하려고 하지만, 중요한 것은 어떤 것을 선택하는지가 아니라 무엇을 선택하더라도 분별의 감정을 갖지 않는 것이다. 이러한 마음을 가지면 고민하지 않아도 선택은 저절로 이루어지게 된다.

세상의 일이란 인과의 법칙에 따라 시간이라는 세월 속에서 이렇게도 되고 저렇게도 된다. 그저 엎치락뒤치락하며 영원히 결과는 없고 분별만 있을 뿐이다. 문제는 이런 것이 좋고 저런 것이 싫다 하는 나의 감정이다. 이러한 감정을 잘 살펴서 분별하지 않고 여여한 마음으로 그 어떤 상황에서도 중도의 마음을 잃지 않는다면 괴로움은 사라지고 편안한 마음이 될 것이다. 그리고 늘 기도와 참선, 보시와 정진을 통해 고락의 감정을 사라지게 만들면서 두터운 업식을 멸해야 한다.

제88화

통쾌하게 이기는 법

痕垢盡除光始現　　흔구진제광시현
心法雙亡性卽眞　　심법쌍망성즉진

흔적과 때가 다하면 빛이 비로소 나타나고
마음과 법이 둘 다 사라지면 성품이 곧 참되도다.

◎ 이 구절에서 말하는 흔적이란 분별로 인한 인과의 모습을 뜻하며 무명無明이라고도 한다. 이것은 끝없이 좋음과 싫음, 가고 옴, 나고 사라지는 생멸의 윤회 현상을 말한다. 분별심이 모두 사라지면 그 즉시 인과가 없어지는 동시에 생사·생멸하는 윤회가 멈춘다. 또 중도라고 하는 무분별심이 생기는 동시에 일체의 고락 시비와 괴로움이 사라진다.

분별심은 아뢰야식, 즉 업장식이라고 하는 마음을 가리킨다. 이 마음이 만들어낸 법인 인과가 사라지니 이때 자연스럽게 드러나는 모습을 빛 또는 참성품이라 하며 이를 진여자성이라 이름한다.

마음에 대하여 다시 한번 점검하고자 한다. 그동안 수없이 반복하여 설명했으나 아직도 이해하지 못하는 이들을 위해서다. 마음을 분별과 무분별의 두 가지로 이해하면 매우 쉽다. 분별한다는 것은 좋은 것을 선택하여 차지하려는 마음이나 싫은 것을 가리려는 마음이다.

일체중생 누구나 바라는 것, 원하는 것 가운데는 즐거움과 기쁨, 행복과 만족 등이 있다. 살아가는 이유가 바로 좋은 것을 얻기 위함이다. 먼저 오욕락이라고 하는 본능으로 먹고 싶고, 자고 싶고, 가지고 싶고, 나를 세우고 싶고, 이성을 차지하고 싶어 한다. 그런데 문제는 좋은 것을 하나 구하면 나쁜 것 하나가 반드시 따라 붙는다는 사실이다.

이를 분별이라 하고 인과라 했다. 이는 누구나 똑같이 가지고 있는 인과의 업이다. 다만 분별이 작은 이는 즐거움과 괴로움의 인과업이 작고, 분별심이 큰 이는 즐거움도 크지만 괴로움의 인과업도 커진다. 그러니 어떤 식으로든 욕심을 부려서 큰 즐거움과 행복을 맛보았다면 그 과보로 인해 언젠가는 반드시 큰 괴로움과 불행이 찾아오고 만다. 이를 인과의 과보라 하고 시절인연이라고 했다.

즐거운 일이 생기는 것은 내 마음 안에 있는 즐거운 낙업이 나타날 시간이라고 보면 틀림이 없다. 또 괴로운 일이 생기는 것은 내 마음 안에 괴로운 고업이 나타날 인연의 때가 되었다고 보면 정확하다. 왜냐하면 밤하늘에 뜬 달을 보고도 각자가 가지고 있는 고락의 업에 따라 어떤 사람은 좋아하고, 어떤 사람은 슬퍼하는 것과 같다. 이는 각자 고락의 업식이 나타나는 시절인연이 다르기 때문이다.

사람들은 서로 네 탓 내 탓 시비를 많이 한다. 상대를 이겨야 마음이 통쾌하기 때문이다. 그러나 통쾌한 마음이 드는 순간 이미 불쾌한 인과가 생겨서 아뢰야식에 저장되었다가 언젠가는 괴로운 과보를 받게 될 것이다. 그래서 옳다 그르다며 시비하는 것은 좋다 싫다 하는 고락 인과가 생기는 인연의 현상일 뿐, 실제 따지고 보면 그 자체로는 아무 의미가 없다. 사실은 내가 만족하느냐 불만스럽냐, 즐겁냐 괴롭냐 하는 마음이 본질이다.

시시비비는 허깨비 그림자일 뿐이다. 이러한 분별된 마음을 없애면 무분별심이 되는데 이를 깨침이라 하고 진여자성이라 하며 성불이라 한다. 그리고 중도의 마음으로 고락업이 모두 사라지므로 일체의 고통이나 괴로움이 없다. 그러니 분별하는 마음을 다스리지 않으면 영원히 윤회고를 면치 못할 것이다. 좋은 것을 차지하려는 마음과 옳은 것에 집착하는 마음은 분별심의 원인이니 어렵더라도 당장 그런 분별부터 내려놓아야 한다.

제89화
사람 잃고 돈 잃는 어리석음

嗟末法惡時世　　차말법오시세
衆生薄福難調制　　중생박복난조제

말법을 탄식하고 세월을 미워하니
중생의 복 얇아 조복받기 어렵도다.

◎ 영가 스님께서 생각하는 말법과 세월이라고 하는 것은 중생의 잘못된 마음과 행동으로 스스로 힘들게 살아가는 모습을 보고서 안타까워 하신 말씀이다. 본래 깨친 마음은 말법이나 세월, 복이나 죄와는 아무런 상관이 없다.

복이 얇다는 말은 스스로 고락 인과의 윤회를 모르고 악순환을 거듭하며 살아가는 모습을 말한다. 또 복이 없으니 지혜를 가꾸지 못하여 공과 중도, 인과의 법을 모르고 스스로의 마음을 조복받지 못하고서 힘들게 살아간다는 뜻이다.

기본적으로 중생의 업은 누구나 똑같다. 좋은 것만큼의 나쁘고 싫은 마음이 똑같이 생겨나기 때문이라고 했다. 다만 좋은 것이 나타날 때와 싫은 것이 나타날 때가 다를 뿐이라고도 했다. 이는 누구나 가지고 있는 고락의 업식이다. 어떤 때는 남보다 내가 행복하다고 생각할 때도 있고, 어떤 때는 내가 남보다 불행하다고 느낄 때도 있다. 때로는 세상에서 내가 가장 힘들다고 느낄 때도 있을 것이다. 남녀노소 빈부고하를 막론하고 누구나 같은 마음이다.

다만 덕 높은 스님들이나 올곧은 수행자들은 욕심 없이 마음을 비우고 중도의 삶을 살아가는 분들이니 인과의 과보가 없어 고민이나 걱정 근심이 전혀 생기지 않는다. 반대로 세속에서 치열히게 욕심부리며 사는 사람들은 탐욕에 비례하여 걱정 근심이 많을 수밖에 없다. 그럴 때마다 한결같은 반응은 큰 욕심을 부리지도 않는데 일이 꼬이고 잘 풀리지 않는다고들 한다. 착각이다.

세상이나 마음이나 우연히 대가 없이 일어나는 일은 하나도 없다는 것을 모르는 소치이다. 올무는 움직이면 움직일수록 살을 더욱 조이게 한다. 이와 같이 힘이 들면 들수록 더 큰 욕심을 부리는 것이 업의 작용이니 자승자박이다.

남을 부러워하거나 얕볼 때가 있다. 그러나 각자 자기 업으로 살아가고 있을 뿐이니 시종일관 자업자득이요 자작자수요 자승자박이므로 부러워할 필요도 없고 얕볼 이유도 없다. 내 코가 석자이니 남에게 신경 쓸 여유가 없다. 모두 내가 짓고 내가 받는 것이다.

가끔 힘들다며 찾아와 상담하는 이들이 있다. 사정을 들어보면 마음고생이 많다. 가장 좋은 해결 방법은 수행을 하여 마음을 깨치는 일이다. 그러나 현실적으로 불가능하다. 그러나 짧은 시간에 바꿀 수 없으므로 보시를 권유한다. 그 방법으로 주로 기도와 천도재薦度齋를 권한다. 이것으로 일이 풀리는 경우도 있으나, 최종 목적은 마음을 깨치도록 씨앗을 뿌리는 것이다. 일이 풀리고 안 풀리고는 정말 중요하지 않다. 왜냐하면 일이 풀려서 기분이 좋으면 기분이 좋은 만큼의 과보가 생기며 계속 윤회하기 때문이다. 따라서 그중 가장 쉽게 할 수 있는 것은, 그나마 가지고 있는 것을 조금 내놓게 하는 것이다.

사실은 자기 것이란 본래 없다. 그냥 잠시 머물렀다가 가는 인연물因緣物이다. 또한 나갈 것은 반드시 나가게 되어 있다. 주먹으로 움켜쥐면 쥘수록 빠져나가는 모래알과 같다. 욕심부리고 쥐고만 있으면 돈 잃고 사람 잃는 이중고二重苦를 겪게 될 것이 뻔하다. 그래서 기도와 천도, 화주化主와 시주施主를 하도록 하는 것은 무의미하게 나갈 것을 법보시法布施를 통해 많은 사람들에게 회향하여 복을 받게 하는 것이다. 이왕 나갈 것을 미연에 방지하는 차원에서도 그렇다.

복은 내 것을 나누어주는 행위이다. 그래야 싱싱한 새 것이 들어온다. 그러나 가장 좋은 복은 이렇든 저렇든 무조건 흔연하게 받아들이는 마음 자세이다. 들고 나는 것에 초연한 마음을 가져 집착으로 생기는 고통을 없애준다. 기도와 참선, 보시와 정진을 병행하면 복은 따놓은 당상이다.

제90화
스스로를 괴롭히는 일

去聖遠兮邪見深　　거성원혜사견심
魔强法弱多怨害　　마강법약다원해

성인이 가신 지 오래되니 삿된 견해가 깊어지고
마구니는 강하고 법은 약하여 원망과 해침이 많구나.

◎ 이 구절에서 말하는 성인聖人은 마음을 깨친 이를 뜻하기도 하지만, 성인의 가르침을 이르는 말씀이다. 사견邪見이 많다 함은 성인이 가르쳐주신 내용에 대해 정확히 알지 못하고 분별심이 더 많이 생김으로써 결국 스스로 괴롭고 불편한 일을 만든다는 뜻이다.

마구니는 밖에서 생기는 것이 아니다. 나 스스로 분별을 일으켜 인과의 과보를 많이 받게 되니 내 자신의 마음이 어지러워지는 것을 가리킨다. 또 법이 약하다는 것은 곧 신심이 없다는 뜻이다. 인과에 대한 철저한 믿음으로 고락에 대해 의심을 하지 않아야 함에도 불구하고 나쁜 것을 멀리하려고 하면서 분별하니 남을 탓하는 원망과 남에게 책임을 돌려 해를 주려는 마음이 생긴다는 뜻이다.

두 가지 정도는 믿음을 갖고 살아가기를 권한다. 첫째, 인과에 대한 굳건한 믿음이다. 인과는 좋음과 싫음의 고락이 반복되는 것을 말한다. 지금 좋다고 하는 것 뒤에는 싫음이라는 마음이 있기 때문이고, 지금 싫다고 하는 것은 그 뒤에 좋음이라는 마음이 있기 때문이다.

좋은 일이나 나쁜 일이 생기는 것은 스스로의 고락 인과의 마음에서 나온 것이다. 그러므로 세상을 탓하거나 남을 탓해서는 해결될 일이 아니다. 내 마음 안에 있는 좋다 싫다 하는 고락의 분별이 원인이다. 그런 까닭에 이를 모두 멸하여 중도의 마음이 되어야 한다. 그러니 어떤 일을 대하더라도 분별을 해서는 안 된다. 분별은 인과를 낳고 인과는 끝없이 괴로움을 낳기 때문이다.

따라서 있는 그대로 여여하게 받아들여야 한다. 물론 잘되지 않을 것이다. 업장이 두터워서다. 그럼에도 이를 극복해야 한다. 화를 내거나 시비를 하거나 이유를 대면 안 된다. 무조건 수긍하고 받아들여야 한다. 그렇지 않으면 괴로운 일이 계속 생겨날 것이기 때문이다.

둘째, 감정을 조복調伏받아야 한다. 불교의 최종 목적은 정을 없애고 성불하는 것이다. 정은 집착을 낳고, 집착은 좋음과 싫음의 고락 분별을 낳고, 분별은 결국 인과에 의해 고통과 괴로움, 걱정과 근심을 낳는다. 감정은 싫다 좋다 하는 고락을 말하는 것이니 이 둘의 관계는 불가분이다. 그러므로 한 가지만 선택하여 취하려는 것은 앞만 원하고 뒤를 원하지 않는 것과 같다. 때문에 이 두 가지 모두를 없애려면 감정을 절제하고 멸해야 한다.

그래서 어떤 위치에서 어떤 행동을 하더라도 이 두 감정이 오락가락 엎치락뒤치락하면서 들어오고 나가는 것이므로, 남녀노소 지위고하를 막론하고 이를 벗어날 수는 없다. 아무리 즐거운 일이나 괴로운 일이 생기더라도 그 일 자체는 득실과 성패 없이 인과 인연 따라 변하고 움직인다. 그렇기 때문에 어떤 결과가 나오더라도 좋고 싫은 감정을 얹게 되면 괴로움만 남을 뿐이다.

고락 시비 감정의 인과에 놀아나지 말고 의연하게 중도의 마음을 가져야 한다. 결과가 좋고 나쁜 것을 떠나 분별하지 말고, 좋고 싫은 고락의 감정을 절대 일으켜서는 안 된다. 순간순간 이를 잊지 말아야 한다. 기도와 참선, 보시와 정진으로 감정을 다스려나가면서 더 이상의 인과 업을 만들어 스스로 괴로움을 자초하지 말아야 한다.

제91화
마음을 깨치는 쉬운 방법

聞說如來頓教門　　문설여래돈교문
恨不滅除令瓦碎　　한불멸제령와쇄

여래의 돈교문 설법을 듣고
부수어 없애버리지 못함을 한탄하도다.

◎ 돈교문頓敎門이란 마음을 즉시, 단박에 깨친다는 뜻이다. 기왓장을 망치로 단 한 번에 깨부수어버리듯 일체의 분별심을 없애고, 한 점 불편함이나 괴로움이 없는 상태에 이른다는 말씀이다. 마음을 그 즉시 깨친다는 것은 참으로 어렵고 불가능에 가깝다. 그러나 목적지를 정하고 곧바로 가기만 한다면 어느새 목적지에 도달한 자신을 발견할 때가 있을 것이다.

하지만 목적지를 잃어버리고 중간에 이리저리 헤매면서 다른 것에 집착하면 영원히 목적지에 도달하지 못하고 만다. 돈오의 마음을 깨치려 한다면 분별심을 없애어 다른 사건에 빠지지 말고 오롯이 화두를 놓치지 말아야 한다. 화두란 분별을 하지 않기 위한 마지막 수단과 같은 것이다. '수행을 해야지' 마음을 먹는 순간 수행을 하지 못한다는 분별심이 바로 생기는 것이고, '성불을 해야지' 생각하는 순간 성불하지 못한다는 분별이 생긴다.

그러므로 일체의 생각과 마음을 그 즉시 놓지 않으면 영원히 분별에서 빠져나오지 못하면서 인과가 계속 윤회하게 된다. 그러므로 오롯이 화두를 놓치지 않음으로써 분별심을 막는 것이다. 화두를 놓지 않는 이상 그 즉시 깨침이 이루어지지 않을 수가 없다. 《법성계》에 '초발심시변정각初發心是便正覺'이라 했다. 처음 마음을 내는 즉시 바로 깨친다는 뜻이다. 지금 이 순간 즉시 이것과 저것, 좋고 싫은 분별의 마음만 놓아버린다면 인과가 생기지 않는다. 이를 정각正覺을 이룬다고 하는 것이다.

어떤 불자들은 실망하거나 듣지 않을지도 모르겠으나, 불교에서는 무엇을 바라는 마음이 있으면 안 된다고 가르친다. 무엇을 바란다는 것은 아쉬운 것이 있다는 뜻이고, 아쉬움을 느끼는 마음은 계속 불편한 마음을 만든다. 이는 올바른 마음 상태가 아니다. 그러므로 한 점이라도 바라거나 원하는 마음이 없어야 불편함과 괴로움이 사라질 것이다. 이는 순전히 '좋다 싫다' 하는 분별된 마음에서 나오는 것이라 할 것이다. 이와 같은 분별심에서 빠져나오지 못하면 어떤 행동, 어떤 말, 어떤 생각을 하더라도 생사와 생멸, 즉 고통과 괴로움에서 벗어나지 못한다.

'잘살아야지' 하고 생각하면 벌써 못산다는 마음이 있기 때문에 이 두 마음이 계속 오락가락할 것이다. 또, '행복해야지' 하면 그 즉시 불행한 마음이 있다는 증거이므로 이 두 가지 생각과 마음이 있는 이상, 행과 불행의 분별심은 영원히 계속된다. 따라서 진정한 불자가 되기 위해서는 분별심을 없애야 한다. 이러한 신심이 뒷받침되어야 한다.

분별의 마음을 없애기 위해서는 어떤 것에도 집착하는 마음을 놓아야 한다. 이를 실천하기 위하여 염불과 참회, 기도와 참선 그리고 화두를 들고 절대 놓치지 말아야 한다. 그런 가운데 두 가지 마음 즉 분별심을 없애 중도의 마음을 가지는 것이야말로 참다운 불자와 수행자라 할 것이다. 그래서 일체 분별을 없애기 위한 수단으로 참선과 보시를 하라는 것이다.

특히 보시란 '나'라는 아상을 버리기 위해, '내 것'이라는 분별된 생각을 일으키지 않는 수단의 일환이다. 흔연한 보시를 함으로써 마음에서 일어나는 분별심을 놓아버리게 하면서 궁극적으로는 고통과 괴로움을 없애는 최고의 수단이 된다. 오늘부터라도 염불이나 기도, 참선과 보시 등의 화두 정진을 통해 분별심을 없애고 마음을 그 즉시 깨치는 돈오의 시간이 되기를 바라마지 않는다.

제92화

나와 너의 운명

作在心殃在身　　작재심앙재신
不須怨訴更尤人　　불수원소갱우인

짓는 것은 마음이 하고 재앙은 몸이 받으니
모름지기 남을 원망하고 하소연하거나 비난하지 말지어다.

◎ 마음으로 짓고 몸으로 받는다는 것은 일체유심조一切唯心造라는 말과 같다. 몸은 마음의 그림자이다. 마음의 모양에 의해 몸도 따라 생겨난다는 말씀이다. 따라서 이 구절은 마음을 잘못 써서 남을 원망하고 남의 허물을 문제 삼으면 몸도 상하게 되고 병을 얻거나 목숨까지 위협받게 된다는 경고의 말씀이다.

마음이 짓는다는 뜻은 제8 아뢰야식이라고 하는 무의식無意識과 잠재의식潛在意識이다. 이것은 이미 마음에 저장되어 지어져 있다. 좋고 싫다 하며 분별하는 마음이 오랜 전생 겁劫으로부터 마음에 꽁꽁 내재되어 있다는 말이다.

눈과 귀와 코와 혀와 몸과 생각의 육근으로 모든 것을 보고 듣고 냄새 맡고 맛보고 하면서 좋다, 즐겁다, 기쁘다, 행복하다, 만족하다는 등의 기분 좋은 마음을 기억하게 된다. 이와 같은 기분 좋은 마음은 어디서 오는 것일까?

좋다 나쁘다 하는 이 두 가지 마음은 서로 동전의 양면과 같다. 한쪽만 따로 생겨날 수 없는 관계이다. 그러므로 이를 인과라 하고 분별심이라 한다. 전생 또는 평생을 놓고 보면 좋은 기분의 마음을 총합해놓은 것과, 싫고 나쁜 기분의 마음을 총합해놓은 것은 결국 똑같다는 말이다. 이를 부정하거나 모를지라도 이와 같은 인과의 법칙은 받지 않을 수 없는 사바세계의 철칙이다. 그러므로 좋은 마음은 나쁜 마음을 낳고, 나쁜 마음은 또나

시 나쁜 마음을 낳게 되는 인과가 계속된다. 무엇이 좋거나 잘된다고 하는 즉시, 무엇이 싫고 나쁘거나 잘못될 일이 기다리고 있다는 사실을 미리 알아야 한다. 이를 인과라 하고 분별이라 했다. 따라서 부처님은 이 두 가지 마음을 모두 버리라고 하신다. 한쪽 마음이 생기는 즉시, 다른 한쪽 마음이 똑같이 생겨나 업이 두터워지므로 무슨 수를 쓰더라도 고락의 분별심을 갖지 말라고 하신 것이다.

무슨 수를 쓰라는 것은 중도의 마음을 가지라는 말씀이다. 설사 병을 얻거나 목숨을 잃는 지경에 이른다 할지라도 고락의 분별심을 내지 않으면 그 즉시 바로 중도의 마음이 되어 생사와 생멸이 없어진다는 것이다. 물론 현실적으로 어렵다는 것은 너무나 당연하다. 그럼에도 불구하고 이를 실행하지 않으면 좋고 싫은 고락의 인과에 걸려 영원히 좋고 싫은 고통과 괴로움을 면할 길이 없다.

고락의 분별심만 없다면 남이 볼 때는 정상적이지 않을지라도 그것은 그렇게 보는 사람의 업이자 그 사람의 몫이지 자신은 어떤 행동이나 말이나 생각을 하더라도 인과의 과보를 받지 않는 것은 물론이고, 때와 장소에 상관없이 자유자재한 자성을 이루게 된다. 이를 깨침, 깨달음, 반야, 해탈이라 이름한다.

그렇기 때문에 좋은 행동, 좋은 말, 좋은 생각을 하라고 하지 않는다. 왜냐하면 좋은 것은 나쁜 과보를 만들어내는 위험이 있기 때문이다. 다만 좋고 싫고의 분별심을 내지 않고 하는 행동이나 말, 생각은 결코 나쁜 것을 택하지 않는다. 그러니 인과에 대한 철저한 믿음을 가지고 그저 함이 없는 함, 무위無爲의 마음으로 기도, 참선, 보시, 정진을 하는 것이 이생에서 해야 할 가장 귀중한 행동이다.

제93화
무엇이 옳고 무엇이 그른가?

欲得不招無間業　　욕득불초무간업
莫謗如來正法輪　　막방여래정법륜

무간지옥의 업보를 불러오지 않으려거든
여래의 바른 법륜을 비방하지 말지어다.

◎ 무간지옥無間地獄이란 아비지옥阿鼻地獄 또는 무구지옥無救地獄이라 하여 고통이 끊임없이 이어져 잠시도 쉴 틈이 없는 곳을 말한다. 물리적으로 실재하는 지옥을 말하기도 하지만 자기가 태어날 곳은 본인의 마음에 따라 생기는 법이니 현실에 있어서도 인과의 과보를 받아 스스로 고통을 느낀다면 그곳이 바로 무간지옥이다.

부처님의 정법正法을 비방하면 무간지옥을 면하기 어렵다고 살짝 겁을 주는 대목이기는 하나, 단순하게 비방을 한다고 하여 무간지옥에 떨어진다는 의미는 아니다. 좀 더 논리적으로 설명하면 인과를 믿지 않거나 공의 도리를 알지 못하고 억지스러운 사고와 비진리적인 행동을 하면 스스로 고락의 과보를 받게 됨으로 인하여 마음에 고통을 받는다는 뜻이다.

어제《불교신문》독자로부터 편지 한 통을 받았다. 본인은 보수적인 사람인데《불교신문》에서 진보적인 현 정부를 두둔하는 칼럼을 쓴 것이 매우 화가 난다고 했다. 이분의 심정을 어느 정도는 이해할 수 있다. 정치적인 성향을 떠나서 마음 상태를 알 수 있다는 말이다. 누구나 충분히 그럴 수 있다.

남북이 분단되어 있고 동족상잔의 난을 겪었으며, 나라를 잃은 피맺힌 한의 역사가 있고, 강대국의 틈바구니 속에서 잘살려고 발버둥치는 우리 국민들은 생존을 위한 마음이 매우 예민

하기 때문이다. 그러나 각자의 생각이 극단적으로 다를 수도 있다. 불자라면 나무 한 그루 한 그루를 보는 것도 좋지만, 숲을 보는 안목을 지녀야 한다. 나무 한 그루를 보고 좋으냐 싫으냐 하며 시비한다면 그 다양한 나무들이 모여 있는 산은 어찌할 것인가. 또 하나의 산을 보고 좋으냐 싫으냐를 놓고 시비한다면 그 산이 모여 있는 산천은 어쩌란 말인가.

분별심을 가진 사람들이 살아가는 세상은 어느 때 어느 곳을 막론하고 좋고 싫은 고락과 옳고 그른 시비가 있기 마련이다. 사람 둘이 있어도 고락 시비가 생기고, 사람이 많은 곳에는 끼리끼리 당파를 지어 고락 시비의 대결이 생기게 된다. 동서고금을 막론하고 역사적으로 그렇게 이어져왔다. 앞으로도 그렇게 이어져갈 것이다.

하물며 혼자 있어도 기분이 들락날락하는 마음을 볼 수 있을 것이다. 왜냐하면 각자의 마음이 고락 시비의 분별로 이루어졌기 때문이다. 따라서 문제는 좋고 싫은 고락의 마음과 옳고 그른 시비의 마음으로 세상을 보는 나 자신 스스로에게 있다는 사실이다. 어차피 세상의 모습과 마음의 모양은 이것이 생기면 반대의 저것이 생길 수밖에 없다. 이때든 저 때든, 이곳이든 저곳이든 때와 장소를 불문하고 고락 시비가 끊어질 수 없다. 따라서 어느 것이 옳고 어느 것이 그르다고 하는 분별심이야말로 마음을 불편하게 하고 괴롭게 하는 주범이라 할 수 있다. 그러므로 부처님이나 눈 밝은 조사들은 고락 시비로 세상을 보지 않는다. 그저 인과 인연의 흐름으로 볼 뿐이다. 그래서 마음이 불편하거나 괴롭지 않고 중도의 고요한 마음을 이룬다.

 군이 이해를 돕자면, 보수는 밀물이고 진보는 썰물이다. 반대로 진보가 밀물의 모습이라면 보수는 썰물의 모습이다. 밀물이 좋고 싫은가? 썰물이 옳고 그른가? 밀물이 있으니 썰물이 있고 썰물이 있으니 밀물이 있을 뿐이다. 그냥 인과 인연의 모습이라는 말이다. 어느 것을 선택하든 상관없다. 다만 좋고 싫은 고락의 내 마음이 문제이다. 고락 분별로 보지 않고 그저 인과의 모습으로만 본다면 어떤 것을 선택하더라도 마음은 평안할 것이다. 따라서 세상 모두가 평안하게 보일 것이다.

제94화
다툼을 해결하는 법

栴檀林無雜樹 전단림무잡수
鬱密深沈師子住 울밀심심사자주

전단향 나무숲에는 잡나무가 없으니
울창하고 깊숙하여 사자가 머무는도다.

◎ 전단향旃檀香은 향나무 가운데 가장 좋은 나무이다. 전단향이 있는 숲에는 다른 잡목들이 섞이지 못한다. 전단향 숲은 분별심이 없는 중도의 자성을 상징하는 비유법이다. 또 사자는 마음을 깨친 이를 말한다. 부처 또는 아라한, 보살이나 조사를 뜻한다. 울창하고 깊숙하다는 의미는 만법萬法이 구족하여 더함이나 부족함이 없음을 말한다. 완전한 마음, 즉 반야般若 지혜의 무분별심을 가리킨다.

여기서는 다툼에 대해 얘기하고자 한다. 살다보면 누구나 다투는 일이 생기기 마련이다. 상대방이 나의 생각과 맞지 않으면 시비가 붙게 되고 그로 인해 때로는 화가 나면서 마음을 상하는 경우가 다반사다. 때로는 급기야 법정에서 법적인 심판을 받게 되는 일도 부지기수이다.

물론 내 생각이 맞을 때도 있고 그렇지 않을 때도 있다. 그러나 옳든 그르든 나중에 어떻게 될지언정 당장에는 마음이 요동치면서 스스로 감정을 주체하지 못하고 화가 나는 경우가 많이 생긴다. 우선 명백하게 잘잘못이 가려지는 경우도 있으나, 때로는 자신과 더불어 상대방 역시 억지를 부리는 경우도 잦다.

이때는 당해의 일만 놓고 볼 것이 아니라 다른 요소에 의한 경우를 간과할 수 없어 단순하게 판단할 일은 아니다. 다른 일 때문에 화가 나 있는 경우에 그 일에 대한 것은 말하지 않은 채

엉뚱한 것을 잡고 시비를 거는 일도 많이 생긴다는 말이다. 따라서 세상일에는 서로서로 연기하며 영향을 주고받기 때문에 옳은 것도 어느 때는 그른 것이 되고, 그른 것이 옳은 것이 될 때가 많다. 그러나 분명히 알아야 할 것은 옳고 그른 시비 다툼의 본질은 따로 있다는 사실이다.

늘 설명했듯이 옳다 그르다, 잘되고 잘못되었다 하는 시비는 내 마음이 좋고 싫은 고락과 직결되어 있다. 내가 옳다고 생각하면 즐겁거나 기쁜 마음이 들고, 그르다고 생각하면 괴롭거나 슬픈 마음이 든다. 이렇게 좋고 싫은 고락과 옳고 그른 시비의 마음은 나의 잠재의식과 무의식인 아뢰야식의 업장식에 이미 깊숙이 저장되어 있다. 따라서 좋고 싫은 고락의 마음은 서로 같은 무게와 부피의 질량을 갖고 있기 때문에 좋은 것만큼 싫은 것이 생겨나게 되고, 싫은 것만큼의 좋은 것이 생겨나게 되는 인과가 연속되는 것이다. 끝없이 고락 시비가 이어지는 것이다.

그러므로 다툼에 있어서 설사 이긴다 하더라도 이겼다는 즐거움에 의해 괴로움이라는 인과의 과보가 생겨나므로 결코 이겼다고 할 수 없다. 그러니 시비의 다툼이 문제가 아니라 내 안에 잠재되어 있는 고락의 업장에 의해 다투는 일이 생겨날 수밖에 없는 인과로서 마음이 불편하게 되는 것이다. 내 안에 있는 고락의 분별심을 없애지 않고서는 다툼은 말할 것도 없고 불편하고 괴로운 마음이 계속될 수밖에 없다.

그렇다면 다툼이 일어나지 않고 고락 시비의 마음을 어떻게 하면 없앨 수 있을까? 일단 다툼이 생길 때 마음의 감정을 잘 살피면서 고락의 감정을 일으키지 않도록 해야 한다. 설사 다툼에서 이긴다 하더라도 마음이 불편한 과보로 다음에 또다시 반복되는 일이 생기기 때문이다. 설사 내 주장이 받아들여지지 않더라도 고락의 마음을 내지 말고 흔연한 마음을 가져야 다음에 또 시비의 다툼이 생기는 것이 줄어들거나 없어진다.

모든 일에서 중도의 마음을 갖지 않고 좋음과 싫음의 두 가지 고락의 감정을 얹게 되면 그 즉시 인과가 생겨서 불편함과 괴로움의 과보를 받게 된다는 사실을 항상 잊지 말아야 한다. 어떤 결과가 되든 고락의 분별심을 가지지 않도록 명심해야 한다. 이에 대한 굳건한 신심이야말로 마음을 평안하게 해줄 것이다. 이를 이루기 위해서는 기도와 참선, 보시와 정진이 뒷받침되어야 한다.

제95화
좋은 사람 만나는 법

境靜林閒獨自遊　경정림한독자유
走獸飛禽皆遠去　주수비금개원거

경계 고요하고 숲 한적하여 홀로 노니니
길짐승과 날짐승이 모두 멀리 달아나도다.

◎ 경계境界가 고요하다는 뜻은 육경六境을 말한다. 즉 눈과 귀와 코와 혀와 몸과 머리의 육근으로 보는 대상이 생기고, 들리는 대상이 생기며, 냄새, 맛, 촉감, 기억이 생겨난다. 이를 색성향미촉법色聲香味觸法의 육경, 다시 말해 경계라고 한다. 눈으로 무엇을 봐도 고요하고, 귀로 어떠한 소리를 들어도 고요하며, 냄새, 맛, 접촉, 기억을 해도 좋고 싫은 분별심 없이 고요한 중도의 마음이 되니 홀로 유유자적하다는 뜻이다.

길짐승과 날짐승은 업식을 의미한다. 약육강식弱肉强食의 업으로 그저 탐욕에 의존하고 싸움을 벌이며, 아무 의미 없이 무조건 어리석은 생각만 하게 된다. 이 같은 경계가 끊어지니 탐진치 삼독심이 모두 멀리 달아나고 사라진다는 말씀이다.

오늘은 보이고 들리는 바깥 경계, 즉 인연 대상이 왜 생기고 나타나는가에 대해 살펴보고자 한다. 어리석은 중생의 마음은 무엇을 보고 들음으로써 좋고 싫은 고락과 옳고 그른 시비의 마음이 생긴다. 그러나 이 같은 마음은 분별과 고락 시비의 업식이 마음속에 저장되어 있다가 때가 되면 자동적으로 나타나는 것임에도 불구하고 사람들은 대개 거꾸로 생각한다.

나타난 대상을 보거나 듣기 때문에 좋고 싫은 고락의 마음이 생기는 것이 아니라 먼저 나의 고락 시비의 업식에 의해 보이고 들리는 대상 경계가 생긴다는 것이 정확한 순서라는 것을 알아야 한다. 그러니 어느 때는 좋은 것이 보이고 어느 때는 나쁘고 싫은 것이 보인다. 이 같은 현상이 생기는 것은 모두 내 마음, 즉 아뢰야식이라는 업식 속에 있는 고락 시비의 인과가 밖으로 현현顯現하여 나타난 인연이라는 것이다.

만약 좋은 사람을 만나 즐겁고 기쁜 마음이 생기는 것은 이미 마음 안에 즐겁고 기쁜 낙업이 나타날 때가 되어 좋은 사람이 보이고 들리게 된다는 것이다. 그러므로 좋은 것이 보이고, 좋은 것이 들리고, 좋은 냄새를 맡고, 좋은 맛을 보고, 좋은 촉감을 느끼고, 좋은 기억을 하는 것은 순전히 마음 안에 있는 좋은 낙업이 생기는 때가 된 것임을 알아야 한다.

그러나 문제는 한쪽이 생기면 다른 반대쪽도 생기는 것이 인과법칙이다. 좋은 것의 인과로 싫은 것이 나타나는 것 역시 마음 안에 있는 고업이 생길 때가 되었기 때문이다. 따라서 좋고 싫은 것이 보이고 들리고 냄새 맛 촉감 기억이 생길 때는 '내 마음의 업식이 현상으로 나타나는구나'라고 생각해야 한다. 더군다나 싫고 나쁜 것이 나타날 때는 모두 내 마음의 업식이라는 것을 알아야 한다.

고락 시비의 분별 업식이 마음 안에 없으면 고락 시비의 현상이 절대로 보이거나 들리지 않는다. 이는 마음을 깨쳐서 분별업이 다하여 고락의 업식을 다한 부처님이나 명안종사明眼宗師

를 보면 잘 알 수 있다. 그러므로 좋다 싫다는 것, 옳다 그르다 주장하는 것은 실재하는 진리의 현상이 아니라 모두 내 마음이 만들어내는 허상에 불과한 것이다.

 이와 같은 분별 업식을 자꾸 반복하며 좋네 싫네 따지는 것은 매우 어리석은 것이다. 이는 고통과 괴로움을 스스로 자초하는 길임을 알아야 한다. 이것을 잘 알고 깊이 체득하면 어느 때 어느 장소에서 어떤 일이 벌어지거나 누굴 만나더라도 마음 감정이 현혹되지 않고 늘 평안한 마음을 유지할 수 있다. 당장의 일에 집착하지 말고 차분히 스스로의 마음을 되돌아보는 시간을 가져야 할 것이다.

제96화

부모와 자식 사이

師子兒衆隨後　　사자아중수후
三歲卽能大哮吼　　삼세즉능대효후
若是野干逐法王　　약시야간축법왕
百年妖怪虛開口　　백년요괴허개구

사자 새끼 무리가 뒤를 따르니
세 살만 되어도 곧 크게 울부짖도다.
만약 여우가 법왕을 쫓아내려 한다면
백년 묵은 요괴가 헛되이 입만 벌리도다.

◎ 사자는 마음을 깨친 이를 상징한다. 깨달음을 이루면 선후先後가 사라지고 고하高下가 필요 없어진다. 분별 자체를 하지 않기 때문이니 세 살이든 구순이든 전혀 상관이 없다는 뜻이다. 그러니 세 살 먹은 사자도 마음을 깨치면 사자후獅子吼, 즉 깨침의 소리를 하는 것이다. 여우는 잔머리를 쓰며 법왕法王 사자 흉내를 내며 요령을 부린다. 하지만 요괴가 아무리 떠들어도 헛된 소리만 하게 되는 것과 같다는 뜻이다.

여기서 여우와 요괴란 마음을 깨치지도 못하고 인과법과 공의 도리인 중도의 진리를 체득하지 못하고, 마치 마음을 깨달은 것처럼 입으로만 나불거린다는 의미이다. 동서고금을 막론하고 이러한 가짜 수행자들이 판을 치고 있으니 특히 조심해야 한다.

여기서는 부모와 자식의 관계에 대해 살펴보고자 한다. 먼저 중생을 유정이라 했다. 유정은 단순한 뜻으로는 정이 있다는 의미다. 정이란 무엇일까? 인간적으로는 매우 지대한 관계를 이루는 중요한 요소임은 분명하다. 그러나 불교적 관점에서 볼 때는 야속하게도 정이 없어야 한다. 정이란 애정愛情, 애착愛着을 말하는데 곧 집착을 의미한다. 정이 있고 정을 느낀다는 것은 곧 내 마음이 즐겁고 행복해진다는 전제가 깔려 있다. 그래서 자식에 대한 정이 깊을수록 즐거움과 기쁨을 누리게 된다. 그러므로 자식은 정을 가장 많이 느끼게 하는 대상이다. 정이 사장 깊은 것은 부모의 모습과 흡사하기 때문이다. 고락을 느끼는 감정 상태가 가장 닮아 있다. 그래서 부모 자식의 관계로 만나게 되는 인연이 주어진다.

그런데 문제가 있다. 이렇게 고락의 감정을 크게 느낄수록 인과를 받을 수밖에 없다. 좋은 감정을 느낀 만큼의 괴로운 과보를 받는다. 자식이 잘되기만을 바라는 부모의 마음은 누구나 같다. 그러나 이는 자식을 위하는 것처럼 생각되지만 따지고 보면 자신의 고락업을 채우려는 욕심의 일환이라는 것을 알 수 있다. 즉 부모 자신의 욕심을 채우려는 착각에 불과하다는 말이다.

세상에 그 누구도 자신의 고락의 업을 대신할 수는 없다. 부모는 부모 자신의 업으로 살아가고 자식은 자식의 업으로 살아가는 것이다. 설사 자식이 잘되어 기쁘고 행복했다면 그것으로 끝나는 것이 아니다. 부모와 자식 각자의 고락업이 발생하여 그에 따른 과보 또한 스스로 받게 된다.

다시 말해, 정을 느끼면 느낄수록 각자 인과의 과보를 받아 고통과 괴로움이 만만치가 않다. 자식이 잘되는 것이 곧 부모의 즐거움일 수 있다. 하지만 여기에 반드시 인과가 따라붙어 부모는 부모대로 자식은 자식대로 고통과 괴로움이 다가온다는 사실을 알아야 한다. 따라서 진정코 자식을 위하는 마음이라면 재산이나 학력 등에 집착하지 말아야 한다. 왜냐하면 원하는 것이

성취되어 기쁨을 얻은 만큼 괴로움이라는 과보를 받아야 하기 때문이다.

그러므로 이것이 생기면 저것이 생기고, 이것이 없어져야 저것도 없어진다는 화엄華嚴의 진리를 하루빨리 깨닫게 해주는 것이 자식을 위한 최고의 교육이 된다. 고락 분별업에서 빠져나와 중도의 마음을 가질 수 있도록 도와주어야 한다. 그래서 부처님은 가족, 특히 자식에게서 정을 떼어야 한다고 하셨다. 정이란 누구를 막론하고 괴로움의 원인이요 온상임을 강조하신 것이다. 그리하여 출가 수행자는 반드시 가족의 정을 멀리하여 떠나는 것이다.

그럼에도 불구하고 자식을 위한답시고 이것도 잘해야 한다 저것도 잘해야 한다며 '모두 자식 잘되라고 하는 것'이라 빙자하여 강요하고 있지는 않은지 스스로 살펴볼 일이다. 진짜 가르치고 배워야 할 것은 깨달음의 지혜로써 양극단에 치우치지 않는 올바른 길, 반야중도般若中道의 실상이다.

제97화

인정에 머물지 말라

圓頓教勿人情　　원돈교물인정
有疑不決直須爭　　유의불결직수쟁

원돈교圓頓教는 인정이 없나니
의심을 해결하지 못했거든 곧장 따져볼지어다.

◎ 원圓은 완전무결하여 더도 덜도 아닌, 상대적인 분별이 끊어져 더 이상 이러쿵저러쿵할 여지가 전혀 없는 상태를 가리킨다. 돈頓은 분별의 업을 멸하여 마음을 단박에 깨치는 것을 말하는데, 곧 시간이 사라졌다는 말과 같다. 여기에 인정이 붙을 여지가 없다. 정이란 좋은 것을 선호하여 집착하는 마음인데 이로써 인과가 그 즉시 나타나서 싫은 마음이 생겨나므로 정이 곧 분별심이고 중생심이다. 이 같이 괴로움의 원천이 모두 사라진 상태를 원돈이라 한다. 이를 믿지 않고 의심하여 원돈과 인과를 깨닫지 못하는 이가 있다면 끝까지 다투더라도 설득하고 가르치라는 자비의 말씀이다.

오늘은 정에 대하여 다시 한번 살펴보려 한다. 정이 있으면 중생이요, 정을 완전히 떼면 부처라고 했다. 곧 유정이 중생이고 무정無情이 부처라는 말이다. 고운 정도 정이고, 미운 정도 정이다. 고운 정이 있으니 미운 정이 있다는 말과 같다. 정을 광의적으로 해석하면 어떤 대상이든 좋은 감정을 느끼는 상태이다. 좋은 감정을 느끼면 정이 들게 된다. 좋은 감정이란 마음이 즐겁고 행복한 것을 말한다. 이것에 맛을 들이면 그 기분을 잊지 못하고 계속 찾게 되니 이를 집착이라고 한다.

문제는 인과가 따라붙는다는 것이다. 따라서 그 과보로 인해 괴롭고 슬프고 불행한 맛을 똑같이 볼 수밖에 없는데 이 같은 정을 미운 정이라 한다. 이를 계속 떼어버리려고 하는 마음 또한 집착이다. 그러므로 정은 곧 인과라 말할 수 있다. 인과는 끝없이 과보를 받게 되어 고락이 계속된다. 물론 괴로움과 즐거움이 똑같이 생겨나 어느 것이 더 크고 작은지 말할 수 없지만 체감적으로는 괴로움과 고통을 더 크게 느끼게 된다.

출가 수행자에게는 정을 곧 마구니로 치부한다. 일체의 집착으로부터 벗어나고자 출가하여 수행하는데 어떤 경우라 할지라도 정을 주거나 받으면 계율을 크게 어기는 것이다. 그래서 출가 수행자에게 일체의 오락이나 잡기를 금하는 이유가 여기에 있다. 아주 작은 것이라도 정을 주면 곧바로 고락의 인과가 따르게 되니 집착으로 말미암아 아쉬움과 불편한 마음이 생기기 때문이다.

사람은 인정으로 살아간다 해도 과언이 아니다. 이러한 정을 갖지 말라고 하는 것은 사람의 가치를 포기하라는 것과 다름없다고 생각할 수도 있다. 이는 각자 어느 것을 선택하느냐에 달려 있다. 그러니 정을 완전히 떼면 분별심이 사라진 부처가 될 것이다. 정을 주고받으면 극락과 지옥을 오가며 육도윤회를 해야 한다. 이는 시소게임과 같아 극도의 불편함이 따를 것이다. 그때 어떤 고통과 괴로움의 인연이 닿는다 하더라도 능히 감내할 수 있어야 한다. 그렇지 않으면 고통과 괴로움을 느끼는 강도가 더 크게 다가올 것이기 때문이다.

　세상에는 우연이란 절대적으로 없다. 내가 느끼는 작은 감정 하나도 그냥 우연히 생기는 것이 아니라 고락이라고 하는 인과의 질서에 의해 나타나는 것이다. 여기에 의심을 하거나 불평불만을 가진다는 것은 누워서 침 뱉는 것과 다르지 않다.

　고통과 괴로움을 더 이상 받지 않으려면 정이라고 하는 감정에 대한 집착을 멈추고, 나타나는 모든 현상에 대해 고락의 감정을 얹지 말아야 한다. 그리하여 있는 그대로 보고 들을 수 있어야 한다. 인과의 질서를 굳게 믿고 더 이상의 인과업을 짓지 않아야 고통과 괴로움에서 벗어날 수 있다.

　정이란 크면 클수록 분별과 집착이 크고 깊어져 고통과 괴로움의 인과 과보를 크게 받게 된다는 것을 깊이 명심해야 한다. 기도와 참선, 보시와 정진은 어쭙잖은 정을 떼어내고 자비와 지혜를 갖추는 명약이 될 것이다.

제98화
우울하거나 짜증이 날 때

不是山僧逞人我   불시산승령인아
修行恐落斷常坑   수행공락단상갱

산승이 인상과 아상을 드러냄이 아니요
수행자가 단견과 상견의 구덩이에 떨어질까 염려함이로다.

◎ 앞 구절에서 '의심을 해결하지 못했거든 곧장 따져볼지어다' 하신 말씀은 산승山僧이 아상我相을 드러내려는 것이 아니라 공부하는 수행자가 단상斷常에 빠질까 염려하신 말씀이다. 깨달음에 이르는 과정에는 단斷과 상常, 즉 단견과 상견이라는 두 가지 견해에 빠져서 원돈의 깨침을 이루지 못하고 도중에 좌절하는 경우가 대부분이기 때문에 재삼 당부하신 것이다.

단견이란 허무주의 또는 염세厭世적인 견해에 빠지는 것을 말한다. 즉 이래도 공이요 저래도 공이라 했으니 이런들 어떠하며 저런들 어떠하랴 하며 막무가내로 사는 삶이다. 끝내는 스스로 좌절하여 목숨까지 위협하게 되는 위험한 발상을 말한다. 고락의 감정을 일으키지 않고, 순간순간 일어나는 감정을 내려놓아서 결국 고락의 분별심이 아예 생기지 않도록 하는 무심의 삶과는 전혀 반대되는 견해이다. 오히려 고락의 감정을 북돋아서 스스로 고통과 괴로움을 자초하는 꼴이다.

상견이란 어차피 인과는 계속되는 것이니 영원한 삶을 유지할 것이라는 믿음을 가지고 무엇을 해도 상관없다는 견해로 살아가는 것이다. 여기까지는 큰 문제가 없으나 이 또한 좋고 싫은 고락의 감정에 의지하며 살아가는 삶이니 고통과 괴로움의 과보가 항상 따라붙는다.

따라서 영가선사께서는 이를 염려하여 잘 구분하라는 뜻에서 다투라고 당부하신 것이다. 이 둘의 구렁텅이에 빠지면 아무리 수행자라 할지라도 수행자가 아닌 것만 못하게 되니, 스스로 고통의 인과를 크게 받게 된다.

여기서는 우울하거나 화가 나고 짜증이 날 때 이를 극복하는 요령에 대해 간단히 살펴보고자 한다. 이러한 현상이 생기는 이유에 대해서는 지금까지 고락의 인과를 살펴보며 충분히 이해했다면 너무나 쉽게 알 수 있는 대목이다.

마음이 우울한 것은 마음이 편안하고 기분이 좋았던 때의 과보로 시절인연에 따라 그 인과가 도래할 때가 되어 찾아온 것이다. 물론 심한 경우에는 걷잡을 수 없을 정도로 힘들고 괴로울 수도 있으나 이 또한 조급해하지 말아야 한다. 그나마 가장 명료하게 극복할 수 있는 방법은 인과에 대한 철저한 믿음을 갖는 것이다. 과거의 편안함과 기분 좋은 시절에 의한 과보라는 것을 재빨리 알아차린다면 능히 극복할 수 있는 힘이 생긴다. 만약 그럼에도 불구하고 개선이 되지 않는다면 아직도 인과에 대한 믿음이 약하기 때문이라고 이해하면 도움이 될 것이다.

화가 나고 짜증이 난다는 것 또한 똑같은 이치로 덧붙이자면 욕심에 의한 인과 과보라는 것이다. 바라는 욕심이 없다면 화가 날 리 만무하고 짜증이 날 리도 없다. 이때는 바라는 마음을 일단 내려놓아야 한다. 인과 인연이란 얻은 만큼 잃게 되고 가진

만큼 사라지게 되는 것이다. 잃을 때는 얻은 것이 있었기 때문이라는 사실을 인정하고 받아들이는 자세여야 한다. 결국 더 얻거나 더 잃는 득실이 없다는 말이다.

다만 얻고 잃는 것은 동시가 아닌 다른 시간의 때에 이루어지기 때문에 얻을 때는 좋아하고 잃을 때는 싫어지는 것이 당연한 처사이긴 하다. 그래서 화가 나고 짜증이 난다면 이는 이율배반이다. 그러므로 우울하거나 화가 나거나 짜증을 낸다고 해서 해결되는 것은 아무것도 없다. 내 마음만 괴롭고 고통스러울 뿐이다. 이때는 인과의 이치를 생각하고 이 시간만 참고 지나면 좋은 인과가 인연될 것이라는 믿음을 가지고 마음을 얼른 추스려야 한다.

재수가 없어서 그렇다는 생각을 하거나 화나고 짜증나는 감정을 주체하지 못하고 엉뚱한 생각이나 행동을 한다면 오히려 인과만 쌓여서 일을 더 그르치게 할 뿐이다. 따라서 항상 겸허하게 받아들이는 마음으로 절을 한 번이라도 더 하면서 자신의 몸과 마음을 숙여야 한다. 기도와 정성을 들이면서 마음을 차분히 하고 기다리는 것이 가장 좋은 마음 자세이다. 항상 인과 인연은 거짓이 없으며 한 치 오차도 없다는 사실을 명심해야 한다.

제99화
옳으면서 옳지 않은 것

非不非是不是　　비불비시불시
差之毫釐失千里　　차지호리실천리

그르면서 그르지 않음과 옳으면서 옳지 않음이여
털끝만큼 어긋나도 천 리만큼 잃는도다.

◎ 이 구절에서도 핵심은 분별심이다. 옳고 그른 시시비비의 관념은 좋고 싫은 고락의 인과가 마음속 깊숙하게 저장되어 있는 업장식, 즉 아뢰야식에서 비롯된다. 인간은 옳다 그르다는 시비의 마음이 태생적으로 습관화되어 있다. 그러나 세상에는 옳고 그름의 시비가 본래 있는 것이 아니다. 정확히 말하자면 인과의 모습을 보고 시비를 하는 것이다. 그러므로 옳고 그른 시비를 따지는 한 시시비비는 영원히 사라지지 않는다.

전쟁은 작은 시비의 다툼에서 비롯되듯이 사람 관계에서도 큰 일보다는 작은 일에서 서로가 불신하고 결국 극한의 상황까지 이르게 되는 경우가 허다하다. 옳고 그른 것은 서로 상대에 대한 이해관계에서 많이 따지게 된다. 만약 교통사고를 내어 사람을 다치게 했다면 이는 명백히 교통사고를 낸 사람이 옳지 않은 행동이라는 것은 누구나 인정할 수 있다. 그러나 교통사고가 일어난 진짜 원인을 되돌아보면 그 원인은 수만 가지도 넘을 것이다. 우선 도로 사정이나 자동차의 성능과 개인적인 심신 상태 등 여러 가지가 있을 수 있다. 그렇다면 언제부터 무엇이 옳고 무엇이 그른가를 따져보면 참으로 모호하기 짝이 없는 노릇이다.

분별심을 이해하기 쉽게 설명하기 위해 자연의 섭리에 대하여 많은 예를 들었다. 봄의 인과로 가을의 과보가 생기고, 여름의 인과로 겨울의 과보가 생긴다고 했다. 또 해가 뜨고 지는 것,

밀물과 썰물 등에서도 이러한 인과의 원인이나 과보를 옳다고 하겠는가 그르다고 하겠는가. 또는 좋다고 하겠는가 싫다고 하겠는가. 옳고 그르다거나, 좋고 나쁘다고 하는 것은 정상적인 사고의 관념이 결코 아니다.

이와 마찬가지로 사람이 하는 행동이나 말, 생각 등의 신구의 삼업 또한 자연의 섭리와 다르지 않아 원인과 결과의 인과로 말하고 행동하고 생각하는 것일 뿐이다. 거기에 옳다 그르다, 좋다 나쁘다 하며 분별하는 것은 각자의 고락 시비 분별심에 따라 보인다는 말이다. 설사 상대방이 욕을 하거나 옳지 못한 행동을 하더라도 이를 보는 이의 마음에 고락 시비의 분별심이 없다면 상대의 행동은 그저 인과의 작용으로만 보일 뿐이다.

'털끝만큼 어긋나도 천 리만큼 잃는도다'는 뜻은 고락의 분별과 시비의 분별이 털끝만큼이라도 생겨난다면 성불은커녕 마음의 평화는 물 건너가고 고락의 인과에 휘둘려 고통과 괴로운 일이 끊이지 않는다는 말씀이다.

어제도 오늘도 고락의 마음과 시비의 마음으로 사사건건, 시시각각 마음 편할 시간 없이 치열하게 살아간다. 그러나 스스로 마음을 편하게 할 줄 아는 기술자라면 지금까지 설명한 인과의 이치를 늘 잊지 않고 인과 흐름의 모습으로만 바라보는 지혜를 갖추게 될 것이다. 그리하여 말이나 행동 그리고 생각으로 옳다 그르다 분별하지 않으며 미련이나 집착하지 않고 어느 것을 선택하더라도 신속히 판단하여 결정지어야 한다. 이것이 가장 현명한 행동이 될 것이다. 다만 거기에 좋고 싫은 고락의 감정을 얹지 말고 분별하지만 않으면 된다. 오늘도 기도와 참선, 보시와 정진을 행하는 날이 되기를 발원한다.

제100화
깨달으면 부처, 미혹하면 중생

是卽龍女頓成佛　시즉용녀돈성불
非卽善星生陷墜　비즉선성생함추

옳다면 용녀가 단박에 성불하는 것이요
그르다면 선성 비구가 산 채로 지옥에 떨어지도다.

◎ 이 구절은 두 가지 상반되는 중생이 어떻게 단박에 성불하고, 어떻게 산 채로 지옥에 떨어지는지에 대해 부연 설명이 필요한 대목이다. 용녀龍女는 암뱀을 말하는데 《법화경法華經》〈제바달다품提婆達多品〉에 나오는 내용으로, 8세의 용녀가 부처님 설법을 듣고 그 즉시 성불한다는 이야기다.

뱀은 다리가 없어 땅바닥을 기어다니는 짐승인데, 생각이 옹졸하고 자비심이 없으며 분별심이 많아서 결국 그 과보로 인해 뱀으로 태어났다고 한다. 또 암컷은 힘이 약하고 선택을 당하는 입장에 있으며, 새끼를 낳아 기르는 책임과 의무를 함께 짊어지고 살아간다. 이러한 업보를 받은 이유는 질투가 많고 옹졸하며, 남을 배려하지 않고 분별심이 많기 때문이라고 한다.

이와 같이 가장 어려운 환경과 조건을 가진 용녀라 하더라도 부처님의 설법을 충분히 이해하고 한 점 의심 없이 마음을 깨달아서 스스로 분별과 고락의 인과를 타파하기만 하면 충분히 성불할 수 있다는 것을 단적으로 표현한 것이다.

또 《열반경涅槃經》에 선성善星 비구에 대해 설명하고 있다. 선성 비구는 본래 부처님의 아들이라 한다. 그런데 500명의 친구들과 함께 부처님의 법을 비방하고, 교단을 문란케 하여 결국 산 채로 지옥에 떨어졌다고 한다. 이 대목에서의 교훈은 아무리 부처님 제자요 아들이라 하더라도 정법을 부정하고, 고락과 시비, 선악과 가부可否를 따지며 극도의 분별심을 지니면 그 인과 과보에 따라 스스로 지옥을 만들어 들어간다는 것을 단적으로 보여주는 대목이다.

반드시 기억해야 할 것은 아무리 환경과 조건이 좋지 않고 불리하더라도 좋고 싫은 고락의 분별과 옳고 그른 시비 분별을 하지 않는다면 그 즉시 성불할 것이요, 반대로 아무리 좋은 환경과 더없이 좋은 조건이라 하더라도 스스로 분별하면 결코 지옥을 면치 못한다는 사실이다.

부처님의 제자라고 자부하는 이들이라면 적어도 매사에 옳고 그른 시비를 일삼거나, 어떤 것이 더 좋은 것인가 하며 집착과 분별을 하거나, 그것도 모자라 마음대로 되지 않는다고 화를 내서는 절대 안 된다. 시비 자체를 분별하지 않고 몰라야 하고, 더 좋은 것 자체에 대해 분별하지 않고 몰라야 한다. 더군다나 마음에 들지 않는다 하는 마음조차 없어서 화나는 것을 몰라야 한다. 그냥 인과의 모습을 그저 바라볼 뿐이다. 물론 인간의 마음으로는 불가능에 가까운 내용들이다.

때로는 방편으로 고락 시비 분별을 하더라도 진심이어서는 안된다. 설사 업습業習에 의해 순간적으로 분별하는 마음을 가졌더라도 그 즉시 참회하고 또 참회해야 한다. 다시 한번 말하지만, 아주 작은 고락 시비의 분별심이라 하더라도 아주 작지만 고락 시비의 인과가 생겨서 스스로 힘들고 괴로운 과보를 일으키며 또한 나비효과처럼 더 큰 인과가 생기게 된다. 그래서 좋고 나쁜, 옳고 그른, 더하고 덜한 분별심이야말로 죄악과 지옥의 씨앗이 된다는 사실을 뼛속 깊이 명심해야 한다. 나머지 것은 알 필요도 없거니와 전혀 도움이 되지 않는 잡념 번뇌일 뿐이다.

제101화
먹고사는 일

吾早年來積學問　　오조년래적학문
亦曾討疏尋經論　　역증토소심경론
分別名相不知休　　분별명상부지휴
入海算沙徒自困　　입해산사도자곤

나는 어려서부터 학문을 쌓고
일찍 주소註疏도 찾고 경론도 살폈도다.
이름과 모양을 분별하면서 쉴 줄을 몰랐으니
바닷속 모래알 헤아리듯 헛되이 스스로 피곤할 뿐이다.

◎ 영가 스님은 어린 시절 학문을 통해 경론經論을 살폈다고 고백하고 있다. 주소註疏를 찾는다는 것도 마찬가지다. 절집에는 어린 나이에 불교에 귀의하여 출가한 것을 뜻하는 동진출가童眞出家라는 말이 있다. 이는 전생부터 수행을 해왔다는 의미로 상당히 존중받아왔다. 또 하나의 의미는 세간에 물들지 않고 곧바로 깨달음의 경지로 들어간다는 뜻이다. 세간에서 생활하면서 분별업을 쌓게 되면 그 습관에 물들어 업장을 소멸해야 하는 시간을 그만큼 허비해야 하기 때문에 동진출가가 중요하다는 것이다.

여기서 말하는 내용도 분별심에 대한 것이다. 사람들이 이러쿵저러쿵하는 모습은 결국 고락 시비 분별이 연속하는 장면일 뿐이다. 분별의 핵심은 바로 좋고 싫은 고락의 인과가 연속되는 과정으로 좋은 만큼 나쁘고 싫은 괴로움이 생기기 때문에 분별을 경계하고 멸해야 하는 것이다. 좋고 싫은 고락의 분별에 이름을 붙이고, 그 모양에 따라 좋고 싫은 고락 분별을 하게 되며 이것이 좋으면 당연히 저것은 싫어지게 되는 것이다. 이렇게 좋고 싫은 고락의 인과가 계속되는 것은 마치 모래를 세고 헤아리는 것과 같아서 그 피곤함이야말로 이만저만이 아니라는 말씀이다.

요즘 국가·국민적인 화두가 온통 경제에 쏠려 있다. 물론 먹고사는 문제가 엄연한 현실로서 무엇보다 가상 시급한 것은 사실이다. 특히 실업률은 역대 최고라는 통계도 있다. 어떤 이들은 IMF 파동 때보다 더욱 살기가 어렵다고 주장하는 사람도 있다. 그러나 아무리 그렇더라도 1970~1980년대 이전보다 더 심하다는 주장은 그야말로 억지에 지나지 않는다. 다만 심리적 체감으로 그렇다고 한다면 충분히 이해할 만도 하겠다.

여기서 두 가지 측면만은 반드시 알아두어야 한다. 첫째, 세상 모든 것은 상대적인 고락의 인과로 구성되어 있다는 사실이다. 극단적인 예를 들자면 극락에서도 못사는 중생이 생긴다는 것이다. 이 말은 아무리 경제가 좋고 1인당 국민소득이 백만 달러가 넘는다 할지라도 그 가운데서도 못사는 사람이 있고 불평불만이 있기 마련이다. 이는 단순히 경제적·물질적 규모만으로 삶의 질을 따지기는 쉽지 않다는 말이다. 세계에서 거지가 가장 많은 나라가 바로 미국이라고 한다면 믿을 수 있을 것인가.

둘째, 위 설명의 연장선상에서 각자 개개인의 행복지수는 경제적인 것만으로는 절대 계산할 수 없다. 그저 돈과 물질이 풍부하다고 해서 행복하거나 즐거울 수는 없다는 말이다.

인류가 어떤 업연業緣으로 멸망하지 않는 이상 앞으로 과학은 계속 발전할 것이다. 모두가 땅에 발을 딛지 않고 살아갈 날이 올 수도 있다. 불교에서 말하는 신통묘력이 과학 발전과 맞물려서 몸은 가만히 있고 유체이탈하여 여러 나라를 순식간에 돌아보고 올 수도 있을 것이다. 그럼 그런 세계에서 늘 즐겁고 행복하기만 할까?

수백 번도 더 설명했듯이, 마음은 이와는 별개의 세계로 이루어져 있다. 마음은 고락의 인과로 구성되어 있다. 이는 결국 각자의 업으로 귀결된다. 그러므로 행복한 마음을 밖에서 찾는다면 이는 절대적인 오류를 저지르는 꼴이다. 돈과 명예, 물질 등의 오욕 충족이 당장은 마음을 만족스럽게 할 수는 있으나 이는 인과의 과보를 받아 행복한 만큼의 괴로움이 발생한다는 사실도 알아야 한다.

우선 마음 밖에서 평안과 행복의 요인을 찾을 것이 아니라 고락의 분별된 마음을 어떻게 하면 중도의 여여한 마음으로 만드는 것이 근본적인 마음의 평화를 얻는 길이다. 그 길에는 기도와 참선, 보시와 정진이 필수적인 요소이다.

제102화
내가 나를 속이는 삶

却被如來苦呵責　각피여래고가책
數他珍寶有何益　수타진보유하익
從來蹭蹬學虛行　종래층등학허행
多年枉作風塵客　다년왕작풍진객

도리어 여래의 호된 꾸지람을 들었으니
남의 보배를 헤아려서 무슨 이익이 있겠는가.
예전엔 비틀거리며 헛되이 수행하였음을 깨달으니
여러 해를 잘못되게 풍진객風塵客 노릇을 하였도다.

◎ 여래의 호된 꾸지람을 듣는다는 것은 부처님이나 마음을 깨친 조사들의 행적行蹟이나 말씀만 되새기며 이러쿵저러쿵하고 있을 뿐, 분별 없는 자성의 마음으로 바로 들어가지 못하는 자신의 현재 처지를 말함이다.

또 지난 시절 대장경大藏經의 문자나 세고 이렇다 저렇다 사량思量만 논하며 한 치도 나아가지 못하고, 분별망상分別妄想에 젖어서 수행이 어떠니 공부가 어떠니 하면서 바람 앞의 먼지마냥 이리저리 비틀거리며 세월만 농락했다는 한탄의 말씀이다. 이 순간 찰나까지도 고락 시비 분별심에 의존하여 살아가는 세속의 사람들은 좋고 나쁜 고락과 옳고 그른 시비를 거듭하며 인과의 늪 속에서 마냥 허우적거리고 있다.

세상의 본질에는 좋고 나쁜 고락과, 옳고 그른 시비는 없다. 인과의 마음 작용일 뿐이다. 고락 시비란 어느 한쪽만 생기고 남는 것이 아니다. 빛이 있으면 그림자가 저절로 생기는 것과 같다. 빛과 그림자는 필연적인 인과이다. 따라서 어느 때 어느 곳에서 무엇을 하고 살아가든 인과의 작용일 뿐이다. 다만 욕심을 내면 낼수록 그만큼의 고락 분별에 따른 괴로움의 과보를 받게 되고, 즐겁고 기쁜 만큼 고락 분별에 따른 인과의 과보를 받게 된다는 사실만 있을 뿐이다.

시비 분별을 하는 마음에 따라 인과의 과보를 받는 것이므

영가진각대사증도가 永嘉眞覺大師證道歌

로 이는 모두 스스로의 몫이다. 가족을 위하여, 이웃을 위하여, 사회를 위하여, 국가를 위하여, 세상을 위하여, 평화를 위하여, 종교의 믿음을 위하여… 그 어떤 삶을 산다 해도 이를 보는 각자의 고락 분별에 따른 인과업因果業의 작용에 불과하다.

문제는 스스로의 고락업으로 귀착된다는 사실이다. 따지고 보면 세상의 모든 것은 고락 분별의 인과 작용에 의한 윤회일 뿐이다. 그 어떤 것도 고락 분별의 인과를 벗어날 수 없다. 욕심 내고 화내고 어리석을수록 고락의 윤회를 거듭할 뿐이다. 이는 허우적거릴수록 빠져드는 늪과 같다.

이 구절을 읽고 세상의 그 어떤 것도 중요한 것은 없다는 진리를 빨리 깨달아, 여몽환포영如夢幻泡影 여로역여전如露亦如電과 같은 진리를 알아야 한다. 세속에서 벗어나 스스로 고락 시비 분별의 업을 멸하는 것만이 고해苦海에서 벗어나는 유일한 길임을 명심해야 한다.

제103화
잘못 알고 잘못 이해했으니

種性邪錯知解   종성사착지해
不達如來圓頓制   부달여래원돈제

성품에 삿됨을 심고 알음알이 그릇됨이여
여래의 원돈제를 통달하지 못했도다.

◎ 성품에 삿됨을 심는 것이란 좋고 싫은 고락을 분별하는 마음을 말한다. 자기가 원하는 것을 어떤 식으로든 성취하려는 마음이다. 원하는 것을 성취하려는 욕심이 생기는 근본 원인은 다름 아닌 기분이 즐겁고 기쁜 감정을 느끼기 위함이다. 또는 더 이상의 고통과 괴로움을 받지 않으려는 마음이다. 그러나 세상에 공짜는 없는 법이다. 덩달아 나타나는 고락 인과로 인해 기분이 나빠지는 괴로움과 슬픔이 기다리다가 시절인연을 만나면 나타나게 된다는 사실이다. 해가 떴으니 해가 져야 하는 인과 법칙을 벗어날 수 없기 때문이다. 이렇게 과보를 받을 수밖에 없는 분별하는 마음을 삿되다고 한다.

　알음알이란 지식을 의미한다. 지식이 필요한 것은 무엇을 잘 알면 즐겁고 기쁘고 행복한 감정이 들기 때문이다. 그러나 이 또한 좋음과 싫음의 고락 인과로 인하여 괴롭고 슬프고 불행한 감정이 일어나서 기분이 나빠지는 과보를 받아야 한다. 알음알이라는 것이 결코 바람직한 것은 아니라는 말씀이다.

　이 같이 삿된 알음알이는 본래 성품인 자성을 덮어서 아뢰야식이라는 나의 가짜 마음, 즉 고락의 업장식만 두텁게 하면서 좋고 싫은 고락의 노예가 된다. 끝없이 극락과 지옥을 오간다. 여래의 원돈제圓頓制, 즉 마음을 깨치지 못했기 때문이다. 그러므로 그 어떤 상황에서도 중도의 마음으로 그냥 그대로, 있는 그대로 받아들이는 습관을 길러야 한다. 좋고 싫은 고락의 감정과 옳고 그른 시비의 감정을 절대로 일으키지 말아야 한다. 이것만이 업장을 소멸하고 윤회를 벗어나게 하는 유일무이한 길이라는 것을 명심해야 한다.

어느 날 기차를 탔는데 어떤 사람이 코를 몹시 골았다. 불쾌할 정도로 시끄러웠다. 그러나 아무도 제지하지 못했다. 대수롭지 않게 여기는 사람도 있을 것이고, 속이 부글부글 끓으면서도 함부로 시비를 하지 않는 사람도 있을 것이다. 이 장면을 보고 약간 기분 나쁜 감정이 감지되었다. 이 순간 나의 아뢰야식, 저장된 감정이 발동되는구나 하고 직시를 했다. 동시에 아직도 현상을 현상대로 받아들이지 못하는 나의 분별심에 대해 즉시 참회했다.

여기서 분별심이란, 코고는 소리에 대해 좋지 않게 느끼는 마음과 더불어 저러면 옳지 않다고 생각하는 마음을 말한다. 때로는 얼마든지 흔들어 깨워서 말을 해줄 수도 있다. 당사자가 미안하게 받아들이면 다행이지만 뭐 그런 것까지 참견을 하느냐며 시비가 크게 번질 수도 있는 장면이다. 여기서 더욱 중요한 것은 만약 복잡한 상황이 벌어질 수 있다고 해도 좋고 싫은 고락의 감정을 일으키지 않아야 한다는 점이다. 여유로운 마음을 가지고 시비를 조목조목 가릴 수만 있다면 이는 진짜 고락 시비의 분별이라 할 수 없으므로 인과의 적용을 받지 않는다. 왜냐하면 근본 자성의 마음에서 분별심 없이 그냥 말하고 행동하는 것이기 때문이다.

좋고 싫은 고락과 옳고 그름을 분별하는 시비는 계속적으로 인과를 낳기 때문에 순간순간 분별된 마음을 자제하고 잠재워야 한다. 시비하던 업식이 사라지면 좋고 싫은 것을 볼 수가 없게 되니 무엇을 보고 듣고 부딪치든 늘 평화로운 마음이 될 것이다.

제104화
사량분별은 도가 아니다

二乘精進勿道心	이승정진물도심
外道聰明無智慧	외도총명무지혜
亦愚癡亦小騃	역우치역소해
空拳指上生實解	공권지상생실해

이승二乘은 정진하나 도의 마음이 없고
외도는 총명하나 지혜가 없도다.
어리석고 또 어리석어서
빈주먹 손가락 위에 실다운 견해를 얻는구나.

◎ 이승二乘은 성문聲聞과 연각緣覺을 뜻한다. 사성제四聖諦를 여실히 깨친 이를 성문승聲聞乘이라 하고, 12연기를 여실히 깨친 이를 연각승緣覺乘이라 한다. 그러나 아라한과阿羅漢果에 올라 스스로 깨달음을 얻은 것으로 믿고 있지만, 사실은 아직도 변역생사變易生死에 머물러 있다.

변역생사란 아라한이나 보살이 아뢰야식의 무기식無記識인 멸진정에는 들었으나, 침공체적沈空滯寂, 즉 공에 빠지고 고요에 막히는 병이 커져서 구경열반으로 나아가지 못했으니 이는 도가 아직 성취되지 않았다는 뜻이다. 물론 세간 사람들의 분단생사分段生死를 뛰어넘고 나고 죽음을 자유자재로 하는 변역생사의 경지에는 올랐으나 아직도 완전한 도심道心인 구경진여究竟眞如, 진여본성眞如本性을 증득하지 못한 상태라는 것이다. 한마디로 부처의 경지에는 아직 도달하지 못하고, 분별심이 감지되지 않을 정도로 미세하게 남아 있다고 이해하면 된다.

예를 들어, 죽음에 이르렀을 때 눈곱만큼의 미련이나 집착이 없는 상태를 구경열반 부처의 경지라 한다면 이승이 이른 멸진정의 상태는 억만 분의 일 정도는 생사의 분별심이 남아 있기 때문에 그만큼의 고락 인과를 받는다는 것이다.

외도外道란 분별심을 없애려는 것이 아니라, 잔머리를 굴려서 당장의 인력에만 치중한다. 무슨 기도를 하면 효험을 보네, 부슨 수행을 하면 신통을 얻네, 혹은 앞일을 훤히 내다보네 하면서 자칭 총명함을 추구하는 이들을 외도라 한다. 그러나 세상은 인과의 굴레이니 좋고 나쁜 인과가 연속된다. 그러므로 이에 속아 넘어가거나 유혹을 당하면, 당장의 총명함에 속아서 그 과보를 면하지 못하게 된다. 이는 결코 총명함의 지혜라 할 수 없다.

이렇게 외도를 추구하는 이들은 너무나 어리석어서 빈주먹인데도 손가락 위에 무엇이 있는 것처럼 이러쿵저러쿵 분별하니, 눈썹 하나만 움직여도 틀린다. 이 말은 공에도 집착하지 않아야 하고, 진여 자성에도 집착하지 않아야 한다. 이승이나 보살, 부처라 하는 사량분별을 하면 이미 도에서 십만팔천리 멀어진다는 말이다.

이 구절은 세상 사람들에게 뜬구름 잡는 이야기로 들릴 수 있다. 누구나 결과는 똑같다. 과거 현재 미래의 삼세를 놓고 보면 반드시 그렇게 된다. 더 좋은 만큼 더 나빠지고, 더 얻은 만큼 더 잃는 것이 삼세 인과의 법칙이다. 이렇게 하면 더 좋고 저렇게 하면 더 나쁘다고 분별하는 것은 순전히 마음의 병이다.

오늘 신문사와 관계된 사람이 전화를 했다. 자기 뜻을 들어주지 않으면 신문사가 불이익을 받을 것이라는 약간의 협박이다. 상대는 매우 다급한 모양이었다. 하지만 단호히 거절했다. 세간에는 이런 종류의 일이 비일비재할 것이다. 여기서 중요한 것은 감정이 일어났느냐 하는 것이다. 어떠한 감정이든 일단 감정이 일어나면 감정의 기복이 생길 것이다. 그렇게 되면 고락의 인과가 생겨서 이후에 유사한 고락의 업이 또 생긴다.

고락의 감정만 자제하면 분별 의식이 없으므로 아무런 문제 될 것이 없다. 오늘 전화한 그 사람이 고락의 감정이 일어났다면 다음에 또 고락의 과보를 받는 일이 생길 것이고, 감정이 상하지 않았다면 오늘의 일로 고락 인과의 과보는 없을 것이다.

제105화

손가락은 달이 아니다

執指爲月枉施功　　집지위월왕시공
根境法中虛捏怪　　근경법중허날괴

손가락을 집착하여 달이라고 여겨 잘못 애를 쓰니
육근과 육경의 법 가운데서 헛되이 괴상한 짓만 하도다.

◎ 언어나 문자는 달을 가리키는 손가락에 해당함에도 불구하고 달을 볼 생각은 하지 않고 손가락만 쳐다보며 이러쿵저러쿵하는 것은 크게 잘못된 것이라는 뜻이다. 승가에 회자되는 말 중에 교학敎學을 하는 강사講師는 글과 문자에 집착하여 성불하지 못하고, 율사律師는 계율을 지키네 못 지키네 하면서 계에 집착하느라고 성불하지 못하고, 선사禪師는 모두 다 공이라고 하면서 무無에만 집착하여 성불하지 못한다는 우스갯소리가 있다.

이것은 하고 이것은 하지 말라는 가르침이 있다면 그 문자나 언어의 손가락에 집착할 것이 아니라 궁극적인 목적, 즉 손가락으로 가리키는 성불의 달을 보고 바로 놓으라는 말씀이다. 부처님께서 분별하지 말라고 하셨으면 고락 시비의 인과에서 곧바로 벗어나야 한다. 아직도 이것은 이래서 되고 저것은 저래서 안 된다며 분별만 계속한다면 이는 손가락만 보는 것과 다를 바 없다.

이는 아뢰야식이라는 저장고貯藏庫에 들어 있는 육근六根과 보이는 대상의 육경六境과 이를 알아차려서 인식하고 느끼는 알음알이, 즉 안식眼識, 이식耳識, 비식鼻識, 설식舌識, 신식身識, 의식意識의 육식六識에 의해 분별 의식이 생겨난다. 이는 모두 가짜 나를 만드는 원인들이다.

따라서 결론적으로 말하면 첫째, 지금 내가 보고 듣고 생각하는 모든 것은 결국 다 생로병사, 성주괴공으로 사라지는 것들로서 집착할 가치가 전혀 없다는 것이다. 아무리 이러쿵저러쿵 해봐야 좋고 싫은 고락의 인과만 오가며 윤회할 뿐이다. 그러므로 근경식根境識의 18분별계分別界에서 완전히 벗어나야 진정한 나의 본성을 깨쳐서 영원한 안식처인 자성으로 들어간다는 것이다.

사람들은 습관적으로 말 한마디 행동 하나에 집착하며 이것은 옳고, 저것은 그르다고 미리 정해놓은 생각에 집착하며 살아간다. 이러한 모습은 파도가 치는데 어느 파도는 올라가서 좋고, 어느 파도는 내려가서 싫고 나쁘다며 물결 하나마다 고락 시비를 하는 꼴과 같다. 그러나 파도는 바람이 부는 인과 인연에 의해 물결이 일렁이다가 바람이 자면 그 인과 인연으로 저절로 잠잠해지는 것과 같다.

개인 생활이든 업무든 복잡한 일이 있다 해도 말 한마디 행동 하나마다 어떤 결정이라도 문제될 것이 없다. 왜냐하면 이렇게 결정한다고 파도가 멈추고, 저렇게 결정한다고 바람이 불 것이 아니기 때문이다. 이렇게 되면 그렇게 받아들이고, 저렇게 되면 또 그렇게 받아들이면 된다. 전체적으로 궁극적으로 더 좋거나 나쁜 것은 없기 때문이다.

문제는 이미 욕심이라는 바람을 일으켜 그에 따른 파도가 일어나는 것을 보고, 좋은 파도 나쁜 파도, 옳은 파도 그른 파도라고 분별하는 것은 아무런 의미 없는 바보 짓이다. 애초에 원인이 되는 무엇인가를 바라고 원하는 욕심의 바람을 일으키지 말아야 한다.

따라서 결정은 직관적으로 쉽게 하고 이미 결정한 것은 미련이나 집착을 하지 말아야 한다. 어떤 현상이 벌어지더라도 더 이상 좋고 싫은 고락과, 옳고 그른 시비의 분별심을 일으키면 안 된다. 오늘도 분별하지 않고 이 순간, 그 즉시 방하착하는 날이 되기를 바란다.

제106화
거울에 비치는 모습 같이

不見一法卽如來　　불견일법즉여래
方得名爲觀自在　　방득명위관자재

한 법도 보지 않는 것이 곧 여래이니
바야흐로 이름하여 관자재라 하니라.

◎ 육근六根, 육경六境, 육식六識으로 인식하고 알아차리면 벌써 분별이 생기고, 좋고 싫은 고락 분별에 따른 인과의 고통을 받게 된다. 그러므로 이러한 알음알이의 분별 의식이 전혀 없는 상태를 한 법도 없다고 하는 것이다. 이를 여래라 하고 관자재라 이름한다.

거울에는 모든 것이 비춰지기는 하나 그것은 실재實在가 아니므로 고락 시비를 할 필요가 없다. 세상을 보는 마음도 거울과 같이 있는 그대로 보고 들을 뿐 분별 감정을 얹지 않는 것과 같다는 뜻이다. 그래서 고락 시비의 분별을 하지 않고 그냥 그렇게 인연 따라 온다는 의미로 여래라 하고, 보고 듣는 모든 현상과 대상을 거울 속에 있는 모습과 같이 분별 감정 없이 보게 되니 마음에 걸림이 없다 하여 관자재라 한다.

사람이 살면서 좋다 싫다는 분별 감정을 일으키지 않는다는 것은 상식적으로 이해가 되지 않을 만큼 불가능에 가깝다. 그럼에도 불구하고 분별 감정이 크면 클수록 좋고 나쁜 인과 인연도 커지며, 분별 감정이 없으면 없을수록 좋고 나쁜 인과도 줄어든다. 고통이 큰 중생은 분별 감정의 업식이 많은 것이고, 고통이 작은 중생은 분별 감정의 업식이 적다고 할 수 있다. 이와 같이 좋은 일이 생기는 것은 자신의 분별 업식에 의한 것이고, 나쁜 일이 생기는 것 역시 자신의 분별 업식에 따른 것임을 알아야 한다. 만약 아라한과에 해당할 만큼 좋고 싫은 고락 감정의 분별 업식이 아주 미세한 이들은 좋고 싫은 고락의 일이 거의 일어나지 않는다. 부처님을 믿고 따른다는 의미는 부처님께서 말씀하신 경전의 내용을 가감 없이 의심하지 않고 굳게 믿는다는 것이다. 한 치 오차 없는 인과를 이해하고 그대로 잘 받아들임으로써 고통에서 본인을 스스로 구제하는 것을 뜻한다.

어떤 사람은 절에 오래 다니면서 기도와 법회를 거의 빠짐없이 동참해온 그야말로 열렬한 신도였다. 어느 날 갑자기 절에 나오지 않는다고 한다. 왜 그러냐고 물었더니, 불교를 믿고 절에 다니면서 그렇게 기도하고 시주했는데도 집안은 복잡해지고 불운만 자꾸 생긴다는 이유를 내놓았다.

대부분의 사람들이 절에 다니는 첫째 이유는 무조건 잘되기 위해서이다. 둘째는 무조건 잘못되지 않기 위함이다. 그러나 좋고 싫은 고락의 분별심으로 기도하고 보시하고 정진한다면 이는 좋고 싫은 고락의 인과 모습이 계속적으로 나타날 뿐이다. 결국 인과에서 벗어나기 어렵다. 그래서 참다운 기도는 분별하지 않는 보시요 정진이라 했다.

그러므로 진정한 불자와 신도는 어떠한 극한적인 상황을 맞는다 하더라도 이를 분별하기보다는 인과의 작용으로 보는 안목을 가져야 한다. 세상에 우연히 일어나는 일은 절대 없다. 모두 필연적인 인과의 결과이기 때문이다. 따라서 진정 불교를 믿고 부처님을 신봉信奉한다면 무엇을 원하고 바라는 것을 성취하려고 하기보다 오히려 그 반대로 원하고 바라는 마음을 비워내어 좋고 나쁜 고락의 인과를 끊는 것이 진정한 불자의 길이라 하겠다. 기도와 참선, 보시 정진은 인과에서 벗어나게 하는 가장 좋은 바라밀행波羅蜜行이다.

제107화
싫은 사람을 더 이상 만나지 않으려면

了卽業障本來空　　요즉업장본래공
未了還須償宿債　　미료환수상숙채

깨달으면 업장이 본래 공하고
깨닫지 못하면 도리어 묵은 빚을 갚아야 하도다.

◎ 《천수경千手經》에 '죄무자성종심기罪無自性從心起'라고 했다. 죄는 업을 말한다. 업이란 마음 따라 일어난다고 했으니 마음에 죄와 복이라는 두 분별심이 사라지면 죄도 복도 애초에 없으므로 이를 공이라고 했다. 따라서 행동하고 말하고 생각하는 것에 좋고 싫은 고락의 분별을 하지 않는다면 신구의 삼업이 청정하여 공할 뿐이다. 그 어디에도 인과의 업이 붙을 곳이 없어진다.

그렇지 않고 만약 행동 하나하나에 좋고 싫은 고락의 분별을 하거나, 말하는 것마다 좋고 싫은 고락의 분별을 하거나, 생각하는 것마다 좋고 싫은 고락의 분별을 한다면 영원히 생사고락의 윤회에서 벗어날 수 없다. 매 순간 묵은 빚을 갚는 수고를 더할 뿐이다.

살아가는 데 좋고 싫은 고락의 감정이 가장 많이 나타나는 대상이 사람이다. 크게 보면 좋은 사람과 싫은 사람으로 나눌 수 있다. 하지만 같은 사람이라도 때로는 좋은 사람이 나쁜 사람으로 변하기도 하고, 나쁜 사람이 좋은 사람으로 바뀌기도 한다. 물론 자기에게 유리한 사람과 불리한 사람에 따라 분별을 한다. 이렇게 바뀌는 기준은 순전히 내가 무엇을 바라는지, 무엇을 욕심내는가에 달려 있다. 다시 말해, 좋은 사람과 나쁜 사람이 본래 정해져 있는 것이 아니라 나의 주관적인 견해에 따라 달라진다는 말이다.

이러한 주관적인 견해가 바로 고락의 분별심에서 나온다. 애초에 좋고 싫은 분별심이 마음에 없다면 좋은 사람과 싫은 사람은 없을 것이다. 그러므로 좋고 싫은 분별심이 있는 한, 좋은 사람과 싫은 사람은 계속 나타날 수밖에 없다. 따라서 좋은 사람만 인연되기를 바라는 즉시, 싫은 사람이 나타날 수밖에 없다. 그러니 좋고 싫은 고락의 분별심이 없어야 싫은 사람이 생기지 않는 것이다.

애정이 강할수록 증오가 강하고, 믿음이 클수록 불신이 깊어진다. 이를 인과의 업이라고 이름했다. 사람을 만날 때 좋고 싫은 감정을 나타내지 말고 흔연스럽게 대해야 다음에 싫은 사람이 나타나지 않을 것임을 명심하자. 그 어떤 사람을 만나더라도 좋고 싫은 고락의 분별심을 일으키지 않도록 조심해야 한다. 사람에 대해 더 이상 좋고 싫은 고락의 분별심을 일으키지 않는다면 그 어떤 상황을 맞이하더라도 평안함을 잃지 않을 것이다.

제108화

바가지를 거꾸로 들고 있으니

飢逢王膳不能湌　　기봉왕선불능손
病遇醫王爭得差　　병우의왕쟁득차

굶다가 수라상을 만나도 먹을 수 없으니
병들어 의왕을 만난들 어찌 나을 수 있으랴.

◎ 오래 굶은 사람에게 갑자기 밥을 줘도 먹을 수 없다. 또 평소에 나물밥만 먹다가 임금님 수라상을 차려 놓으면 이것이 먹는 것인지조차 알지 못하므로 먹지 못하는 것과 같다. 병이 깊은 사람은 한번에 치료가 되지도 않는다. 또 병들어 의왕을 만난다 하더라도 이를 의심하여 치료를 받지 못하는 것과 같다는 말이다.

공부라는 것이 진리의 말씀 한 번 듣고 끝나는 것이 아니다. 오랫동안 망상 속에서 살았기 때문에 꾸준히 닦아야 한다. 이것은 현실 속의 방편이다. 거꾸로 공부하는 사람은 '일초직입여래지' 하는 자세가 필요하다. 게으르면 안 된다는 뜻이다.

평소에 욕심을 채우는 것은 당장 배고픔을 면하므로 좋기는 하지만, 그 인과로 또다시 배고픔의 고통이 반복된다. 이는 좋고 싫은 고락의 분별심을 없애기만 하면 그 어떤 고통도 만날 일이 없다는 것이다. 그럼에도 불구하고 이를 알지 못하고 의심하여 받아들이지 못한다는 비유의 내용이다.

원하는 이것을 성취하면 원하지 않는 저것이 생기고, 원하지 않는 저것을 피하기 위해 또다시 원하는 것을 성취하려 한다. 이렇게 반복하면서 좋고 싫은 고락의 인과을 오가는 것이 윤회이다. 인과의 이치에 따라 좋은 것을 얻으면 싫은 것도 나타난다는 것을 알아야 한다. 좋은 만큼 싫은 것 역시 불만 없이 그대로 받아들일 수만 있다면 그나마 다행이다.

그러나 좋은 것은 잘 받아들여 즐겁고 기쁘고 행복함을 마음껏 누리려고 한다. 하지만 그 인과로 나타나는 좋지 않은 것은 기를 쓰고 받아들이지 않으려 한다. 이는 도둑놈 심보와 무엇이 다르겠는가.

어떤 사람이든 좋고 싫은 고락의 업은 똑같다. 다만 좋고 싫은 고락의 업이 큰 사람은 좋은 것이 큰 만큼 싫은 업도 크게 나타나고, 좋은 것을 바라지 않는 이라면 싫은 업도 생기지 않는다. 탐진치 삼독심을 크게 가진 사람은 그에 상응하여 고통과 괴로움이 크게 다가오고, 탐진치 삼독심이 없는 사람은 고통과 괴로움이 생기지 않게 된다. 이는 인과의 업이 크거나 작다고 말할 뿐이다.

원하는 것을 성취하여 기쁨을 만끽한다면 언젠가는 딱 그만큼 성취하지 못하여 기분이 좋지 않은 일이 반드시 생겨난다. 높은 자리를 차지한다고 좋아하거나, 부자가 되었다고 좋아하는 것은 일시적인 현상의 시절인연일 뿐이라는 것이다. 따라서 부처님께서는 좋고 싫은 고락의 분별업을 없애야 좋고 나쁜 분별이 생기지 않고 생사 윤회의 고해가 사라진다고 누누이 강조하셨다.

좋고 나쁜 고락의 분별 망상을 없애기만 하면 시공을 초월한 안온적정安穩寂靜의 평안만 있게 된다. 그러므로 분별심 때문에 좋고 싫은 고락의 일들이 반복하여 계속 나타나게 된다. 따라서 매사에 좋고 싫은 고락의 분별 의식을 하지 않는 습관을 길러야 한다. 그러기 위해서는 욕심을 내려놓고, 성냄도 내려놓고, 분별하는 의식도 내려놓고 있는 그대로 받아들이면서 무조건 방하착해야 한다. 그럼에도 마음을 달래기 어려우면 무조건 기도와 참선, 보시와 정진을 통해 힘을 길러야 한다.

제109화

있는 그대로 알고 보는 힘

在欲行禪知見力　　재욕행선지견력
火中生蓮終不壞　　화중생연종불괴

욕심의 상태에 있으면서 참선하는 지견의 힘이여
불 속에서 핀 연꽃은 끝내 시들지 않도다.

◎ 욕망欲望은 어디서 나오는 걸까? 한마디로 분별심에서 나온다. 내 마음에 드는 것, 즉 기분이 나쁘지 않고 기분이 매우 좋은 것을 원하는 마음이다. 분별심은 묵은 습업習業이 쌓이고 쌓인 나의 가짜 마음이다. 즉 아뢰야식이라는 업장식 속에 들어 있다. 이를 의지로 막아내기란 역부족이다. 마치 폭풍처럼 밀려들어오는 오래된 버릇이라서 이성을 차리기에는 매우 어려운 감정이다.

배가 고프면 고통스럽고 괴롭다. 배를 채우기 위해 먹을 것을 찾는 것이 욕망이다. 배를 채워서 욕망이 이루어지면 기분이 매우 좋아진다. 그러니 욕망을 버리거나 없애기란 불가능하다. 이와 같은 욕망이 아뢰야식이라는 업장식 속에 들어 있으면서, 배고픔의 고통과 배부름의 만족을 인과적으로 분별하게 하면서 끝없는 윤회를 계속하는 것을 업이라 한다.

그렇다면 이와 같은 분별심을 과연 어떻게 끊어 없앨 것인가. 배고픔을 물리적으로 무조건 참기만 하면 될 것인가? 그러다가는 굶어 죽을 것이 뻔하다. 그리고 굶주림에서 오는 고통은 또 어쩔 것인가? 이 대목에서 분별심을 갖지 말라는 의미를 정확히 잘 알아야 한다.

배고픔의 욕구를 무조건 참으라는 것이 아니다. 억지로 참으려 하는 것은 또 다른 분별심을 낳는 결과를 가져온다. 여기서 석가모니 부처님께서 억지로 굶주리며 고행苦行을 하다가 이 노한 분별심에 지나지 않는다는 것을 깨달으시고, 수자타에게 우유죽을 받아 드신 일화를 상기해볼 일이다. 다만 배고픔에서 오는 고통을 막기 위하여 먹을 것을 찾는 욕망을 갖기 이전에, 먹을 것이 생기거나 생기지 않는 것은 인연 인과에 따라 이루어지는 것이라는 것을 분명히 알아야 한다.

다시 말해, 이를 믿고 맡기는 신심을 먼저 길러야 한다. 먹을 것이 생기면 분별 없이 먹으면 되고, 만약 먹을 것이 생기지 않더라도 분노하거나 슬퍼하지 말고 순리에 따라야 한다. 먹을 것이 정녕 없으면 그 인연 인과를 그냥 받아들일 줄 아는 신심이 우선해야 된다는 것이다.

그 어떤 현상의 모든 일에 있어서도 배고픔과 배부름의 분별의 예와 같이 무분별심을 가진다면 이를 곧 참선이라 이름한다. 참선에서 나오는 힘을 지견知見이라 한다. 그러므로 맛있는 음식을 먹고 배가 불러 기분이 좋다고 느꼈다면, 그 인과로 말미암아 배가 고파 고통스러운 과보의 시간이 반드시 온다는 것도 알아야 한다. 그러나 좋고 싫은 분별심을 내지 않는다면 배가 고파 고통스러운 과보의 시간 역시 오지 않을 것임도 알아야 한다. 이를 분별하지 않는 마음, 즉 이것을 참선이라 말한다.

이와 같이 참선하는 마음을 내면 분별심이 사라져서 그 어떤 현상, 그 어떤 일이 펼쳐지더라도 좋고 나쁜 고락의 분별에 끄달리지 않게 된다. 따라서 불 속에서도 연꽃이 시들지 않는 것처럼 마음에도 선악, 시비, 고락 생사의 분별이 없으므로 안온적정 속에서 평안하고 편안한 마음이 항상 유지될 것이다.

제110화

생사가 없는 도리

勇施犯重悟無生　　용시범중오무생
早是成佛于今在　　조시성불우금재

용시비구가 중죄를 짓고도 무생의 법을 깨달아
일찍이 성불하여 지금에 이르렀도다.

◎ 용시勇施라는 스님은 먼 옛날 중향세계重香世界 무구정광여래無垢淨光如來 부처님이 계실 때의 비구였는데 인물이 매우 좋았다. 한 여인이 이 스님을 몹시 사모한 끝에 결국 병을 얻고 말았다. 온갖 방법을 동원하여 병을 고치려 하였으나 결국 돌이킬 수 없을 만큼 병이 깊어졌다.

이때 마침 용시비구가 탁발을 오게 되었다. 용시비구는 자초지종을 듣고는 여인을 위해 설법을 하였다. 이후에도 그 여인의 집에 자주 들러 병을 돌봐주니 마침내 여인은 완쾌되었다. 그런데 오가던 사이 둘은 정이 깊이 들어 음행을 저지르고 말았고, 둘 사이에 애증이 깊어지면서 결국엔 여인을 죽음에 이르게 하였다.

용시비구는 죄책감에 사로잡혀 번민 속에서 살다가 비국다라보살毗國多羅菩薩을 찾아가서 일심으로 참회한다. 보살의 법문을 듣고 법인삼매法忍三昧에 들어 '모든 법은 거울에 비친 모양과 같고 물속에 비친 달과 같다. 범부는 스스로의 아뢰야식에 사로잡혀 탐진치 삼독심을 좋다 나쁘다 분별하네'라는 깨침을 통해 무생법인無生法印을 이루었다고 한다.

당시 부처님 교단에서는 4바라이죄四波羅夷罪가 있었다. 첫째, 음행하지 말라. 둘째, 도둑질하지 말라. 셋째, 살생하지 말라. 넷째, 거짓말하지 말라. 이 네 가지를 범하면 중죄로 간수하여 교단에서 쫓겨나는 사형 선고를 받는다. 용시비구는 이 가운데 두 가지 중죄를 지었으니 다시는 살아날 수 없는 아비지옥에 떨어질 수밖에 없었다. 그러나 반대로 깨달음을 얻었고 성불까지 했다는 내용이다. 그 이름을 보월여래寶月如來라고 하였다.

이 이야기를 들으며 깨달음을 얻으려고 한다면 과연 어떤 기준에 의하며, 어떤 마음가짐이어야 하는지 정확히 알아둘 필요가 있다. 세 가지 재앙을 뜻하는 삼재에는 화재火災, 풍재風災, 수재水災가 있다. 여기서 죽음을 당하는 사람은 무엇 때문일까? 아무 잘못도 없이 자연 재앙으로 죽어간다는 것이 쉽게 설명이 되지 않는다. 사람으로 인한 재앙, 즉 인재라면 다음에 고치기라도 하면 된다지만 자연 재앙은 속수무책이다. 그렇다고 자연 재앙을 원망하거나 자연 재앙에 형벌을 내릴 수도 없는 노릇이다.

용시비구는 충분히 참회를 한 후에 비로소 좋고 싫은 고락의 감정을 분별하지 않는 깨달음을 얻었다. 분별심이 사라졌으므로 잘잘못의 시비도 없어졌고, 선악의 분별도 사라졌다. 또 삶과 죽음의 생사분별生死分別도 사라졌기 때문에 죄도 벌도 분별도 없어진 것이다.

반대로 죽임을 당한 여인의 입장에서는 스스로 좋고 싫은 고락 분별의 업식이 남아 있다면 인과의 과보로 죽음의 고통을 당하게 되겠다. 하지만 만약 이 여인 또한 모든 분별에서 벗어나서 인과의 과보 또한 사라졌다면 용시비구와 같은 입장이 될 것이다. 용시비구와 여인은 서로 상대로 인해 크나큰 영향을 받은 것 같지만, 실은 용시비구는 용시비구가 가지고 있는 고락의 업으로 움직일 뿐이고, 여인은 여인의 업으로 움직일 뿐이다.

만약 자연의 삼재에 의해 과보를 받는다면 이는 자연의 잘못이 아니라 분별을 하여 삶과 죽음, 좋고 싫은 고락의 인과를 만드는 나의 업에 문제가 있는 것이다. 그 업식 때문에 삼재를 만나거나 죽임도 당하게 된다는 것을 깊이 깨달아야 한다.

제111화
부끄러움을 모르는 사람

師子吼無畏說　　사자후무외설
深嗟懵懂頑皮靼　　심차몽동완피달
只知犯重障菩提　　지지범중장보리
不見如來開秘訣　　불견여래개비결

사자후의 두려움 없는 설법이여
어리석어 완피달 같음을 몹시 슬퍼하도다.
중죄를 지으면 깨달음을 막는 줄로만 알 뿐
여래가 열어 놓은 그 비결을 보지 못하는구나.

◎ 사자후는 마음을 깨친 후에 나오는 소리를 말한다. 즉, 분별함이 없는 소리이므로 조금의 두려움도 없다 하여 사자의 포효 咆哮로 비유한다. 완피달頑皮韃은 송곳으로 찔러도 들어가지 않는 가죽을 의미하는데, 아무리 좋은 말을 해도 알아듣지 못하는 어리석은 이를 완피달이라 한다. 즉, 쇠귀에 경 읽기다.

분별심을 갖지 말라고 누누히 설명해도 이를 알아듣지 못하고, 그 말이 떨어지기도 전에 어떻게 하면 더 잘살 수 있을 것인지, 어찌하면 시험에 붙을 것인지, 어떻게 하면 병이 나을 건지를 묻는다. 또 분별심 때문에 고락의 인과가 생긴다고 귀에 못이 박히도록 설명을 해도 그 말이 떨어지기도 전에 무엇이 옳고 그른지를 다시 묻고 있으니 이런 사람을 두고 완피달이라고 하는 것이다.

무거운 죄를 범하면, 즉 계율을 어기면 성불하지 못하는 줄 알고 있으나 이는 그 비결을 아직 모르는 탓이다. 지난 구절에서 설명했듯이 아무리 죽을죄를 졌더라도 그 즉시 분별심을 없애기만 한다면 용시비구 같이 성불할 수 있다고 하였다. 이러한 현상은 인과 인연으로 생로병사와 성주괴공의 수순이 진행되는 과정일 뿐이다. 마찬가지로 자연만물은 분별심이 없기 때문에 자연의 재해를 두고 시비 분별하지 않는 것과 같다는 의미다. 따라서 세상에는 좋고 싫은 것이 본래 없고, 옳고 그른 시비가 본래 없다. 다만 각자의 마음 업식에 따라 스스로 만들어서 생기는 것이다.

선가禪家에 전해오는 유명한 법거량이 있는데, 바로 그 유명한 '임제할臨濟喝 덕산방德山棒'이다. 육조혜능대사의 조사선 법통을 이어받은 임제선사는 누가 뭐라고 한마디만 해도 무조건 크게 소리를 지른다. 이를 할喝이라 한다. 또 덕산선사는 무조건 몽둥이로 30방을 때린다. 왜 소리를 지를까 하고 생각하는 즉시 이미 분별을 했기 때문에 이렇게 물은 수행자는 아직 견성을 하지 못한 이다. 덕산 스님도 마찬가지다. 몽둥이 30방을 때리는데 왜 때리는지 분별심을 가지면 이미 견성을 하지 못했다는 증거이다.

세상의 모든 움직임은 털끝 하나도 잘못되거나 나쁜 것이 없다. 이미 부처님께서 《화엄경》에서 '차생고피생此生故彼生 차멸고피멸此滅故彼滅'라고 하셨다. 이것이 생기면 저것이 생기고 이것이 사라지면 저것도 사라진다는 뜻이다. 태어남에 대해 분별심을 가지면 그 즉시 죽음이 생기고, 삶이라는 생각이 없으면 죽음도 없다는 말이다. 모든 것이 마찬가지다. 이를 하나는 생사고해生死苦海라 하고 또 하나는 생사해탈生死解脫이라 한다.

이와 같이 분별심이 생기면 좋고 싫은 인과가 생긴다. 따지고 보면 삼세인연三世因緣이라고 해봐야 본전에 지나지 않는다.

좋음과 싫음을 분별하지 않으면 그냥 일어나는 현상일 뿐이다. 좋은 사람 싫은 사람 분별하지 않으면 그냥 사람일 뿐이다. 그러나 어떤 일을 두고 좋고 싫은 분별을 하면 좋은 일이 생긴 만큼 싫고 나쁜 일이 생겨난다. 이를 고락 분별에 의해 생기는 필연의 인과라 한다.

그러므로 그냥 있는 그대로 보고 듣고, 있는 그대로 받아들여서 분별을 하지 않는다면 마음은 그대로 평화로워질 것이다. 이를 깨침이라 한다. 따라서 참선과 기도, 보시와 정진은 분별을 하지 않도록 도와주는 최고의 수단이다.

제112화
죄의 성품 본래 없어

有二比丘犯淫殺	유이비구범음살
波離螢光增罪結	바리형광증죄결
維摩大士頓除疑	유마대사돈제의
還同赫日消霜雪	환동혁일소상설

어떤 두 비구가 음행과 살생 저지르니
우바리의 반딧불은 죄의 매듭 더하였고
유마대사 단박에 의심을 없애주니
빛나는 해가 서리와 눈을 녹이는 것과 같도다.

◎ 부처님 당시에 어떤 두 비구가 토굴을 짓고 수행을 하고 있었다. 그때 한 비구는 일이 있어 밖으로 나가고 한 비구는 공부하다 잠에 떨어져 자고 있었다. 마침 한 젊은 여인이 지나가다가 잠을 자고 있는 잘생긴 비구를 발견하고 나쁜 생각이 나서 달려들어 음행淫行을 저지르고 말았다.

눈을 떠서 정신을 차리고 보니 본의 아니게 음행을 저지르고 만 비구가 스스로 걱정이 되어, 돌아온 비구에게 이실직고하였다. 이 말을 들은 다른 비구가 여인을 혼내주려고 쫓아갔고, 이를 눈치 챈 여인은 도망을 치다가 낭떠러지에 떨어져 죽고 말았다.

두 비구는 너무나 걱정이 되어 10대 제자 중 계율제일인 우바리優婆離존자를 찾아가서 자초지종을 얘기하고 구제받을 방법을 물었다. 그러나 우바리존자는 음행하고 살생을 한 4바라이죄는 구제할 길이 없으니 의발을 놓고 세속으로 나가라 하면서 이제 영원히 구제할 수 없는 아비지옥에 떨어질 것이라고 비구들을 나무랐다.

옆에서 이를 지켜본 유마힐거사가 말하기를, "부처님께서는 극악무도한 중생이라도 살아날 길을 열어놓으셨는데, 죽은 사람을 더 죽으라 하는 것은 살아날 길마저 막는 것"이라며, 두 비구의 죄를 거듭 더하게 하는 것은 온당치 못한 일이라고 했다. 그러면서 곧바로 죄를 없애주고서 마음을 요란하지 않게 해야 한다며, "죄의 성품은 안에도 밖에도 그 중간에도 있지 않다. 마음이 그러한 것처럼 죄의 때도 그러하다"고 말씀하셨다. 또한 "마음의 때가 있으므로 중생에게도 때가 생기고, 마음이 깨끗하므로 중생도 깨끗하다. 마음이 그러한 것처럼 죄의 때도 그러하다"라고 하시면서, "모든 법 또한 그러하여 여여함을 벗어나지 아니한다"라고 하셨다. 이것은 '내가 고락을 분별하지 않고 죄와 복이라는 분별을 하지 않는데, 어디에 죄가 있으며 어디에 깨끗함이 있겠는가'라는 뜻이다. 이 말을 듣고 두 비구는 그 즉시 마음을 깨쳤다 한다.

좋음과 나쁨의 분별심이 있으면 고락의 인과가 생겨 힘들겠지만, 그렇지 않고 고락 분별심이 전혀 없다면 그냥 움직이는 행위에 지나지 않는다는 말씀이다. 따라서 우바리의 반딧불이라는 것은 부처님께서 방편으로 말씀하신 계율에 근거하여 다스리려고 했으나, 아무런 열기도 빛도 없는 작은 반딧불에 지나지 않는 것이어서 두 비구를 분별의 지옥에서 건지지 못하였다.

반대로 유마거사께서는 부처님의 마음을 그대로 전달하여 그 즉시 분별하지 않는 무심의 자성을 보여주었다. 이로써 중생의 한계에서 벗어날 수 있는 분별심을 없애는 돈오의 법문을 하였으니 이야말로 대승大乘의 핵심을 찔렀다 할 수 있다.

분별심은 인과를 낳는다고 하였다. 좋음과 나쁨의 두 가지의 분별을 없애지 않으면 영원토록 자신을 구제할 수 없다. 결국 좋은 게 좋은 것이 아니고, 나쁜 게 나쁜 것이 아니다. 따라서 좋은 것과 나쁜 것을 분별하지 않으니 마음이 평안할 수밖에 없다.

모든 중생이 이와 같이 고락의 분별에서 벗어난다면 사사事事가 불공佛供이요, 처처處處가 불상佛像이다. 즉 하는 일마다 부처님을 위한 공양이 되고, 보고 듣는 모든 대상이 부처의 모습이라는 뜻이다. 그러므로 지금 당장 분별심을 내지 않기 위해서는 행동과 말과 생각이 고락 시비의 분별을 하지 않고 찰나찰나에 방하착하는 화두를 절대 놓치지 않아야 한다. 이를 계속해나간다면 마음을 깨치는 순간이 분명히 올 것이다. 이것만이 고락과 생사의 분별 인과에서 벗어나는 유일한 길이다.

제113화
괴로움에서 벗어나는 길

不思議解脫力　　부사의해탈력
妙用恒沙也無極　　묘용항사야무극

불가사의한 해탈의 힘이여
묘한 작용이 항하의 모래 같아 다함이 없도다.

◎ 부사의不思議란 불가사의不可思議와 동의어다. 실로 생각으로는 헤아릴 수 없다는 뜻이다. 따라서 해탈의 힘은 묘한 작용으로 항하恒河의 모래와 같이 다함이 없다는 말씀이다.

분별심을 멸하면 곧 마음을 깨치게 된다. 이를 해탈이라 하고 성불이라 한다. 해탈은 좋고 싫은 분별된 감정에서 벗어난 절대 자유를 말한다. 사람들은 말하거나 생각을 하거나 하물며 꿈을 꾸면서도 좋고 싫은 감정이 한시도 쉬지를 않는다. 좋음, 즐거움, 기쁨, 행복, 만족 등의 감정을 갖기 위해 끊임없이 신구의 삼업을 이용한다.

그러나 움직이는 것은 모두 인과가 있다. 이것이 생기면 저것이 생기기 마련이다. 그래서 끊임없이 인과 윤회하는데 감정도 이와 같다. 이를 업식, 업장, 업연이라 한다. 태어났으면 반드시 죽어야 하고, 생긴 것은 반드시 사라진다. 감정 또한 이와 같아서 즐긴 만큼 괴로워지고, 행복한 만큼 불행해진다.

불교의 논리는 간단하다. 좋다 싫다 하며 분별을 하면 인과가 계속 이어져서 영원히 육도를 윤회하게 된다. 고락의 감정, 즉 인과를 만드는 업식을 멸함으로써 고통과 괴로움에서 벗어나는 길이 해탈, 성불이라 했다. 해탈을 하면 묘한 작용이 생긴다고 했는데 이를 부사의하다고 하는 것이다. 해탈은 분별심이 완전히 사라진 상태를 말한다. 그러므로 어떤 경우나 상황에서든, 이떤 때와 장소에서도 절대로 좋거나 싫은 감정이 일어나지 않는다. 과연 그럴 수 있을까? 부처님을 비롯하여 역대 수많은 조사들이 수행을 통해 깨침을 이루어왔다. 어차피 생겨난 것은 생로병사, 성주괴공할 것이고, 인과 인연 따라 연기할 뿐인데 거기에 좋고 싫은 것이 어디에 있겠는가. 사람이 죽고 사는 것도 결국 인과에 따른 필연으로 생사윤회生死輪廻할 뿐이다.

그럼에도 울고 웃고 하는 것은 그렇게 하는 그 사람의 감정, 즉 자업自業에 의한 고락의 분별이다. 순전히 그 사람의 몫이라는 말이다. 그러므로 마음을 깨친 이가 항하의 모래와 같이 부사의하고 한량없다는 뜻은 바로 이와 같이 어떤 경우에도 감정의 기복이 없이 마음이 늘 평화롭다는 것이다. 이를 묘한 작용, 즉 묘용妙用이라고 한다.

마음 깨침이란 바로 이와 같이 어떠한 현상이 벌어지더라도 좋고 싫은 고락의 감정을 갖지 않는 상태이다. 얼마든지 지지고 볶고 싸우고 부딪치며 이런저런 주장을 할 수도 있으나, 좋고 싫은 분별된 감정만은 갖지 말아야 한다. 앞서 말했듯이 임제 스님께서 소리를 지르고, 덕산 스님께서 몽둥이로 마구 때리더라도 정작 본인은 아무런 감정이 없다. 늘 평화롭다. 설사 죽음에 이른다 하더라도 마음은 평화롭다. 왜냐하면 인과법을 알고, 연기법을 알고, 공과 반야를 알기 때문이다.

일상생활에서도 이 점을 잘 적용하여 그냥 있는 그대로 보고 들을 뿐, 그냥 있는 그대로 나의 주장을 펼칠 뿐 어떤 경우에도 고락 분별의 감정을 내지 않도록 각별히 유의해야 할 것이다.

제114화
감히 누구를 탓할 것인가

四事供養敢辭勞　　사사공양감사노
萬兩黃金亦銷得　　만냥황금역소득

네 가지 공양을 감히 수고롭다고 사양하랴.
만 냥의 황금이라도 다 녹일 수 있도다.

◎ 네 가지 공양은 의식주약衣食住藥을 말한다. 옷, 음식, 거처, 의약이다. 해탈력을 얻어 항사묘용恒事妙用, 즉 보고 듣는 것에 분별하지 않는 경지에 이른 이야말로 충분히 공양을 받고 시주 받을 자격이 있다는 말씀이다.

해탈지견解脫知見을 얻지 못한 이, 즉 마음을 깨치지 못한 이들은 공양을 받거나 시주물을 받으면 언젠가는 갚아야 하는 업보가 생긴다. 왜냐하면 공양을 받음으로 인하여 기쁜 마음이 들어 그 인과의 과보로 갚아야 하는 괴로움이 생기기 때문이다. 하지만 마음을 깨쳐서 해탈력과 해탈지견력解脫知見力을 가진 각자覺者는 어느 것에도 분별하는 마음이 없다.

혹여 시주물이 작거나 크거나 아무런 상관이 없을뿐더러 이를 갚을 업보 또한 생기지 않는다. 그러므로 만 냥의 황금을 받을지라도 능히 갚지 않을 만큼 충분히 받을 자격이 있다는 의미다. 깨달은 각자 입장에서는 황금을 받거나 받지 않았거나, 또 받은 황금을 어떻게 사용하건 사용하지 않건 분별하지 않으니 아무런 상관이 없다.

시주하는 이의 입장에서는 시주했다는 분별심이 있다면 시주를 받은 이가 고마운 생각을 하지 않거나, 그에 상응한 보답을 하지 않으면 괘씸한 생각이 들어 마음이 불편해진다. 그러니 이는 시주하는 사람의 자업에 따라 스스로 편하지 않은 자득自

得이 될 뿐이다.

어느 날 종합검진을 생전 처음 받아보았다. 검사를 받아서 몸의 어느 곳이 잘못되었는지 알 수도 있으나 사실 크게 개의치 않는다. 왜냐하면 좋고 싫은 인과의 윤회를 알고 있기 때문에 병이 있어도 그만이고 없어도 그만이다. 이에 분별하지 않는다. 물론 검진 비용을 보시한 시주자에게는 인간적으로 고마운 마음이 든다. 그러나 보시를 한 이가 보시를 했다는 분별심을 갖지 않기를 바란다. 보시했다는 뿌듯함으로 고락의 인과가 생겨 다음에 실망하는 과보로 마음이 불편할 수도 있기 때문이다.

그러므로 나는 시주 공양을 받을 때 당당하다. 분별을 하지 않기 때문이다. 설사 좋지 않은 검사 결과가 나온다 해도 나는 상관하지 않는다. 고락 인과에 대해 분별심이 없기 때문이다. 이러해도 분별하지 않고 저러해도 분별하지 않는다. 혹여 나로 인해 불편한 마음을 갖는 이가 있다면, 야속하지만 이는 순전히 그의 분별업이다. 이와 같이 모든 이가 분별심을 여읜다면 이를 정토淨土라 하고 불국토佛國土라 이름한다. 또 자타일시성불自他一時成佛이다.

다시 한번 강조하지만 일상의 모든 행위와 그 행위에 따른 모든 결과들은 모양에 불과하다. 결국 모든 것은 변하고 사라지기 때문이다. 이것이 생기므로 저것이 생기는 인과의 모습일 뿐이다. 거기에 좋고 싫은 고락과 옳고 그른 시비가 어디에 붙을 것인가. 그렇기 때문에 즐겁고 기쁜 마음도 내가 지은 업보요, 괴롭고 고통스러운 마음 또한 내가 지은 과보이다. 상대 때문에, 환경 때문에, 조건 때문에, 사회나 국가 때문에, 경제나 제도 때문에, 자연 때문이라며 남 탓을 하지만 그 어떤 이유를 막론하고 내가 불편하거나 괴롭거나 고통스러운 것은 모두 나의 업식에 따른 과보이다. 내가 분별하지 않으면 고락 시비도, 극락 지옥도 없다. 지금 내 감정은 모두 내 스스로 짓고 내 스스로 받는 나의 업보라는 것을 명심해야 한다. 감히 누구를 탓할 것인가.

제115화
오는 사람 막고 가는 사람 붙잡고

粉骨碎身未足酬　　분골쇄신미족수
一句了然超百億　　일구요연초백억

뼈가 가루되고 몸이 부서져도 다 갚을 수 없나니
한마디에 분명히 깨달으면 백억 법문을 뛰어넘도다.

◎ 부처님 법을 알아서 마음을 깨치고 나면 몸이 가루가 되도록 부서져도 이를 다 갚을 수 없다. 또 마음을 깨친 한마디는 온갖 법문을 모두 뛰어넘는다는 말씀이다. 마음을 깨쳐 자성自性을 찾고 나면 죽고 사는 것이 문제가 아니다. 더군다나 고락의 분별 또한 우주 가운데 먼지 하나에도 미치지 못한다는 의미다.

사람들은 작은 것 하나에도 일희일비하고 마음을 소비하며, 스스로 좋고 싫은 고락의 분별을 거듭하며 살아가고 있다. 결국 남는 것은 죽음과 사라짐뿐이다. 욕망의 분별 바람에 물결만 출렁거릴 뿐, 그 물은 오가거나 달라지지 않는 것과 같다.

모든 물질, 즉 색온色蘊은 생로병사하고 성주괴공한다. 그 색온을 만들어내는 마음 역시 생로병사하고 성주괴공한다. 마음을 이루는 감정 또한 마찬가지로 생로병사하고 성주괴공한다. 따라서 제행무상諸行無常이요, 제법무아諸法無我이다. 좋고 싫은 고락의 분별도, 옳고 그른 시비의 분별도 일체가 생로병사하고 성주괴공한다. 그러므로 색즉시공色即是空 공즉시색空即是色이다.

실체라는 것은 없다. 다만 그렇게 볼 뿐이다. 그런데도 분별하고 집착하는 것은 지극히 수고로움만 더할 뿐이다. 고락의 분별이 인과를 낳아 윤회만 거듭할 뿐이라는 말이다. 이를 알고 분별하는 것은 그나마 다행한 일이다. 왜냐하면 알고 짓는 죄와 모르고 짓는 죄 중에 모르고 짓는 죄가 더 크기 때문이나.

평소에 자주 다니는 길은 어둠 속에서도 짐작하여 갈 수 있지만, 전혀 알지 못하는 길을 어둠 속에서 찾기란 어려운 법이다. 그래서 알지 못하는 길은 넘어지기 십상이다. 좋은 것이라고 생각되는 일을 마냥 좋다고 생각하면 오산이다. 좋다고 하는 분별 없이 인과로 남아 잠재적 무의식인 아뢰야식에 저장되어 있다가, 그 과보로 나쁜 것이라고 생각하는 일이 생겨나기 때문이다. 태어남을 생각하는 즉시 죽음이라는 과보가 생기는 것과 같다.

마음을 깨친다는 것은 더 이상 좋다 싫다 하는 고락의 분별을 하지 않는다는 의미다. 따라서 좋음이 없으므로 싫고 나쁜 것 또한 없다. 설사 죽음을 맞는다 해도 모습과 이름이 죽음일 뿐, 죽음 자체에 슬프고 괴로운 감정이 일어나지 않는다는 뜻이다. 생로병사와 성주괴공이라는 인과 인연의 과정을 그저 바라볼 뿐이다. 그렇게 생겼다가 사라지는 것을 좋다 싫다 분별하지 않으면, 그저 그러할 뿐 분별업이 더 이상 붙을 곳이 없어 영원히 평안한 마음이 유지될 것이다. 이를 깨달음이라고 한다.

오는 사람 막지 말고 가는 사람 잡지 말라는 절집 격언이 있다. 어차피 갈 사람은 가고 올 사람은 오게 되어 있는 것을 굳이 애써서 스스로 마음을 어지럽게 하지 말라는 뜻이다. 그렇다고 이 말에 사로잡혀서 무조건 막지 않거나 무조건 잡지 말라는 것도 아니다. 인연된 것은 인연된 것으로 막을 수도 잡을 수도 있다. 다만 욕심으로 어떤 목적과 의도를 두고 억지 감정을 신지 말라는 말이다. 때로는 욕심을 부리거나, 화를 내거나, 어리석은 생각을 할 수도 있다. 모두 인과 인연에 따라 이루어지는 것임을 즉시 깨닫고, 더 이상의 집착과 미련을 갖지 않는 것이 참회懺悔이다. 진참회眞懺悔는 찰나찰나 탐욕과 성냄과 어리석은 감정을 놓고 또 놓는 것이다. 이 정도 경지에 들어가면 탐욕과 성냄과 잡생각이 저절로 일어나지 않게 된다.

    진정한 불자라면 이 구절을 충분히 이해하여 매사에 지나친 감정, 즉 좋고 싫은 고락의 분별과 옳고 그른 시비의 분별을 하지 않아야 한다. 적어도 잘되고 못되고의 분별 현상에 대해 집착하거나 일희일비하지 않아야 한다는 말이다. 기도와 보시를 무조건 행하라. 분별하지 않는 복의 힘이 생길 것이다.

제116화
가장 높고 뛰어난 가르침

法中王最高勝　　법중왕최고승
河沙如來同共證　하사여래동공증

법 가운데 왕, 가장 높고 수승함이여
항하 모래 같이 많은 여래도 다 함께 증득하였도다.

◎ 분별이 사라지고 한 점 의심마저 없어지면 이를 마음 깨침이라고 하고 돈오라고 한다. 물론 불안이나 불편, 티끌만큼의 괴로움조차 없다. 그러니 원하는 것도 없고 필요한 것도 없으며, 생사생멸生死生滅도 없다. 이를 법이라 하고 가장 높고 수승하다 하여 법왕法王이라 한다.

사실은 이조차 군더더기 수사에 불과하다. 마음을 깨치면 부처 아닌 것이 없다. 한량없는 여래가 함께 증득하였다 한다. 흔히 말하기를 모든 것은 마음먹기 나름이라고 한다. 그러나 실제로 그렇게 굳게 믿고 살아가는 사람은 드물다. 분별하지 않으면 마음을 깨친다고는 하나, 실제로 그렇게 믿고 마음먹기란 참으로 어렵기 때문이다.

마음을 깨친 이의 입장에서는 모든 것이 그렇게 왔다 사라질 뿐, 거기에 무슨 문제가 있거나 더하고 덜한 득실이 하나도 없다. 설사 우주가 무너진다 해도 분별하는 걱정 근심이 없으니 내 마음은 아무런 문제가 없다. 인과 작용의 인연 모습일 뿐이다. 문제는 각자 본인이 가지고 있는 분별업이다. 그것에 따라 스스로 움직이고 있기 때문이다.

부부나 자식, 친구 등의 관계도 마찬가지로 각자의 업따라 살아가고 있다. 만약 아들이 시험에 합격을 하여 아버지도 기쁘고 아들도 기뻤다면 이는 아버지의 낙업이 아들을 통해 니타나는 것이 되고, 아들의 낙업은 시험을 통해 스스로 나타난 것이 된다. 친구와의 관계에서 친구가 화를 낸다면 친구의 고락업이 나를 통해 나타났다고 보면 틀림이 없다.

그 반대도 마찬가지다. 만약 나에게 고락의 업이 마음에 전혀 없다면, 상대가 아무리 뭐라고 한들 좋거나 싫은 감정이 나올 리가 만무하다. 각자 가지고 있는 분별업으로 좋고 싫은 고락이 스스로 반복될 뿐이다. 내가 좋은 만큼의 괴로움이 나타나게 되는데 이 또한 가족, 도박, 예술, 종교, 사랑 등으로 다양하게 나타날 것이다.

일체 현상은 모두 인과 작용으로 올 것은 오고 갈 것은 가기 마련이다. 어느 한곳에 좋은 감정을 붙이면 그 과보로 싫은 감정이 생긴다. 언제 어디에서 생길지는 시절인연에 따라 다르다. 정을 준 대상에게 좋고 싫은 감정이 생긴다. 정을 주지 않은 대상에는 아무런 느낌이 들지 않을 것이다. 중생은 주로 자식에게 정을 많이 붙인다. 단순히 내 자식이기 때문에 정이 붙는 것이 아니라, 나의 아뢰야식 가운데 고락의 업이 자식이라는 대상을 찾아 붙이게 되는 것이다. 만약 자식보다 더욱 정이 붙는 대상이 나타나면 그 정의 무게가 그리로 옮겨가게 된다. 만약 죽어서 사자로 태어났다면 그 정은 전생의 내 자식에게 주는 것이 아니라 지금 자식인 사자 새끼에게로 옮겨간다.

정이라는 좋고 싫은 고락의 분별 업장이 나의 아뢰야식 가운데 있는 한, 인연된 대상을 통해서 영원히 계속 육도를 윤회하게 된다는 말이다. 찰나 간에도 육도를 윤회하고, 과거 현재 미래세를 육도윤회하게 된다. 그러므로 분별업을 없애야 육도윤회를 멈춘다. 이때 고락도 시비도 육도도 윤회도 모두 사라진다. 고락은 영원히 사라지고, 티끌만 한 괴로움도 없어진다는 말이다.

제117화

분별함이 없는 중도

我今解此如意珠 아금해차여의주
信受之者皆相應 신수지자개상응

내 이제 이 여의주를 해설하오니
믿고 받아 지니는 이는 모두 상응하리라.

◎ 여의주는 앞에서도 설명했다. 여의如意는 본래 나의 성품인 자성을 의미한다. '뜻이 여여하다' 하는 것은 원하는 것이 다 이루어진다는 의미 이전에 원하거나 원하지 않는 이 두 분별 없는 자성이 중도의 이치에 딱 맞는다는 뜻이다. 그리하여 뜻대로 되지 않는 것이 없으므로 결국 뜻대로 되는 것이 된다.

한마디로 분별함이 없는 중도의 마음 상태, 즉 자성을 의미한다. 좋고 싫은 고락의 분별이 끊어진 마음이다. 여기에 더 이상 무슨 말이 필요할 것인가. 부처님을 믿거나 하느님을 믿거나 또는 무당을 믿거나 각종 종교를 갖는 목적은 내가 원하는 것을 성취하려는 욕심 때문이다. 그러나 아무리 고등 종교라 하더라도 고락의 인과를 피할 수는 없다.

따라서 부처님께서는 그 어떤 것에도 좋다 싫다 하며 분별하지 말라고 하신다. 좋은 것은 싫은 것을 낳고, 싫은 것을 피하기 위해 좋은 것을 구하려 하고, 좋은 것을 구하게 되면 그 인과의 과보로 말미암아 싫은 것이 계속 나타나게 된다. 결국 윤회를 거듭할 뿐이라고 누누이 말씀하신다.

이 같이 분별을 없앰으로서 자성을 밝히는 법을 여의주라 이름한다. 이 여의주의 설법을 그대로 믿고 잘 받아들여 행하기만 한다면, 언젠가는 마음을 깨쳐 성불하게 된다는 말씀이다. 그러니 무엇을 이루게 되면 좋음의 업이 생기게 되고, 이 업은 싫음의 인과를 낳게 되므로써 좋고 싫은 고락이 무한정 반복될 뿐이다. 그래서 부처님은 업장을 소멸하라 하신다. 업장이란 좋고 싫은 고락의 두 마음을 말한다.

결국 좋고 싫은 고락의 두 마음을 소멸해야 무한 반복되는 윤회고輪廻苦에서 벗어날 수 있다. 대개 사람들은 착하고 성실하게 남을 도우며 자비로운 삶을 바랄 것이다. 그런데 문제는 그러한 좋은 마음을 가지려는 것은 그렇지 않은 반대의 나쁜 마음을 알기 때문이다. 그것은 이미 고락의 마음이 생겨났고, 나쁜 마음으로 이미 불편한 마음이 생겼다는 의미다.

그래서 착함, 성실함, 남을 돕는 것, 자비 등 도덕적 선함마저도 내려놓아야 한다. 불교, 특히 깨달음의 길은 윤리·도덕을 말하지 않는다. 지금 여기 나의 괴로움을 여의는 것에 목적을 두기 때문이다. 그 깨달음은 고락과 시비를 여의는 것이다.

차멸고피멸此滅苦彼滅, 이것이 없으면 저것도 사라진다는 뜻이다. 그러한 분별의 마음이 없는 가운데 중도의 여여한 마음 상태에서 무심코 나오는 분별 없는 무애행無碍行을 가리켜 참다운 자비행慈悲行이라고 한다. 이러한 자비심과 자비행에는 좋고 싫은 고락의 분별도, 옳고 그른 시비의 분별도 붙을 수 없다.

따라서 어느 한순간에도 좋고 나쁜 고락의 분별과 옳고 그른 시비의 분별을 즉시 멈추고 멈추면서, 다음 그다음 이어지는 행동에 대해서도 계속 분별하지 않는 마음을 이어지게 하는 것이 참선이다. 참선은 평화로운 마음을 말한다. 참선하지 않고 마음을 깨치지 못하여 허송세월 욕심만 부리다가 죽는다면 그야말로 그 인과의 과보가 지옥으로 이어질 수 있다는 것을 명심해야 한다.

제118화
사람도 없고 부처도 없다

了了見無一物　요요견무일물
亦無人兮亦無佛　역무인혜역무불

밝게 깨닫고 보면 한 물건도 없으니
사람도 없고 부처도 없도다.

◎ 한 물건(一物)도 없다는 표현은 선가에서 주로 쓰는 말이다. 《육조단경》에도 나오고, 우리가 늘 독송하는 《반야심경般若心經》에 모두 들어 있는 내용이다. 한 물건도 없다는 것은 크게 두 가지로 해석할 수 있다.

첫째, 모든 생명은 태어나고 늙고 병들어 죽고, 물질은 생겨난 것은 잠시 머물렀다가 허물어져 사라진다. 그리고 새로운 인연 화합으로 다른 모습으로 이어지면서 계속 변한다는 것이다. 이를 연기 윤회라고 한다. 그래서 모든 것은 변하므로 실체가 없다는 것이다. 제행무상이고 제법무아이다.

사랑도 변하고, 정도 변하고, 몸도 변하고, 생각과 감정도 변한다. 옳고 그름도 변하고, 좋고 나쁨도 결국 변한다. 샘물이 강물로 변하고, 강물이 바닷물로 변하고, 바닷물이 수증기로 변하고, 수증기가 구름으로 변하고, 구름이 빗물과 눈, 얼음으로 변한다. 이 물이 모든 생물로 변하고, 모든 생물은 물질로 변하고, 물질은 다시 지수화풍으로 바뀐다.

마음도 마찬가지다. 좋은 감정은 싫은 감정으로 변하고, 싫은 감정은 고운 감정으로 변하고, 고운 감정은 미운 감정으로 변하며 순환한다. 욕심은 집착으로 변하고, 집착은 정으로 변한다. 그러니 어디에 실체가 있으며 어디에 집착할 것이 있는가. 무엇이 좋고 나쁨이 있을 것이며, 옳고 그름이 있을 것인가. 그러므로 실체가 없으니 한 물건도 없다는 것이다.

둘째, 분별심이 없으니 한 물건도 없다. 좋고 싫은 고락의 분별을 하지 않으면 생겨남에도 무심하고 사라짐에도 무심할 수 있다. 어디에 집착할 것이 있으며 무엇이 문제가 될 것인가. 그 어떤 것에도 고락의 분별 없이 무심하고, 변하는 것에도, 보는 것, 듣는 것, 냄새, 맛, 촉감, 생각 등 육경과 육식에도 고락을 분별하지 않고 무심하다.

왜 분별하지 않아야 하고 무심해야 되는가? 우선, 모든 것은 변하기 때문이다. 그리고 분별을 하면 인과가 생겨서 생사 고락 시비가 계속 반복하며 윤회하게 되어 고통과 괴로움이 끊어지지 않기 때문이다. 낮과 밤을 두고 밝은 낮은 잘 보여서 좋다 하고, 어두운 밤은 잘 보이지 않아 싫다 한다. 또 좋은 일은 기분이 좋고, 나쁜 일은 기분이 나쁘다 한다. 맑은 하늘은 좋다 하고, 흐린 하늘은 싫다 한다.

이때 낮과 밤, 좋은 일과 싫은 일, 맑은 하늘과 흐린 하늘은 필연적인 인과 인연의 모습이다. 여기에 대고 좋고 싫은 고락을 분별하니 고락의 인과만 영원히 계속 윤회하며 반복될 것이다. 마음과 감정도 이와 같다. 좋고 싫은 고락의 분별만 하지 않으면 낮이든 밤이든, 맑은 하늘이든 흐린 하늘이든 인과 인연에 의해 이렇게도 되고 저렇게도 되는 것인데 무슨 상관이 필요하단 말인가. 사람도 상관없고 부처도 상관없다. 그래서 한 물건도 없다 하는 것이고, 한 물건도 필요하지 않다는 말이다.

또한 마음이든 물질이든 생로병사하고 성주괴공하며, 꿈과 같고 이슬과 같고 물거품 같은 것이기 때문에 실체 없이 금세 사라지는 것들에 왜 좋다 싫다 감정을 붙여 스스로 얽매이겠는가. 싸우거나 좋아하고, 화내거나 소리 지르고, 미워하고 사랑하고, 정을 주고받고, 뺏고 빼앗기고, 죽고 죽이든 얼마든지 하라. 단 한 가지만 알면 된다. 이 또한 한 물건도 없다.

제119화
물거품 같고 번갯불 같다

大千世界海中漚　　대천세계해중구
一切聖賢如電拂　　일체성현여전불

대천세계는 바닷속 물거품이요
일체 모든 성현은 번갯불이 스치는 것과 같도다.

◎ 대천세계大千世界란 삼천대천세계의 약칭이다. 끝없이 넓은 세계를 표현하는 것으로 소위 우주를 의미한다.

이 세계는 수미산須彌山을 중심으로 동서남북의 네 대륙(四大洲)이 있다. 그 바깥 주위를 대철위산大鐵圍山이 둘러싸고 있다. 여기에 해, 달 그리고 여러 천상 세계(욕계, 색계)와 지옥 세계 등을 포함한다. 이것이 불교 우주관의 최소 단위인 하나의 세계로 일세계一世界 또는 일사천하一四天下라고 한다.

이러한 하나의 세계가 1천 개 모인 것을 소천세계小千世界라 하고, 소천세계가 1천 개 모인 것을 중천세계中千世界라 하고, 중천세계가 1천 개 모인 것을 대천세계大千世界라 한다. 소천, 중천, 대천 세 종류의 천千이 있어 삼천대천세계라 한다. 끝없이 넓은 우주를 표현하는 말이지만 이는 단순히 물리적인 크기만을 의미하는 것이 아니다. 한 부처님의 깨달음과 영향력이 미치는 광대한 범위를 상징하는 개념이다.

이마저도 바다 가운데 일어나는 하나의 파도 거품에 지나지 않는다는 것이다. 지나고 보면 흔적도 없이 스쳐간 번개와도 같으니 마음을 깨친 성현聖賢마저도 이와 같다는 말씀이다. 시간과 공간은 서로 비례한다. 공간이 크면 시간도 길고, 시간이 길다는 것은 공간이 넓고 크다는 말이다. 시간이 생기므로 공간이 생기고, 공간이 생기므로 시간이 생기므로 서로 인과적 관계이다.

마음을 깨치면 시간과 공간이라는 개념이 사라진다. 분별하지 않으므로 시간과 공간에 사로잡히지 않게 된다. 오고 가거나 좁고 넓은 것에도 개의치 않으니 공간이 아무리 크고 넓은들 무슨 대수이며, 시간이 오고 간들 무슨 대수란 말인가.

그럼에도 불구하고 죽고 살기를 수만 번 집착한들 그냥 생로병사가 윤회하는 것일 뿐이다. 좋고 싫다를 수없이 반복해봐야 그저 인과에 따라 고락이 오가는 것뿐이다. 결국 손해될 일은 절대 없다. 다만 욕심이 지나치게 앞서거나 마음을 무리하게 쓰면, 그에 대한 대가 역시 인과적으로 크게 나타나게 된다. 혹 독한 과보를 받을 각오는 해야 한다.

내가 불편하면 모두가 불편하고 내가 편하면 모두가 편안함이 일체유심조요 만법유식이다. 세상이 넓고 시간이 많다 한들, 또는 극락과 천당에 있다 한들 내 마음이 편안하지 못하면 무슨 소용이 있는가. 따라서 마음을 편하게 하려면 분별심을 갖지 말아야 한다. 매사에 좋고 싫은 고락 시비의 마음을 멈추고 중도의 마음을 가져야 한다. 우선 연습이라도 해서 분별하려는 욕심을 달래야 한다.

누구나 좋고 싫은 분별은 똑같으니 어느 누구를 막론하고 결과적으로 더 좋거나 더 나쁘지 않다. 누구든 좋은 시절이 있으면 싫고 나쁜 시절의 업이 있기 마련이다. 다만 그 좋고 싫은 고락의 시간만 다를 뿐이다. 그러니 겉으로 보기에 나보다 더 나은 사람이 있다면 그것은 착각일 뿐이다. 물론 부러워하는 마음조차 고락의 분별업에 속한다. 고락의 분별심을 줄이고 줄여서 완전한 업멸業滅을 하면 죽고 사는 생사조차 사라지게 되니 더 이상 부러워할 대상은 없다. 기도하고 참선하라. 그리고 보시하면서 정진하라. 그리하여 분별하지 않는 중도의 마음을 가지면 일상에서 느끼지 못하는 고급스럽고 차원 높은 세계를 경험할 것이다.

제120화
선정과 지혜가 두루 밝아

假使鐵輪頂上旋　　가사철륜정상선
定慧圓明終不失　　정혜원명종불실

무쇠 바퀴를 머리 위에서 돌릴지라도
선정과 지혜가 두루 밝아 끝내 잃지 않도다.

◎ 무쇠 바퀴란 부서지지 않는 윤회의 무거움을 비유한 말이다. 머리 위에서 돌린다는 것은 머리를 아무리 사용하더라도 윤회를 벗어날 길이 없다는 의미다. 그러나 마음을 깨쳐서 선정과 지혜가 뚜렷하면 더 이상의 불편과 불안, 고통과 괴로움이 없어져 항상 밝음을 잃지 않는다는 말씀이다.

윤회란 육도가 계속 이어져 반복되는 삶을 말한다. 여섯 세계의 분별 인과의 틀에서 벗어나지 못한다. 이러한 육도윤회六道輪廻를 만드는 것은 다름 아닌 자기 마음의 업성業性이다. 내 마음으로 만들어내는 여섯 가지 세계가 실재 현상으로 이어진다. 사후死後에는 육도세계의 몸을 받기도 한다.

좋다 싫다 하는 고락의 분별은 여섯 가지 고락의 육도로 나눌 수 있다. 천상과 같이 아름답고 고운 마음, 인간이나 수라와 같은 삼선도의 마음, 지옥 같은 마음, 짐승 같은 마음, 아귀 같은 마음의 삼악도가 나의 아뢰야식 안에 저장되었다가 때를 맞추어 나타날 때 육도와 같은 일이 생겨나게 된다.

부처님에게는 업장식인 아뢰야식이 분별의 인과로 이루어져 있지 않다. 그래서 육도와 같은 마음도 없거니와 육도와 같은 일도 생기지 않으며 육도세계도 없다. 즉 천상과 지옥이 따로 없다. 그러나 사바의 중생은 이것과 저것으로 분별되어 있으니 이것을 택하면 저것이 따라오고 이것을 없애면 저것도 없어진다.

부처님에게는 좋은 사람과 싫은 사람이 따로 없다. 분별심이 없기 때문이다. 그러나 좋은 사람을 아는 사람은 미운 사람이 반드시 생겨난다. 좋다 싫다 하는 분별심을 가졌기 때문이다. 마찬가지로 좋은 말, 싫은 말도 이와 같다. 좋은 말을 분별하는 이는 좋은 말과 싫은 말이 인과적으로 찾아온다. 따라서 좋음과 싫음의 두 가지 말 가운데 어느 하나만 선택할 수는 없다. 둘 다 감수하든지 둘 다 없애든지 각자의 몫이다.

사람들은 대부분 인과의 함정에 빠져 있다. '나는 좋은 사람하고만 친할 거야'라고 생각하지만, 좋은 사람을 생각한다는 자체가 이미 싫은 사람과 분별하는 것이다. 따라서 싫은 사람이 다 가오는 것을 피할 길이 없다. 이것은 좋은 마음, 좋은 행동도 마찬가지다. 이를 분별하지 않아야 진정한 마음이 나오게 된다. 이를 중도심이라 하고 무애자재라 한다.

보통 사람과 마음을 깨친 성현은 차이가 딱 하나 있다. 보통 사람은 한 번 좋은 맛을 보면 다음에 한 번 쓴맛의 인과가 온다는 것을 모른다. 성현은 이를 알고 쓴맛을 군말 없이 받아들여 분별하지 않으므로 결코 쓴맛을 보지 않는다. 사람이 살면서 기분 나쁜 일들이 끊임없이 나타나는 것은 어떤 인연이 되었든 기분 좋은 일들을 경험한 인과의 과보라는 것을 알아야 한다. 기분 좋은 것을 느낀 만큼 어떤 식으로든 기분 나쁜 과보를 받는다는 사실을 직시해야 한다는 말이다.

만약 남이 나를 모함해서 몹시 기분이 나빴다면 나를 모함한 사람이 그냥 우연히 나타난 것이 아니다. 내가 기분이 좋았던 인과의 과보로 기분 나쁜 고업이 나를 모함하는 사람으로 인연 변화하여 나타나게 되었다는 묘용을 알아야 한다. 적어도 이러한 분별업의 내용을 잘 알고서 마음을 깨치는 계기를 마련하려면 기도와 참선, 보시와 정진을 게을리할 수 없다.

제121화
달을 뜨겁게 할 수 있어도

日可冷月可熱　　일가냉월가열
衆魔不能壞眞說　　중마불능괴진설

해를 차게 하고 달을 뜨겁게 할 수 있어도
온갖 마구니가 참된 말씀을 부술 수 없도다.

◎ 뜨거운 해를 차갑게 하고 차가운 달을 뜨겁게 할 정도의 힘을 가졌다면 참으로 보통 신통이 아니다. 그러나 그와 같은 엄청난 힘을 가졌다 하더라도 참 말씀, 즉 부처님의 법을 어찌할 수는 없다는 말씀이다.

부처님께서는 세상 모든 것은 연기로 인한 인과의 모습이라고 하셨다. 이것이라는 것이 생기는 것은 저것이 변하여 이것이 생기는 것이다. 이것이 다시 변하여 다시 저것이라는 모습으로 나타난다. 이를 연기하는 과정이라 하고 이러한 모습은 인과로 나타나는 것이라고 하셨다. 원인에 의해 그 결과가 나타나고 그 결과가 다시 원인이 되어 또 다른 결과로 이어진다는 말씀이다.

세상은 한 치의 어긋남이 없이 연기하면서 인과로 이어진다. 여기에 어떻게 좋고 나쁨이라는 분별을 할 수 있다는 말인가. 그러나 연기하는 모습 가운데 어느 것은 좋고 어느 것은 나쁘다고 하면서 기를 쓰고 분별하려고 한다. 이를 두고 마구니라고 하는 것이다. 따라서 마구니란 좋고 싫은 고락의 분별, 그 마음 자체를 말하는 것이다. 결국 나의 분별심이 마구니이다.

분별심을 완전히 여의어 업이 멸하면 마구니는 저절로 사라진다. 연기와 인과에 대해 분별하는 마음을 여의어 불성과 중도를 찾은 자성을 마구니는 어긋나게 할 수 없다. 해를 차게 했다면 대단한 신통이다. 그러니 이에 대해 기분이 좋아지면서 무한한 즐거움을 가졌다면, 즐거움에 대한 과보가 생겨 괴로움이라는 인과가 기다린다. 이와 같이 좋고 싫은 고락의 분별을 마구니라 한다.

사람은 대개 깨끗한 것을 좋아한다. 깨끗해야 기분이 좋아지기 때문이다. 그러나 깨끗한 것을 좋아하는 원인은 더러운 것을 싫어하기 때문이다. 그러나 깨끗한 것이 계속 깨끗할 수 없다. 사실 '깨끗한 것'이라는 기준은 없다. 굳이 기준을 말한다면 그것은 더럽다고 생각하는 마음이다. 그렇다면 깨끗한 것과 더러운 것은 동전의 양면과 같이 함께 공존할 수밖에 없다. 깨끗한 것을 추구할수록 더러움은 영원히 사라지지 않는다.

깨끗하여 좋다는 마음이 없어야 더러워서 싫다는 마음도 사라진다. 깨끗함을 고집할수록 더러운 것이 더욱 두드러질 뿐이다. 깨끗하여 좋다는 분별된 마음을 갖지 않아야 더러워서 싫다는 분별된 마음도 없어지게 된다는 말씀이다. 따라서 깨끗한 것은 그냥 깨끗한 것이고, 더러운 것은 그냥 더러운 것이다.

깨끗한 모습과 더러운 모습은 어치피 인과에 의해 나타나는 현상의 모습일 뿐이다. 그럴 때마다 좋다 싫다는 분별된 감정을 계속 얹으면 한없는 분별심으로 스스로 괴로움을 자초할 뿐이다. 살다보면 혹여 똥통에 빠지는 일이 생길 수도 있다. 이때 만약 분별을 일삼는 사람은 트라우마가 생겨서 온전히 살지 못할 수도 있다. 분별심을 갖지 않는 사람은 인과의 흐름으로 알아차리고 싫고 나쁜 분심을 내지 않는다. 그러면 자연스레 스스로 편안한 마음이 된다.

진짜 무서운 마구니란, 저 무서운 마구니 때문에 내가 방해를 받아서 싫다든지, 마구니가 나를 해하거나 죽게 만들까 하면서 두려워하는 자기 스스로의 마음, 바로 그것이다.

모든 것은 부처 아닌 것이 없으므로 이런저런 일 모두 부처님의 뜻, 부처님의 움직임으로 보면 틀림이 없다. 따라서 마음을 놓고 믿고 맡겨서 간섭과 집착 없이 무엇이든 그대로 받아들이는 마음을 가지면 평안하고 편안한 삶을 이어갈 수 있다.

제122화

수레를 막는 사마귀

象駕崢嶸漫進途　　상가쟁영만진도
誰見螳螂能拒轍　　수견당랑능거철

코끼리 수레 끌고 위풍당당하게 길을 가니
사마귀가 수레를 막는 것을 누가 보았으랴.

◎ 당랑거철螳螂拒轍은 《회남자淮南子》와 《장자莊子》에 나오는 고사이다. 제나라 장공莊公이 수레를 타고 사냥을 나갔다. 그때 길 한가운데서 사마귀 한 마리가 앞발을 들고 수레바퀴를 향해 달려들며 막는 것을 보았다. 장공이 마부에게 물었다.

"저 벌레는 무엇인데 자기 힘도 모르고 수레를 막는가?"

그러자 마부가 대답했다.

"저것은 사마귀인데, 앞으로 나아갈 줄만 알지 물러설 줄은 모르고, 자기 힘을 헤아리지 않고 덤벼드는 습성이 있습니다."

장공은 말했다.

"저 벌레가 인간이라면 틀림없이 용감한 장군이 되었을 것이다. 비록 미물이지만 그 용기가 기특하니, 수레를 돌려 피해가도록 하라."

이 고사는 보통 '자신의 분수를 모르고 무모하게 덤비는 행위'를 비유하는 말로 사용된다.

이번 구절의 뜻은 두 가지로 해석할 수 있다. 하나는 제 아무리 욕심을 부려서 원하는 것을 성취하려 해도 생사고락生死苦樂의 거대한 인과를 피할 길이 없다는 뜻이다. 분별심을 갖는 한 고락의 인과는 계속되어 윤회한다는 것이다. 또 하나의 의미는 마음을 깨쳐 자성을 이룬 이에게는 그 무엇도 걸림이 없다는 뜻이다. 마음에 분별업이 모두 사라졌으니 고락과 시비가 동시에 사라져 육도의 윤회가 통째로 없어졌다는 뜻이다.

《열반경》에 '장님 코끼리 만지는 격'이라는 고사가 있다. 장님들이 각각 만진 단면을 코끼리라고 우기는 것과 같다는 말이다. 엉뚱한 행동을 하며 자기 자신을 돌아보지 못하는 이를 일러 남의 다리 긁는다는 말로 표현한다. 사람들은 대개 이런 모습으로 살아가고 있다. 부처님과 깨달은 이의 입장에서는 그저 안타까울 뿐이다.

'나'라고 하며 목소리를 높이지만 이것은 가짜의 나, 즉 아뢰야식의 업장식에 쌓아둔 업의 양식들이다. 좋음과 싫음으로 나누어 마음을 쓰는 것은 이것이 바로 세상의 모습이기 때문이다. 이것이 있으면 저것도 있기 마련이니 마음의 감정도 이와 같다는 것이다.

그렇다면 답은 너무나 쉽고 뻔하다. 즐겁고 좋은 업의 양식을 먹었다면, 괴롭고 싫은 업의 양식도 언젠가는 먹게 될 것이다. 인생에서 승승장구하면서 그만큼 행복과 즐거움을 맛보았다면 언젠가는 쓴맛을 보게 될 것이다. 업이란 바로 이 두 가지의 분별심을 말한다.

부와 권력과 명예 등 온갖 것을 가졌다 할지라도 행복과 불행의 질량은 똑같다. 어느 때는 기분이 좋으나 어느 때는 기분이 나쁜 것은 너무나도 뻔한 인과의 이치이다. 그러므로 내가 바라는 그 무엇을 성취하여 기분이 좋았다면, 그만큼 싫고 나쁜 감정이 생겨나서 아뢰야식에 남아 있다. 이것이 사바의 모습이고 마음의 모양이라는 것을 알아야 한다.

좋음과 싫음의 두 가지 마음을 모두 없애야만 여여부동如如不動, 업장소멸業障消滅이 되어 근심 걱정이 사라지게 될 것이다. 세상에 가장 중요한 일은 어떤 일을 성취하기보다 먼저 두 가지 마음인 분별심을 사라지게 하는 일이다. 나의 가짜 마음이 가리키는 대로 욕심으로 살다가는 수레 앞의 사마귀와 같은 신세가 될 것이라는 사실을 직시한다면 하루빨리 분별심을 없애기 위한 수행을 할 수밖에 없을 것이다.

제123화
코끼리와 같은 여유

大象不遊於兎徑　　대상불유어토경
大悟不拘於小節　　대오불구어소절

큰 코끼리는 토끼 다니는 길에서 노닐지 않고
큰 깨달음은 사소한 일에 얽매이지 않도다.

◎ 큰 코끼리는 당연히 분별 없는 마음을 깨친 이를 말한다. 분별심을 여의어 마음을 깨친 이는 살아가는 데 급급하여 일상 속에서 일희일비하는 일반인의 토끼 같은 삶에 구애되지 않는다는 뜻이다. 일반적인 삶을 살아가는 사람들은 얻고 잃는 것에 민감하다. 그러나 얻고 잃는 것은 얻은 만큼 잃게 되는 것이기 때문에 실질적으로는 손해가 없다. 그럼에도 불구하고 사람들은 잃지 않으려는 마음 때문에 괴로움이 생긴다.

사바세계는 변하지 않는 것이 없고 결국은 모두 사라지고 만다. 굳이 남는 것을 헤아린다면 좋고 싫은 고락의 감정만이 남을 뿐이다. 죽는 그 순간까지도 좋고 싫은 고락의 감정이 생기고, 죽은 후에도 고락의 정은 윤회한다.

천상, 인간, 수라, 지옥, 아귀, 축생의 육도 가운데 어느 곳에 태어나더라도 고락의 감정은 지속된다. 인간으로 태어나더라도 고락의 감정은 매한가지이고, 천상의 범신梵神도, 아수라阿修羅의 수라도, 지옥중地獄衆이나 배고픈 귀신인 아귀도, 짐승 역시 마찬가지다.

다만 고락의 감정이 극도로 작으면 아라한阿羅漢이 되고, 완전히 사라지면 부처가 된다. 고락의 감정이 클수록 천상과 지옥을 오가며 좋고 싫은 극한적인 감정이 요동친다. 일반적으로 평범한 삶을 살아가는 범부凡夫는 소소한 고락만이 오 가지만, 높은 명예를 추구하는 이들이나 범상치 않은 큰 욕심을 부리는 사람은 좋고 싫은 고락의 감정이 엄청나게 요동치게 된다는 말이다.

옳고 그른 시비나 크고 작은 일들이 중요한 것이 아니다. 문제는 그 어떤 것도 좋고 싫은 고락의 감정이 나에게로 귀결된다는 것이다. 내가 분별을 하면 좋고 싫은 고락의 인과가 생기고, 분별을 하지 않으면 고락의 인과는 없다.

세상일을 보면 이른바 잘나간다는 사람들이 감옥으로 가는 일도 많다. 만약 감옥을 가는 이가 옳고 그름의 시비에서 벗어나고, 좋고 싫음의 분별심을 내지 않는다면 감옥이라 한들 불편하지 않을 것이다. 그러나 좋고 싫은 고락의 분별심이 많은 이들에게 감옥은 괴로움의 표상이 된다.

또 만약 이를 보고 분별심을 내는 이들 역시, 좋고 싫은 고락에 따라 스스로 즐겁거나 괴로울 것이다. 그러나 이는 그렇게 생각하고 보는 이들의 몫이다. 감옥을 가는 이나 이를 보고 기분이 좋지 않은 이나 모두 자기 스스로의 업에 따라 웃고 울고 하는 것이다. 감옥은 하나의 현상일 뿐이다.

잘나갈 때는 기분이 좋았겠으나 그의 인과로 기분이 좋지 않은 때가 오는 것은 필연적인 시절인연이다. 잘나갈 때나 그렇지 않을 때나, 좋고 싫은 고락의 분별심을 내지 않는다면 이렇게 되든 저렇게 되든 이곳에 있든 저곳에 있든 그저 인연의 모습일 뿐 괴로운 마음은 없다. 그래서 그저 마음을 놓아 인과 인연을 믿고 맡긴다면 고통과 괴로움은 사라지는 것이다. 코끼리와 같이 여유를 가지고 무소불위의 삶으로 위풍당당하고 자신만만하게 분별 없이 살아가면 그저 그만이다.

제124화
대롱을 버리고 하늘을 보라

莫將管見謗蒼蒼 　막장관견방창창
未了吾今爲君決 　미료오금위군결

관통管筒 같은 소견으로 아득하다 비방하지 말지니
나는 지금 깨닫지 못한 그대를 위하여 해결해주노라.

◎ 관통管筒 같은 소견이란 대나무 통(대롱)의 빈 구멍으로 사물을 본다는 뜻이다. 이 말은 대나무 통 구멍으로 하늘을 본다는 뜻의 '관중지천管中之天'에서 나온 말이다. 좁은 소견이나 제한된 지식으로 전체를 판단하는 어리석음을 비유하고 있다.

안목이 좁은 토끼가 스스로 자기의 길이 맞다고 단정 짓는 소견을 말한다. 그러므로 자기의 관통으로만 보는 아견我見에 빠져서 정법의 코끼리 길을 알지 못하고 비방만 하므로 아예 관통이라는 분별을 빼앗아서 분별 없는 맑은 하늘 전체를 보게 만들어주니 이를 결단이라 하는 것이다.

사람들은 스스로 자기의 생각이 옳다고 확신하며 살아간다. 때로는 또 다른 사실을 알아 스스로 알았던 것이 틀렸다고 반성하기도 하지만, 사실은 다시 안 것에 대하여 또다시 확신하며 고집과 집착을 하는 것이다. 결국은 변경한 것에 지나지 않는데도 진리를 알지 못한 과보로 스스로 괴로움을 만든다.

따라서 관통의 좁은 통로로 바라보며 분별 없는 세계를 보지 못하니, 분별의 관통을 통째로 빼앗아 분별을 사라지게 해야 한다. 옳다 틀리다 하는 고집과 집착의 분별된 소견을 없애야 한다는 말이다.

수행자들은 깨달음을 목적으로 수행을 한다. 깨달음의 목적은 좋고 싫은 분별심을 없애는 것이다. 그러나 빨리 깨닫지 못한다고 조급증이 생겨서 집착하는 이들이 많다. 벌써 깨닫고 못 깨닫고에 대해 좋음과 싫음의 분별을 하고 있다. 그러므로 가장 좋은 수행 태도는 깨닫고 못 깨닫고를 넘어 좋다 싫다 하는 고락의 분별을 하지 않는 그 자체이다. 그래서 화두를 항상 들어서 찰나찰나 좋고 싫은 고락의 분별이 생기지 않도록 해야 한다. 이것이 일어나는 현상에 대한 자기 마음의 알아차림이다.

좋음의 인과는 싫음의 과보를 낳게 되니 좋다는 감정을 덧붙이지 않아야 한다. 큰 기쁨은 큰 슬픔의 인과 과보를 낳고, 큰 행복은 큰 불행의 씨앗이 되는 것이다. 수행에 있어서도 이러할진대 일상생활의 행동들은 말할 것도 없다.

성공하여 만족한다면 그 인과로 언젠가 다가올 실패에 괴로워할 것이다. 성공과 실패는 그저 인연의 모양에 불과하다. 문제는 만족이나 불만족을 분별하는 고락의 과보이다. 이렇게 되든지 저렇게 되든지 모든 것은 인연의 소치일 뿐이라는 것을 분명히 알아야 한다. 부처님 법은 어떤 인연을 만나더라도 고락의 분별심이 없어야 한다. 분별이 사라지면 마음이 여여하고, 중도의 마음이 되어 무엇을 하건 어느 곳에 있건 항상 안온적정하여 평안하다. 분별에 끌려다니지 말고 속지 말아야 한다.

죽고 사는 문제도 마음이 만들어낸 허상인데 하물며 부처와 중생, 극락과 지옥도 마찬가지다. 좋은 업은 나쁜 업을 만들며 끝없이 생사고락의 거품을 만들어낸다. 고락 시비의 분별된 마음을 없앤다면 그대로 성불이다. 그러니 모든 것은 무조건 인연에 맡기고 지금 즉시 걱정 근심을 내려놓자.

부처가 나타나거나 세상이 무너지더라도 좋음과 싫음의 고락 분별심만 덧붙이지 않는다면 영원히 평안한 피안에 도달할 것이다. 그리하여 인과의 윤회에서 영원히 벗어나기를 축원한다.

강설
●
진우 스님

대련진우大蓮眞宇 스님은 대강백 백운 스님을 은사로 출가했다. 담양 용흥사 몽성선원 등 제방의 선원에서 정진했으며, 제18교구본사 백양사 주지를 역임했다. 조계종 총무원장 권한대행 시기에는 종단의 안정과 화합에 크게 기여했으며, 2019년 대한불교조계종 제8대 교육원장으로 재직 시에는 승가교육 발전에 매진했다. 2022년 조계종 제37대 총무원장으로 취임 후 'K명상과 선수행'으로 한국불교의 중흥을 발원하고 이를 온 세상에 구현하기 위한 법석과 콘텐츠 발굴에 진력하고 있다. 지은 책으로 《두려워하지 않는 힘》 《제발, 걱정하지 마라》 《만선동귀집 총송》 《신심명 강설》 《개미의 발소리》 《진우 스님의 금강경 강설》 등이 있다.

증도가 證道歌 강설

1판 1쇄 발행 2025년 10월 1일

지은이	대련진우
발행인	원명

대표	남배현
본부장	모지희
책임편집	박석동
경영지원	허선아
디자인	동경작업실

펴낸곳	(주)조계종출판사
등록	2007년 4월 27일 (제2007-000078호)
주소	서울시 종로구 삼봉로 81 두산위브파빌리온 1308호
전화	02-720-6107
전송	02-733-6708
이메일	jogyebooks@naver.com
구입문의	불교전문서점 향전(www.jbbook.co.kr) 02-2031-2070

ISBN 979-11-5580-259-5 (03220)

이 책의 판권은 지은이와 (주)조계종출판사에 있습니다.
이 책 내용의 일부 또는 전부를 재사용하려면
반드시 양측의 서면동의를 받아야 합니다.

조계종출판사 지혜와 자비의 눈으로 세상을 바라봅니다.